重庆工商大学市级"人工智能＋"智能商务学科群丛书

不确定语言信息环境下
群体智能决策方法研究

吴航遥 等 著

中国财经出版传媒集团

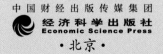

经济科学出版社
Economic Science Press
·北京·

图书在版编目（CIP）数据

不确定语言信息环境下群体智能决策方法研究／吴
航遥等著． -- 北京：经济科学出版社，2025．1．
（重庆工商大学市级"人工智能＋"智能商务学科群丛书）.
ISBN 978 - 7 - 5218 - 6615 - 5

Ⅰ．C934

中国国家版本馆 CIP 数据核字第 2025MF5903 号

责任编辑：李　雪　袁　溦
责任校对：齐　杰
责任印制：邱　天

不确定语言信息环境下群体智能决策方法研究

BU QUEDING YUYAN XINXI HUANJING XIA QUNTI
ZHINENG JUECE FANGFA YANJIU

吴航遥　等著
经济科学出版社出版、发行　新华书店经销
社址：北京市海淀区阜成路甲 28 号　邮编：100142
总编部电话：010 - 88191217　发行部电话：010 - 88191522
网址：www. esp. com. cn
电子邮箱：esp@ esp. com. cn
天猫网店：经济科学出版社旗舰店
网址：http：//jjkxcbs. tmall. com
固安华明印业有限公司印装
710×1000　16 开　19.5 印张　217000 字
2025 年 1 月第 1 版　2025 年 1 月第 1 次印刷
ISBN 978 - 7 - 5218 - 6615 - 5　定价：98.00 元
（图书出现印装问题，本社负责调换。电话：010 - 88191545）
（版权所有　侵权必究　打击盗版　举报热线：010 - 88191661
QQ：2242791300　营销中心电话：010 - 88191537
电子邮箱：dbts@ esp. com. cn）

丛书编委会

总 主 编：黄钟仪

编委会成员：（按姓氏笔画排序）

文 悦 白 云 吴 琼 吴航遥

周愉峰 胡森森 曾 波 詹 川

　　本书由教育部人文社科项目"融合因果推断的数字技术赋能居家养老供需匹配机制研究"（项目号：24YJC630231）、重庆市教委人文社会科学研究项目"数字化赋能社区居家养老服务供需匹配机制研究"（项目号：24SKGH160）、重庆工商大学高层次人才启动项目"前景理论下在线评价驱动的决策理论及其在产品选择中的应用"（项目号：2255009）、重庆工商大学智能商务（项目号：436/603615005）等项目资助，是重庆市管理科学与工程重点学科、重庆工商大学电子商务一流本业、重庆市智能商务学科群的建设成果。

序　言

　　商务领域正经历着一场由智能化技术驱动的深刻变革，智能商务已成为引领行业发展的先锋力量、推动社会进步的重要引擎。重庆工商大学市级"人工智能＋"智能商务学科群于2019年获批，学科依托人工智能学科与工商管理优势学科的交叉融合，重点面向先进制造业、现代服务业和战略性新兴产业商务活动的大数据智能化升级需求，着力开展智能预测与决策、电子商务智能运营、智慧物流与路径优化、智能商务模式创新等方向的人才培养和科学研究。首批丛书包含我们最新的部分研究成果。

　　智能预测与决策方向包含三本专著：《不确定环境下的血液供应链运作决策：建模、优化与仿真》研究了不确定环境下国家血液战略储备库选址—库存鲁棒优化、采血点定位—资源配置集成决策的鲁棒优化、突发公共卫生事件应急血液转运—分配决策的双层规划、基于ABM＋SD混合仿真的血液供应链绩效演进与评价等若干关键问题。《灰色系统建模技术与可视化智能建模软件》探讨了灰色算子的作用机理，研究了灰色预测模型和灰色关联模型，实现了灰色系统建模技术的可视化。《不确定语言信息环境下群体智能决策方法研究》通过构建合理的决策模型和优化算法，研究了在不确定语言信息环境下，如何运用群体智能进行决策的问题。

智慧物流与路径优化方向包含一本专著：《面向汽车制造的精准物流研究》。该书基于精益思想研究了汽车制造中零部件供应环节的成本和效率优化问题，讨论了零部件从供应商出厂到零部件投料到主机厂工位全过程的物流优化，提出了基于工位编组驱动的汽车零部件入厂物流模式，设计了一套针对已经投产工厂的优化模型及一套针对新工厂的入厂物流体系设计模型。

智能商务模式创新方向包含一本专著：《"区块链＋"生态农产品供应链的融合创新研究》。该书从"区块链＋"生态农产品供应链融合创新的视角出发，揭示了区块链融合生态农产品的原理和机制，研究了生态农产品供应链的组织模式和信任机制，前瞻性地提出了面向数据共享的整合"数据、信任、平台、应用、治理"等五个维度的"区块链＋"生态农产品供应链体系。

本系列丛书是智能商务学科群的部分研究成果，后续将推出涵盖电子商务智能运营、大数据管理与智能运营等研究方向的最新研究成果。希望这些研究能为相关领域的学者、政策制定者和实务工作者提供有价值的理论参考和实践启示。

感谢学校同意本学科群对本丛书的出版支持计划，感谢出版策划、作者、编者的共同努力，希望本学科的研究后续能够继续得到相关出版支持。小荷已露尖尖角，愿有蜻蜓立上头。希望本系列丛书能够得到学术界和实践界的关注和指导。

丛书策划编委会

2024 年 1 月

过去几十年，在移动互联网和大数据的驱动下，新兴技术正深刻地改变着传统的决策模式，为决策分析带来了前所未有的机遇和挑战。与此同时，决策环境的复杂性常常超出人的直观求解能力，促使研究者抛开传统的决策模型，转而寻求新技术和新方法。因此，如何顺应时代的发展，提高决策信息表达的灵活性和准确性，以及针对不同的决策情境建立科学合理的群体智能决策方法，从而有效地解决现实问题变得尤为重要。

随着社会经济环境日趋复杂，现代管理决策问题常常涉及目标的多重性、时间的动态性和状态的不确定性，需要综合多领域的专业知识才能解决。群决策作为一种协调多人意见，将不同决策者的偏好按某种规则进行集结的机制，凭借其多样化的视角、丰富的专业背景及紧密的成员协作，逐渐成为人们处理复杂决策问题的重要手段。本书从如何对语言信息进行充分利用和深度挖掘、如何协调群体成员的意见冲突等方面入手，针对不同的决策情境，探讨基于不确定语言信息的群体智能决策方法，进一步丰富复杂决策环境下的群决策理论。语言环境下的群决策是决策理论与方法研究的热点之一，为社会科学（如心理学、经济学、管理学等）、计算机科学（如人工智能、模式识别等）等相关领域提供了有效工具。决策信息以语言变量形式给出的决策问题广泛存在于现实生活之中，如风险投资、医疗诊断、项目评估等。

本书旨在提出科学的群体智能决策方法，对决策者的语言评价信息进行集结和深度挖掘，有效识别和处理决策信息分歧，合理协调群体成员意见冲突，从而提高决策结果的可靠性，进一步丰富不确定语言环境下的群决策理论。本书深入细致地对基于不确定语言信息的共识决策方法及技术进行研究。具体研究内容如下。

（1）研究基于犹豫积性语言偏好关系的多属性群决策方法（第2章）。实践中的决策通常受到复杂因素的客观影响和人类模糊思维的主观影响，为此，人们往往习惯运用自然语言进行判断和表达，这种方式更贴近他们的认知习惯，更加直观和灵活。犹豫积性语言偏好关系是刻画决策者有限认知的重要工具，因此，讨论犹豫积性语言偏好关系的一致性定义、非一致性修正及排序理论等一系列问题具有重要的意义。本章基于犹豫积性语言偏好关系的概念，给出了完全一致的犹豫积性语言偏好关系和可接受一致性犹豫积性语言偏好关系的定义；利用特征向量法计算犹豫积性语言偏好关系的一致性指标，并给出了一致性检验的规则；建立非一致性修正算法，并将二分法引入非一致性修正过程来确定关键参数的取值，在提高非一致性修正的准确性的同时，尽可能保留更多的初始评估信息；提出基于可接受一致性犹豫积性语言偏好关系的群决策方法，可以在数据匮乏的情况下很好地表征决策者的偏好信息，得到较为合理的决策结果。

（2）研究考虑决策者心理的犹豫模糊语言共识模型（第3章）。在群体共识测算方法中，大部分研究仅仅考虑决策者所给出的偏好信息与群体意见的相似度，而忽略了他们的个体一致性。由于偏好关系的个体一致性对于确保决策结果的合理性至关重要，本章同时考虑群体共识和决策者个体一致性，在共识测度算法中引入群体满意度指标，更加有效地识别关于不同方案决策信息的共识差异性；提出优化模型代替现有的多个步骤的识别过程来识别非共识信息，然后在优化模型的支持下，进一步将信任度的概念引入反馈机制，增加决策者调整其原始评价信息的意愿。此外，由于决策者在提供评价信息时往往具有后悔规避性，针对这种情境，本章基于后悔理论，定义了群体非共识度作为共识检验的指标，并建立了充分尊重决策者意愿的交互式反馈机制，允许决策者根据反馈机制生成的建议值，在可接受的范围内调整自己的决策信息。这类共识决策方法在不确定语言决策环境下，同时考虑决策者心理和评价信息的模糊性，提高了决策者考虑问题的全面性及决策结果的整体可接受程度，能得到更加科学合理的决策结果。

（3）研究基于"个体—群体"视角的多属性群体共识决策方法（第4章）。面对复杂繁多的属性，决策者往往难以在某些不熟悉的领域提供有价值的评价信息。本章允许决策者建立独立的指标体系来评价备选方案，在属性权重完全未知的情况下，基于犹豫模糊语言信息建立优先权导出模型，再借助 ELECTRE Ⅲ 法在处理属性冲突的多属性决策问题方面的优势，直观地得到每一个决策者对于备选方案的偏好排序。由于实践中某些不可控因素及决策者的不同考虑，决策群体很难直接获得完全一致的方案排序。因此，本章构建基于肯德尔距离的共识模型，通过计算方案排序的最小改变成本获得群体共识排序。通过比较分析不同排序方法的排序结果和时间效率，验证了基于肯德尔距离的多属性群体共识决策方法的有效性和稳定性。

（4）研究基于概率语言偏好关系的大规模群决策共识模型（第5章）。在实际决策中，决策者通常由于客观因素或主观认知影响无法给出准确的评价信息。因此，概率语言偏好关系作为一种既能表达犹豫性又能体现不同语言术语之间的权重的信息表达工具，与大规模群决策问题具有高度的适配性。所以，本章研究基于概率语言偏好关系的大规模群决策共识模型具有重要的理论价值和实际应用前景，提出层次概率 K 均值聚类算法划分意见相似的决策者从而降低计算复杂度，再通过与传统 K 均值聚类算法对比验证其稳定性；利用相似度来定义基于概率语言偏好关系的共识测度；考虑决策者心理因素，构建识别和处理决策者分歧意见的反馈机制，提高群体共识水平。基于概率语言偏好关系的大规模群决策共识模型，一方面考虑了决策者评价信息的模糊性和共识过程中的调整意愿，另一方面提高了考虑决策问题的全面性，可以得到可靠的决策结果。

（5）研究基于情感分析的区间二型模糊 IRPA 方法（第6章）。互联网的发展和普及，使消费者在线评论数量激增，加上其快速有效的决策参考效果，使得在线评论成为消费者做出决策的重要信息来源。因此，基于在线评论的评估和选择问题成为一个实用的研究主题。本章构建了一个养老院服务评价指标体系，并引入了一种新的基于在线评论的多属性决策模型来对养老院进行排序。首先，利用隐含狄利克雷分布（LDA）主题建模方法提取了养老院评价标准。其次，利用自然语言情感分析技术计算在线评论中关于各评论标准的情感分数，并将其转换为区间二型模糊数。最后，提出了一种基于参考点的区间参考点法（IRPA 方法）来支持决策过程。

（6）研究在线评论驱动的多属性双边匹配决策方法（第 7 章）。互联网的发展使得在线评论为各类产品、服务的评价提供了新的视角，且在线评论信息具有数据量大、内容真实、易获取等特点，适合作为决策参考意见的数据来源。对于现实的养老需求者来说，如何选择一个符合自身需求的养老服务机构很重要，其选择背景也更为复杂，因此，如何开发出一整套成体系的养老院决策匹配模型，并将其应用于养老服务的研究显得尤为重要。本章基于真实的养老院在线评论数据，利用大数据自然语言处理技术，对需求差异情况下有关于养老服务供需双方精确匹配决策的双边匹配过程进行数学建模，构建符合养老需求差异情况下的双边匹配决策模型。

本书由重庆工商大学吴航遥博士统稿，并撰写了第 1 章、第 2 章、第 3 章、第 4 章，硕士研究生李双英撰写了第 5 章，硕士研究生唐勇撰写了第 6 章，硕士研究生宋佳撰写了第 7 章。在此一并向所有帮助过我们的朋友表示由衷的感谢！

作者

2024 年 12 月

目　录

第1章

绪　　论

1.1　研究背景及意义

决策是在一定历史阶段产生并快速发展起来的，体现着时代特征。随着社会经济环境日趋复杂，现代决策问题常常涉及目标的多重性、时间的动态性和状态的不确定性，需要综合许多领域的专业知识才能解决。然而，由于决策者个人的文化背景、社会经验及知识储备具有一定的局限性，单人决策无法充分考虑到决策问题的所有重要方面，难以满足现实中的决策需求。《与群下教》中的"夫参署者，集众思广忠益也"告诉我们，在管理决策中需要集合群体的智慧，广泛采纳有益的意见。因此，群决策作为一种协调多人意见，并把不同决策者的偏好按某种规则进行集结的机制，凭借其多样化的视角、丰富的专业背景及紧密的成员协作，逐渐成为人们处理复杂决策问题的重要手段。

　　群决策可以看作一个开放的动态过程，不仅包括群体成员在各阶段的行动和作用，还需要考虑来自外部的各种信息的影响（宋书文，1989）。群体成员需要对所面临的决策问题提供个人的解决方法，在这个过程中，他们的选择也会受到来自群体的影响。由于参与群决策的成员来自不同的专业领域，掌握不同的信息，熟悉不同的知识，容易形成互补性，并提高考虑问题的科学性和全面性，从而得到更加合理有效的决策结果。然而，群决策的缺点也是显而易见的。由于决策者差异化的认知水平、个人态度及价值观等，不同决策者对同一问题的理解和看法不尽相同，因此互相冲突的决策结果时有出现。若将不同决策者的意见和偏好直接集结，可能会导致所获得的解决方案对群体内的某些个体来说可接受程度较低。而在群体意见的协调过程中，如果处理不当，一味追求决策者观点的统一，阻碍了不同意见的发表，可能会导致决策群体无法对问题进行符合实际的分析与判断，从而做出错误的决策。此外，不合理的协调机制还容易使群决策陷入盲目的讨论误区，极大地降低决策的效率。因此，构建有效的共识决策方法以协调不同决策者的意见和看法是群决策中不可或缺的一个环节。在群决策环境中，群体共识代表的是决策者意见的一致性，是衡量决策结果是否客观科学的一个重要标志。达成共识意味着群体中的大部分成员同意某个方案选择策略最优，而少数人即使持有不同意见，也认为他们的看法已经在决策过程中得到了较为合理的考虑。群体共识决策问题的解决通常包含两个过程：共识过程和选择过程（Perez et al.，2014）。共识过程是指面对决策者的不同意见，通过讨论协调来帮助人们最终达成一致，主要包括：①建立共识测度以度量群体共识程度；②建立反馈机制对非共识信息进行识别和修正。选择过程是指对已达成共识的决策者的评价信息进行有效集结，排序择优。传统共识决策的基本框架如图 1-1 所示。

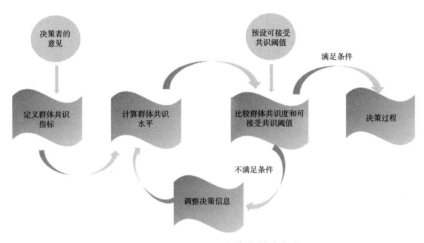

图 1-1　传统共识决策的基本框架

由图 1-1 可知，传统共识决策要求决策者在将个体意见集成群体意见之前达成共识（李欣苗等，2012）。目前，群体共识决策问题通常呈现以下特点。

一是决策信息具有冲突性。在现实生活中，不同决策者在面对纷繁复杂的信息时，对信息的感知存在差异。此外，随着社会分工越来越明确，人们的专业化背景越来越强，个人意识也逐步觉醒，群体成员间意见产生分歧的可能性越来越大，最终难以获得一个有效的、能够让各方满意的决策结果。而现有的群决策方法往往专注于决策者给出的评价信息，聚焦于决策者偏好的集结，致力于决策结果的高度一致。集结方法单一，容易导致群体分歧难以得到有效协调，简单或直接集结个体偏好获得的群决策结果难以令人信服。因此，以群体共识协调为目标的群决策方法显得尤为重要。

二是决策者的信息感知一定程度上与个体的心理因素有关。随着决策环境的复杂性日益增长，由于系统知识的局限及对信息的判断和处理能力有限等，决策者掌握的信息通常是不完整的，由此他们在不确定信息环境下容易表现出有限理性行为，导致决策结果并非整体最优。因此，如何将决策者的心理行为融入共识决策过程，从有限理性的角度来构建群决策方法也是值得研究的方向。

三是决策者信息的协调过程往往忽视了决策者的信息交互环节，对信息处理不足，容易造成信息损失，无法保证决策结果的可靠性。因此，如何充分识别未达成共识的决策信息并不断修正、补充、优化，从而得到能体现群体智慧的决策结果也是需要考虑的。

过去几十年，在移动互联网和大数据的驱动下，人工智能开启加速发展模式，新兴技术正深刻地改变着传统的决策模式，为决策分析带来了前所未有的机遇和挑战。与此同时，决策环境的复杂性常常超出人的直观求解能力，促使研究者抛开传统的决策模型，转而寻求新技术和新方法。因此，如何顺应时代的发展，提高决策信息表达的灵活性和准确性，面对不同的决策情境建立科学合理的群体共识决策方法，从而有效地解决现实群决策问题变得尤为重要。毕功兵等（2014）指出，语言环境下的群决策是

决策理论与方法研究的热点之一。为此，扎德（Zadeh，1975）首次提出了取值为自然或人工语言中的词或句子的语言变量。语言变量的提出充分考虑了人们的认知习惯和心理因素，标志着定性分析在决策理论中的实现，增强了决策信息表达的可行性、灵活性和可信度，为社会科学（如心理学、经济学、管理学等）、计算机科学（如人工智能、模式识别等）等相关领域提供了有效工具。决策信息以语言变量形式给出的决策问题广泛存在于现实生活中，如风险投资、医疗诊断、项目评估、军事决策等。为了满足实际决策问题的评估需要和语言模型计算过程的需要，含有奇数个语言术语并基于序结构的语言术语集被记为 $S = \{s_0, s_1, \cdots, s_\tau\}$（$\tau$ 为正整数）。进一步地，为了保证语言术语的运算，尽可能地避免信息丢失，戴跃强等（2008）将离散的语言术语集 S 扩展到连续的语言术语集 $\bar{S} = \{s_\alpha | \alpha \in [0, \tau]\}$。然而，在基于语言信息的决策方法的实际应用中，人们发现根据加性一致性的定义，在运算过程中多个语言术语的集成结果往往会超出表达式的范围。为了克服这一缺陷，下标以零为中心对称的离散语言术语集 $S = \{s_{-\tau}, \cdots, s_0, \cdots, s_\tau\}$ 随之被提出，并被拓展到连续的语言术语集（Xu，2005）。同时，语言评价信息的加性和积性运算法则也被相应给出，为语言环境下的决策理论研究奠定了基础。随着社会的快速发展，实际问题日益复杂，用更加符合客观现实和人类思维的分析手段来处理复杂定性决策问题的需求也愈加迫切。

由于人类认知的局限性，人们对事物的描述和评判往往带有一定的模糊性和不确定性，而传统的语言决策方法要求决策者必须选择一个具体的术语作为语言变量的值，但这不足以描述决策者的真实想法，存在明显的局限性。当面临复杂的不确定决策环境时，决策者往往无法肯定哪个术语才是最准确的，也可能在多个术语之间犹豫不决而无法做出选择。事实上，人们常用"高于平均""不好不坏"等模棱两可的语言形式来反映客观事物的不确定程度和人类思维的模糊性。因此，基于不确定语言变量的研究越来越受到国内外学者的重视（Liu et al.，2018；Fan & Liu，2010；Suo et al.，2012）。埃雷拉和马丁内斯（Herrera & Martinez，2000）定义了二元语义模型，可以克服具体的语言标度在表示信息时的局限性，有效避免语言评价信息集结和运算中出现的信息损失和扭曲，也使语言信息计算结果更加精确。依据二元语义变量的概念及其集结运算方法，语言判断矩阵的一致性分析方法（郭欢等，2014）、多属性群决策方法（张娜等，2015），群体一致性的评价方法层出不穷（Moharrer et al.，2015；Chiao，2016；Wu et al.，2017）。虽然二元语义标度使得语言变量的表示更为灵活，但仍不能完全满足人们的认知习惯。在实际决策和评估过程中，决策者们容易在几个语言术语之间犹豫不决，需要用更加丰富的语言表达式来表达他们的观点和想法。于是，为了充分挖掘决策过程中的原始评估信息，犹豫模糊语言术语集应运而生（Rodriguez et al.，2012）。基于序结构语言术语集，罗德里格斯等（Rodriguez et al.，2012）借助犹豫模糊集的思想，把语言变量的取值定义为语言术语集的一个有序且连贯的子集，并利用文本自由语法把评价信息中的自然语言转化为犹豫模糊语言术语集。为了处理计算过程中会出现的一些非直观结果，廖虎昌等

（2015）提出了犹豫模糊语言数的概念，使得犹豫模糊语言术语集的定义更为精炼。犹豫模糊语言术语集提供了一种全新而强大的工具来表征决策者的定性决策信息，能够更加灵活而全面地反映决策者的真实偏好，因此激发了越来越多学者的研究兴趣，产生了许多崭新的科研成果（Ghadikolaei et al.，2018；Liu et al.，2019；Wu et al.，2019），并在模糊控制、医疗诊断、供应链管理、工程管理等领域具有广阔的应用前景。随后，为了更加准确地刻画决策者的观点，庞琦等（2016）赋予语言术语权重（重要程度）体现决策者对不同术语的偏好，系统性地提出概率语言术语集理论。在大规模群决策中，采取概率语言术语既能体现决策者面对几个语言术语时的犹豫不决，又可以体现不同语言术语的重要程度，有利于保留更多决策者的原始评价信息。

　　综上所述，不确定语言信息环境下的群体共识决策方法研究不仅具有重要的理论价值，也有广阔的应用前景。因此，本书考虑从如何对语言信息进行充分利用和深度挖掘、如何协调群体成员的意见冲突等方面入手，针对不同的决策情境，探讨基于不确定语言信息的共识模型和方法，进一步丰富复杂决策环境下的群决策理论。

1.2　研究问题及思路

　　以不确定语言环境下的群体共识决策方法为主要研究对象，本书深入细致地研究了犹豫积性语言偏好关系的一致性，并提出了基于可接受一致性犹豫积性语言偏好关系的多属性群决策方法、考虑决策者心理的犹豫模糊语言共识模型；基于"个体—群体"视角的多属性群体共识决策方法；基于概率语言偏好关系的大规模群决策共识模型；在线评论驱动的多属性决策方法。基于上述理论和方法，以应急方案选择、医疗管理、投资项目选择、养老院选择为应用背景，验证所提方法的有效性，分析具体方法的应用特点和优劣。

1.2.1　基于可接受一致性犹豫积性语言偏好关系的多属性群决策方法

在数据匮乏的情况下，决策者能够提供的评价信息十分有限。因此，他们可以选择通过对备选方案进行成对比较来提供偏好信息，这符合人们判断事物时的思维习惯。基于偏好关系的决策方法不仅可以综合地考虑决策者的智慧和经验，而且可以克服简单的数学建模方法的局限性。犹豫模糊语言信息作为一种灵活有效的表达方式，能够贴切地刻画决策者在不确定环境下的评价信息。而犹豫积性语言信息作为其中一种特殊形式，允许决策者表达不对称的评估意见（Kim et al.，2002；Herrera et al.，2008）。此外，由于决策者提供的偏好信息的个体一致性是群体共识的前提，犹豫模糊语言偏好关系的一致性研究一直都是共识决策领域研究的热点内容之一。

然而，相对于一般的犹豫模糊语言偏好关系，目前关于犹豫积性语言偏好关系的一致性研究较少。考虑到偏好信息的不确定性及决策者对方案进行成对比较时缺乏固定的参照，可能会导致他们给出的偏好关系的偏离个体一致性。因此，犹豫积性语言偏好关系的一致性检测是研究基于偏好关系的决策方法的一项重要内容。现有一致性测度研究存在两个明显缺陷：①大多数研究集中于基于数值的偏好关系，而不是语言偏好关系；②复杂的计算过程和规范化过程容易导致原始决策信息丢失。为了满足基于犹豫积性语言偏好关系的决策问题的需求，本节有必要提出一种逻辑清晰易懂的一致性测度方法，在充分考虑决策者偏好信息的基础上度量偏好关系的一致性程度。此外，尽管决策过程中允许犹豫积性语言偏好关系不完全一致，我们仍有必要建立相应的非一致性修正算法将决策者偏好关系调整为可接受的一致性程度。通过非一致性修正，可以提高来自每个决策者的偏好信息可靠性。

综上所述，研究犹豫积性语言偏好关系的一致性检测和非一致性修正过程，建立基于可接受一致性偏好关系的多属性决策方法具有很好的理论意义，也为构建基于犹豫积性语言偏好关系的共识决策方法奠定了基础。

1.2.2　考虑决策者心理的犹豫模糊语言共识模型

随着信息时代的来临，人类活动越来越频繁，很多针对不同情境和环境的有意义的群体共识模型相继建立，而在犹豫模糊语言信息环境下，考虑决策者心理的共识模型的相关研究较少。

在检验群体是否达成共识的过程中，大部分研究仅仅考虑决策者所给出的偏好信息与群体意见的相似度，而忽略了他们的个体一致性。事实上，偏好关系的个体一致性对于确保决策结果的合理性至关重要。因此，本研究同时考虑群体共识和个体一致性的共识测度算法，可以更加有效地识别关于不同方案决策信息的共识差异性。

在群体意见的协调过程中，现有的研究通过调整决策者偏好信息或调整决策者权重两种方式来辅助群决策问题的共识达成过程。大部分反馈机制都是使用三步识别法来识别评价信息中需要修正的部分，需要依次计算任意两个备选方案的评价信息之间的共识度、决策者之间的共识度及备选方案与群体评价信息之间的共识度，这大大降低了共识决策过程的效率。因此，如何快速准确地识别未达成共识的评价信息仍是亟待解决的问题。

在确定了需要修改的评价信息之后，决策者一般会根据反馈机制生成的修正建议调整评价信息，以便在共识迭代中提高群体共识水平。然而，某些决策者可能会不接受这些修正建议，导致最终的共识难以达成。一些文献采用自动修正机制修改评价信息而忽略了决策者的意愿，还有一些文献利用退出—代表机制让不合作的决策者退出群决策。显然，这些方法存在不合理之处，无法实现真正意义上的群体共识达成。因此，在共识引导过程中引入某些心理学理论（如信任心理），帮助决策者自愿或有条件地改变态度、评价信息，避免强制执行共识过程显得更加科学合理。此外，许多研究证据已经表明后悔情绪会影响人们的决策。面对越来越复杂的现实决策问题，决策者在决策过程中不仅需要考虑选择方案后获得的结果，还需要假设选择其他方案后可能得到的决策结果。通过对比，可能会导致决策者产生后悔心理。从这个角度出发，将这些相关理论和方法应用到共识决策模型和方法的研究中尤为必要。

1.2.3　基于"个体—群体"视角的多属性群体共识决策方法

多属性群决策是现代决策科学研究的一项重要内容。决策者需要在考虑多个属性的情况下，对备选方案进行评价并排序择优。由于多个评估属性的存在，决策者必须先衡量可行的属性数量，并对属性分配合理的权重。大多数多属性群决策方法，例如层次分析法（AHP）（Saaty，2008）和网络分析法（ANP）（Lee & Kim，2000），都是在决策过程中引入标准的层次结构，以将复杂的决策问题分解为由上至下的几层，在得到各层属性之间的比重之后，便可算出最终方案的优劣顺序。在这些方法中，如何合理地确定评价属性是最关键的步骤之一。但是，确定评价属性的过程却并没有固定的规则，完全取决于决策者的经验和偏好，使得评价属性集合存在很大的不确定性。同时，由于层次结构的存在，整个决策过程将会包括许多复杂的计算，如一致性测量及每个层次中的非一致性修正，这会耗费较多时间，导致决策效率低下。另外，现实群决策中可能存在决策者知识背景相差较大的情况，这意味着各决策者将从不同的角度在多个属性下对备选方案进行评判。而面对复杂繁多的属性，决策者往往难以在某些不熟悉的领域提供有价值的评价信息。因此，在多属性群决策环境下，允许决策者建立各自的指标体系来评价备选方案显然更加科学合理。

现有的群体共识决策方法大多是在所有决策者评价信息达到可接受的共识水平后,将其集成得到群体的综合评价信息,再根据综合评价信息得到方案的最终排序。然而,在面对上述决策情境时,由于决策者可能基于不同的属性对备选方案进行评价,所以无法直接集成他们的评价信息。因此,讨论如何根据决策者的个人评价信息得到每位决策者对备选方案的排序,如何在个体排序的基础上建立共识方法得到群体共识排序还有待深入研究。

总而言之,基于"个体—群体"的视角,在保证决策者给出的评价信息不存在冲突的前提下研究群体共识,可以提升群决策的科学性和客观性。

1.2.4 基于概率语言偏好关系的大规模群决策共识模型

目前,在共识达成过程中对决策者的研究大部分集中于决策者面对修改信息的接受程度,探索决策者的种种非合作行为。决策者反馈机制在不断地协商调整,而在这一过程中对决策问题的认知也会随之变化。例如,决策者经过第一轮反馈机制后得到了修改建议值,而此时决策者需重新考虑并给出评估信息,在这个过程中决策者可能对该决策问题的认知加深,即给出评价信息的不确定性减少。因此,基于决策者认知变化,研究动态反馈机制显然更加贴近现实情形。

此外,尽管概率语言偏好关系可以充分反映决策者在复杂决策环境下的模糊性，和大规模群决策有较高的适配度，最大限度保留初始信息，但由于目前有关概率语言偏好关系的群决策研究较少，特别是在大规模群决策下的共识方法。因此，本研究提出基于概率语言偏好关系的大规模群决策共识模型具有一定的研究价值。

1.2.5　在线评论驱动的多属性决策方法

现代互联网上存在大量的在线评论数据，对消费者来说，在线评论数据是进行购买决策的重要信息资源，对电子商务（Yang et al.，2022；Sudirjo et al.，2023）、旅游业（Ji et al.，2023；Kwak et al.，2023）、医疗保健（Gongora－Salazar et al.，2023；Bani－Doumi et al.，2024）等行业都有重大影响。基于在线评论的多属性决策方法已经得到了广泛的应用与研究，研究过程主要使用情感分析技术来探索在线评论中评估者对商品属性的情感倾向和情感强度（Li et al.，2023；Ke et al.，2024）。此过程将在线评论中的评价信息刻画为数字信息，如概率语言信息（Liu et al.，2019）、直觉犹豫模糊信息（Zhang et al.，2020b）、对数球面犹豫模糊信息（Khan et al.，2021）等，随后将分析结果与多属性决策方法相结合来开发决策模型框架，以获得方案最终排名。然而，大多数决策方法模型都应用于一般线性关系问题，在处理语言内容的转换时，只在较小程度上解决了语言表达的模糊性问题。但是，在线评论中有许多特殊语言表达，如何基于在线评论数据中的用户体验真实性，从网络中获取真实的在线评论数据，利用自然语言处理（natural language processing，NLP）技术对评论文本进行分析，采用多属性决策方法对选择问题进行数学表征，分析决策过程，具有一定的研究价值。

1.2.6　应用分析

（1）在应急方案选择中的应用

随着经济全球化进程的加快，世界正面临前所未有的挑战。政治经济格局的变化及工业技术的飞速发展等导致近年来突发事件日益频繁，并逐渐呈现出全球化的趋势，如 2020 年暴发的新冠疫情、澳大利亚山火、东非多国遭遇的沙漠蝗虫灾害等。这些突发事件严重威胁着人们的生命财产安全，给应急决策的相关危机管理部门带来了巨大的考验。为了维持政府的基本职能，最大限度地降低突发事件带来的损失，在事件发生后立即采取相应的应急管理措施是非常必要的。在这种紧急情况下，为提高应急决策的准确性，决策实践中往往会联合不同领域的专家根据自身的专业系统知识共同决策并制订应急预案，规避突发事件带来的风险。由于这些专家可能来自多层级、多部门，他们对于备选方案的考虑角度和偏好信息都不尽相同，且决策专家的重要程度和权威性等也存在差异。这些都导致决策群体容易产生分歧，很难快速达成共识，也难以保证决策结果的可靠性和有效性。因此，如何运用事件发生过程中获取的信息进行有效分析，为应急方案提供科学合理的信息支持，如何辅助应急决策管理人员达成共识是亟待解决的关键问题。

（2）在投资项目选择中的应用

随着大数据时代的来临，互联网已成为信息社会不可或缺的基础设施，是推动经济发展的一股重要力量。近年来，随着全民理财意识的觉醒及互联网金融的兴起，越来越多的创新产品和服务模式不断涌现，给金融行业带来了新的机遇和挑战。由于在线平台具有动态、准确和较全面的信息，使消费者能更方便地进行金融产品交易，打破了交易的空间障碍，获得更加综合的金融理财服务。这在一定程度上提高了客户覆盖的广度，降低了金融服务的成本，为相关企业创造了更多的收益。而对于投资者而言，如何提取有效的信息来进行投资产品的选择成为他们最关注的问题。由于投资者的目标是获得更多的收益，所以他们必须关注影响收益的各种指标。例如，面对医疗健康产业的项目，投资者需要对市场进行调研，收集市场需求等信息对项目进行评估。在这个过程中，投资者往往会面临诸多的未知因素，比如无法确切了解到项目的可行性和预期收益等。在此情形下，投资者容易受到两个因素的影响：①备选项目的预期收益值；②所选定项目的预期收益值与其他备选项目的预期收益值的对比情况。由此，西蒙（Simon，1947）提出投资者的认知和判断会不可避免地表现为"不完全理性"，即有限理性。因此，在不确定的环境下，基于决策者的有限理性行为，研究共识决策方法在投资项目决策支持中的应用具有一定的理论与现实意义。

（3）在医疗管理中的应用

近年来，医患纠纷案件呈现日益频发、日渐恶性的趋势，使得医患关系逐渐成为全社会关注的焦点。进入 20 世纪以来，随着社会经济的快速发展，人们的生活水平极大地提高，公众对疾病的体验、对现代医学的态度及对治疗效果的期待发生了巨大的改变。由于缺乏全面的沟通，医生和患者之间很难建立信任关系。例如，在治疗过程中，一些患者会选择疗效好却昂贵的药物，而一些患者由于经济原因会选择其他治疗方法。若医生只强调治疗效果，而没有充分考虑患者的需求，使一些患者无法负担高昂的治疗费用，便容易引发医患纠纷。已有一些研究表明，鼓励患者在治疗方案的选择过程中发挥积极作用是促进医患关系的有效途径。当医生和患者共同努力确定最终的治疗计划时，他们很可能在医疗问题上达成共识。另外，通过这种方式，患者可以进一步了解治疗方案的选择过程，与医生共同承担责任。因此，针对这种决策情境，建立共识决策方法辅助治疗方案的选择问题，对提高医患共识水平具有一定的实践指导意义。

（4）在养老院选择中的应用

在养老机构选择的决策过程中，养老需求者通常会考虑有关备选养老机构方案的不同决策评价属性，比如养老院管理水平、基础设施建设、服务人员素质等，然后结合自身的需求情况进行综合考虑，最终做出养老机构的选择决策。像这样利用已有的属性评价信息，再通过一定的方式对备选方案进行排序并择优的决策就属于多属性决策（Yalcin et al.，2022）。因此，养老机构的选择问题是典型的多属性决策问题。在该决策问题中，与养老院相关的评价指标为多种相关的定性指标，存在较大的不确定性和模糊性。因此，如何在挖掘养老院评价指标的同时，构建基于在线评论的养老机构评估体系，并在此基础上建立决策模型帮助养老需求者进行最佳决策成为一项十分重要的研究课题。

1.3　研究内容及框架

1.3.1　主要研究内容

本书将深入细致地对基于不确定语言信息的群体智能决策方法及技术进行研究。具体而言，研究了基于犹豫积性语言偏好关系的多属性群决策方法；在犹豫模糊语言环境下，建立了考虑决策者心理的语言共识模型；基于"个体—群体"视角的多属性群体共识决策方法；建立了基于概率语言偏好关系的大规模群决策共识模型；基于情感分析的区间二型模糊 IRPA 方法；提出了在线评论驱动的供需双边匹配决策模型，并将上述方法理论应用到应急方案选择、投资项目选择、医疗管理决策支持和养老院选择等问题中。

（1）研究基于犹豫积性语言偏好关系的多属性群决策方法

犹豫积性语言偏好关系是基于积性语言术语集，运用语言变量表示一个对象比另一个对象更隶属于某个集合的程度来刻画决策者的偏好，且允许决策者表达不对称的评估意见。目前，大部分的研究集中在基于加性语言术语集的犹豫模糊语言偏好关系，而很少有学者讨论犹豫积性语言偏好关系的一致性定义、非一致性修正及排序理论等一系列问题。因此，本书充分考虑当前研究存在的局限性，在犹豫积性语言环境下利用特征向量法对偏好关系进行一致性检验，并建立相应的非一致性修正算法。将二分法引入非一致性修正过程来确定关键参数的取值，在提高非一致性修正的准确性的同时尽可能保留更多的初始评估信息。最后，基于可接受一致性的犹豫积性语言偏好关系，提出了相应的多属性群决策方法。

（2）研究考虑决策者心理的语言共识模型

①信任度引导的反馈式犹豫模糊语言共识模型。许多与生命救援相关的紧急事件都包含着难以评估的复杂因素，决策者对这些事物常常有着模糊的认知，很难在有限的时间内给出精确的评价信息。在这种情况下，以人们给出的语言表达式为基础的，更加贴近人们的思考和认知，能够灵活且全面地反映决策者的真实偏好的犹豫模糊语言术语是刻画决策信息的最佳选择。在未达成共识的决策信息修正环节，现有的方法在识别此类决策信息时需要经过三个步骤，在决策过程中会耗费较多的时间，效率不高。本研究在犹豫模糊语言信息环境下，提出群体满意度的概念来度量群体共识水平，然后建立一个优化模型以快速准确地识别未达成共识的决策信息。由于决策者们通常倾向于采纳他们所信任的决策者的建议，因此在优化模型的支持下，本研究进一步将信任度的概念引入反馈机制，增加决策者调整其原始评价信息意愿，提高决策结果的整体可接受程度。

②考虑决策者后悔心理的语言共识决策模型。在与收益相关的现实决策问题中，决策者在提供评价信息时往往具有后悔规避性。在不确定语言决策环境下，考虑决策者的后悔心理和评价信

息的模糊性，设计科学合理的共识决策模型具有理论和实际意义。基于有限理性假设提出的后悔理论，可以描述决策者在评价和决策过程中会受到个体心理特质、行为特征的影响，能够确切地刻画投资者在选择问题中的决策行为。本书基于行为决策中的后悔理论，研究属性权重完全未知下的语言共识决策模型；定义基于方案感知效用值的群体一致性的测量指标，从而反映决策者给出的评价信息之间的一致性程度。然后，在属性权重完全未知的情形下，基于群体决策信息的一致性程度构建一个优化模型来确定属性权重；建立一个基于后悔理论的犹豫模糊语言共识决策模型，利用方案的最优综合感知效用值对方案排序择优，用于解决更加符合决策者心理行为的多属性群决策问题。

（3）研究基于"个体—群体"视角的多属性群体共识决策方法

现实群决策中可能存在决策者知识背景相差较大的情况，这意味着各决策者将从不同的角度在多个属性下对备选方案进行评判，而这些属性之间可能存在各种各样的关联。针对这一类型的决策问题，大多数方法选择使用层次结构将复杂的决策问题分解成更小的、更容易解决的问题。但是，由于层次结构的存在，整个决策过程将会包括许多复杂的计算，耗费较多时间。此外，面对复杂繁多的属性，决策者也难以在某些不熟悉的领域提供有价值的评价信息。因此，本书提供了一种灵活有效的决策方法，允许决策者在决策过程中建立各自的指标体系来评价备选方案。首先，基于决策者的犹豫模糊语言评价信息，采用 Simos-Roy-Figueira 法获取属性权重；其次，借助 ELECTRE Ⅲ 法在处理属性冲突的多属性决策问题方面的优势，直观地得到每一个决策者对于备选方案的偏好排序；最后，提出基于肯德尔距离的共识模型，通过计算方案排序的最小改变成本，获得方案的群体共识排序。

（4）研究基于概率语言偏好关系的大规模群决策共识模型

首先，为了降低大规模群决策的复杂度，本书将决策者依据评价信息划分为若干子群，提出层次概率 K 均值聚类算法。该算法优化 K 均值聚类算法对初始聚类中心的敏感性，提高了聚类算法的稳定性。其次，在共识达成过程中提出了基于概率语言偏好关系的共识衡量规则。在尊重决策者调整意愿的前提下合理地提高群体共识水平，构建包含识别调整对象和确定调整方向及幅度的反馈机制。再次，利用仿真模拟验证本模型中聚类算法的合理性，同时探究模型中不同参数对共识效率的影响。最后，和不同语言环境下的大规模群决策方法、概率语言环境下其他大规模群决策方法对比，验证本模型的可靠性和优越性。

（5）研究基于情感分析的区间二型模糊 IRPA 方法

随着互联网的发展，在线评论是消费者对产品或服务直接体验的反馈，包含了消费者的情感和满意度，这些信息对于理解消费者行为和偏好至关重要。本书从网络中获取养老者对于养老院真实的在线评论数据，通过潜在狄利克雷分配（LDA）模型提炼出评价养老机构的关键指标，建立了一套针对养老机构服务的指标体系。随后，借助自然语言处理中的情感分析技术，对在线评论数据进行挖掘，得出各项评价指标的情感得分，并将这些得分转化为区间二型模糊数值。最后提出一种基于参考点的区间参考点法（IRPA）的决策支持机制，以辅助整个决策过程。

（6）研究在线评论驱动的多属性双边匹配决策方法

双边匹配决策理论方法广泛应用于各个行业与日常生活中，产生较大的经济价值与社会价值（邓智彬等，2023）。双边匹配决策问题主要用于解决匹配双方寻求一种双方主体满意度最高的匹配方式，该问题具有重要的研究意义（彭娟娟等，2024）。随着互联网的全面普及，促进了在线养老院评论网站平台的建立，考虑到具有不同服务需求的养老者普遍存在，养老服务匹配在本质上属于养老服务机构和养老需求者之间的双边匹配问题。然而，在现实生活中，由于匹配主体认知的模糊性与匹配环境的复杂性，导致匹配过程中偏好多样性与混杂性。本书考虑到在线评论数据易于收集，真实性强，便于分析，能够客观聚类匹配主体的需求偏好等特点，提出基于养老服务需求差异的养老服务供需双边匹配决策模型。

（7）算例分析

本书拟将上述研究成果应用于应急方案选择、投资项目选择、医疗管理决策支持、养老院选择等方面的算例分析。

①地震避难所选址问题的算例分析。地震是一种突发性的灾难事件，强烈的地震可以在几秒或者几十秒的时间内造成巨大的破坏，甚至顷刻之间可使一座城市变成废墟。地震发生后，由于大量建筑物倒塌，临时避难所成为地震后避难者的主要需求。因此，选择合适的地点修建地震避难所是灾后重建的关键阶段之一。为了安置受害者并满足他们的基本生活需求，需要来自不同部门的专家，如地震学家、工程师、环境和社会学家及应急管理人员，从规模和位置、二次受灾风险、救援设施、可行性等方面

来考虑地震避难所的选址问题。考虑到时间的紧迫性和指标体系的不确定性，本书拟引入犹豫积性语言偏好关系来表达决策者的评价信息，并在此基础上采用所提出的决策方法来为地震避难所的选址提供决策支持，确保避难所的安全性和可行性。

②医疗应急预案选择问题的算例分析。突发性公共卫生事件是指可能严重损害公众健康的重大传染病疫情、群体性不明原因疾病等。通常情况下，这类事件的时间、地点、方式、程度等都难以准确把握，而事件的起因、规模、事态变化等也无法事先确定。在疫情暴发之后，为做好防控工作，医疗卫生机构应该履行公共服务职能，把保障公众健康和生命安全作为首要任务，最大限度地降低危害，确保人民的生命安全，促进社会稳定。因此，为应对突发疫情，应急预案的制订必不可少。为了对突发疫情作出快速反应，医疗卫生部门需要根据疫情的范围、性质和危害程度等对应急预案进行评估，对防控过程中工作部署的先后顺序进行排序。鉴于此，本书拟将信任度引导的反馈式犹豫模糊语言共识模型应用到医疗应急预案选择问题中，为完善突发疫情应急体系，建立健全突发疫情应急制度提供理论支持。

③医疗投资项目选择问题的算例分析。近年来，随着人口的增长和老龄化，人们对疾病预防、个性化医疗服务的需求越来越大，医疗产业的创新产品和服务模式不断涌现，医疗健康行业已成为经济中越来越重要的组成部分，为投资者带来了积极的回报。考虑到在投资项目选择过程中，投资者可能产生后悔心理，为了契合实际需求，本书对投资者的项目选择展开研究，拟将考虑决策者后悔心理的共识决策方法应用到投资项目选择问题中，以服

务于投资者的投资决策，为提高人民的生活质量发挥有益的作用。

④基于医患共识的治疗方案选择问题的算例分析。刘云章等（2018）认为，随着医学技术的不断发展，人们普遍重视医学却对疾病抱有偏见。由于医疗结果存在不确定性，医生和患者之间在专业上存在不对等性，以及医患之间的利益不易相容等特性，医生和患者之间容易产生矛盾和冲突（赵新河，2020）。为了减少医患纠纷，改善患者在医患关系中所处的弱势地位，本书拟将基于"个体—群体"视角的共识决策方法应用到治疗方案选择问题中，让患者参与治疗方案的选择过程，以增强医患沟通，形成医疗风险共同承担的共识。

⑤养老院选择问题。近年来，世界人口老龄化快速爬坡，孕育了庞大的养老服务需求，同时也加快了世界各国养老院行业的发展，但面对快速增长的养老服务需求，养老院服务行业存在质量参差不齐、专业护理人才不足、部分养老院的选址和定价不合理、服务设施不完善等一系列问题（张语轩等，2024）。养老需求者在选择养老服务机构时具有一定的决策难度，如何选出最符合养老人群自身养老需求的养老服务机构是提高老年人晚年养老幸福水平的关键。本书构造一个由在线评论驱动的多属性决策模型，探究影响养老需求者选择养老院的因素，并将此模型应用在养老院的决策评估中。

1.3.2 研究框架

本书的研究内容框架主要包括三个部分，具体如下。

（1）本书主题

第1章首先详细介绍了本书的研究背景与意义，明确了在不确定语言环境下研究面对不同情境的共识决策方法的理论价值和应用价值。然后，通过分析现有研究成果存在的缺陷及实际应用中的决策需求，提出本书将要研究的问题，进而确定本书的具体研究内容和框架。基于本书研究内容，阐述本书的特色与创新之处。

（2）理论研究和算例分析

此部分包括第2章、第3章、第4章、第5章、第6章和第7章，是研究的核心部分。首先，笔者详细介绍了几种基于不确定语言信息的群体智能决策方法的构建过程，并设计仿真实验对方法存在的参数进行细致的讨论，以及验证研究方法的有效性和鲁棒性等。然后，为了契合实际决策的需求，将这些决策方法分别应用到地震避难所选址、应急预案选择、医疗投资项目选择、治疗方案选择、养老院选择等问题中，通过算例分析进一步证实方法的可行性。

（3）结论与展望

第8章归纳和总结了本书的研究工作，并进一步探讨了未来可能的研究方向。

本书研究使用的研究方法主要包括资料收集法、文献分析法、不确定决策理论与方法、数学规划方法、计算机仿真模拟、行为经济型理论等，并以MATLAB等工具作为技术支撑，通过设计仿真实验对所研究的方法进行计算、分析与验证。

1.4　研究贡献及创新

1.4.1　研究贡献

本书旨在提出科学的群体共识决策方法，对决策者的语言评价信息进行集结和深度挖掘，有效识别和处理决策信息分歧，合理协调群体成员意见冲突，从而提高决策结果的可靠性，进一步丰富不确定语言信息环境下的群决策理论。其研究意义主要体现在以下几个方面。

第一，研究犹豫积性语言信息，丰富了决策者在缺乏数据的情况下表达决策信息的方式。然后，提出面向犹豫积性语言偏好关系的一致性检验方法、非一致性修正算法及多属性群决策方法，有利于提高决策者偏好信息的可靠性，从而得到更有效的决策结果。

第二，通过研究基于决策者信任度及考虑决策者后悔心理的群体共识模型，将真实决策环境下决策者的心理因素融入群决策方法的构建，提高决策结果的合理性。

第三，本书考虑决策者的个体一致性和群体共识，引入满意度指标有效识别关于不同方案决策信息的共识差异性。在识别和修正未达成共识的决策信息环节，提出优化模型代替现有的多个步骤的识别过程，有利于提高反馈机制的收敛速度和共识过程的效率。

第四，本书针对复杂的多属性群决策问题，基于"个体—群体"的视角，在保证决策者给出的评价信息不存在冲突的前提下研究群体共识，有利于集中不同领域专家的智慧，利用更多的知识优势，借助更多的信息，提高决策的合理性和科学性。

第五，本书结合概率语言偏好关系，将大规模群决策拓展到概率语言环境下，对传统的聚类算法进行优化，提出基于概率语言偏好关系的共识测度和反馈机制，有助于降低大规模群决策的复杂度，提高聚类过程的稳定性。

第六，本书以老年群体的需求差异为中心，以在线评论驱动决策过程，研究供需双边匹配策略，为需求差异群体推荐最适合的养老院。本书的研究有助于解决当前养老需求群体选择养老院时所面临的困难，提高养老服务供需双方的决策效率及满意度。

1.4.2 创新之处

本书研究的创新之处主要体现在上述群决策方法的构建及其应用价值的讨论。相应的研究成果部分已在国际期刊上发表。主要创新点归纳如下：

第一，给出了犹豫积性语言偏好关系，在信息不完整的情况下丰富了决策者的表达方式。基于特征向量法，本书在犹豫积性语言环境下提出了一种逻辑清晰易懂的一致性测度，在充分考虑决策者偏好信息的基础上有效度量决策者的个体一致性。以完全一致的犹豫积性语言偏好关系为参照，建立了非一致性修正算法，确保了修正后的偏好关系能达成可接受一致性，并且提高了调整过程的效率。在一致性修正的过程中，通过限制修正参数的取值范围来尽可能地保留原始评价信息，从而提高决策结果的可信度。对犹豫积性语言偏好关系一致性的研究为基于犹豫积性语言偏好关系的共识决策研究奠定了基础。

第二，提出了基于新的满意度的共识测算方法，进一步提高了共识过程的合理性。考虑到决策者的权威性和决策观点之间的相似性是影响群体达成共识的两个重要因素，本书利用决策者提供的犹豫模糊语言评价信息测算决策者意见的个体一致性，然后集结决策者意见的相似度，建立一种新的满意度驱动的群体共识度测算方法。将决策者的主观偏好和群体意见的客观一致有机结合起来，合理度量群体真实的共识水平。此外，本书提出的满意度指标从个体和群体两个角度充分挖掘偏好信息下隐含的决策者重要度信息，根据决策者的评价信息获得决策者重要度的客观差异性而无须决策者事先主观设定，可以作为计算决策者权重的可靠来源。这进一步丰富了犹豫模糊语言信息环境下群体共识度的测算方法，为群体快速达成共识及非共识的修正奠定基础。

第三，提出了考虑决策者心理的共识决策方法，为犹豫模糊语言偏好信息下的群体共识决策问题提供了一种新的研究思路和方向。本书建立了一个信任度引导的反馈式犹豫模糊语言共识模型。在犹豫模糊语言信息环境下，由全局共识度来引导共识控制过程，由差异化的专家之间的信任度引导非共识语言偏好的修正过程。该方法收敛速度较快，通过专家评价信息的差异识别非共识信息，有效地解决了传统协调反馈式共识迭代方法过程烦琐的问题。将信任度的概念引入反馈机制，为专家生成个性化调整建议，避免了个体偏好修正建议较多、专家不合作等情况，提高了反馈机制的准确性和科学性。

第四，从后悔规避视角量化了犹豫模糊语言环境下的决策者行为，基于后悔理论和最优化模型构建了群体共识决策方法。后悔心理是人们决策中的一个重要维度，由于后悔理论涉及的计算公式中参数个数比较少，不需要考虑如何选取风险态度系数和损失规避系数等参数，从而减少了计算过程的不确定性，使最终的决策结果更为合理可靠。从尊重决策者个人修改意愿的角度出发，建立反馈机制，使决策者能够充分进行信息交互，提高了决策者考虑问题的全面性。

第五，设计了基于"个体—群体"视角的多属性群体共识决策方法，为决策者背景相差较大的群决策问题提供了解决途径。本书允许专家在决策过程中建立各自的指标体系来评价备选方案，充分利用专家提供的原始评价信息，获得每位专家各自对方案的偏好排序。然后，通过肯德尔距离对专家的排序进行集结得到最终排序。该方法尊重个性化专家的"非共识"意见，避免强制执行共识过程，适用于专家知识背景相差大、专家不愿意修改自己评价信息的多属性群决策问题。

第六，提出了层次概率K均值聚类算法。为了降低大规模群决策的复杂度，将K均值聚类算法拓展到概率语言偏好环境。此外，由于传统K均值聚类算法随机确定初始聚类中心，其聚类结果会受到初始聚类中心选择的影响，不同的初始聚类中心会带来不同的聚类结果。为了避免传统K均值聚类算法对初始聚类中心的敏感性，优化了初始聚类中心的选择方式，从而提高聚类过程的稳定性。同时，定义了群体概率语言偏好关系的集成算法提高模型运算效率。最后，利用仿真实验验证层次概率 K 均值聚类算法的优越性。

第七，构建了基于概率语言偏好关系的共识测度和反馈机制。本书基于决策者之间概率语言偏好矩阵之间的距离定义概率语言偏好关系的相似度，进而提出了衡量群体共识水平的测算方法。在反馈机制中建立识别规则和建议规则引导决策者调整偏好信息，同时考虑到群体中的决策者的心理因素，在迭代过程中尊重决策者意愿，确定调整参数，给出调整建议。通过仿真实验探究反馈机制中各项参数对共识效率的影响，给实际决策问题提供参考价值。

第八，将在线评论作为决策数据来源，建立基于情感分析等技术的多属性决策模型，揭示养老服务行业中影响养老服务评价属性指标的各种因素及各个不同属性之间的相互影响关系，建立基于模糊语言的双边匹配决策模型，深层次揭示养老服务供需双方主体的匹配决策的工作机理与运行规律，丰富双边匹配决策的理论方法，为养老服务机构、企业带来显著的经济效益和社会效益。同时，也为实施积极应对人口老龄化国家政策，推动老龄事业和产业协同发展，构建高效化养老服务体系提供理论依据和实证参考。

第2章

基于犹豫积性语言偏好关系的多属性群决策方法

由于犹豫积性语言信息能在数据匮乏的情况下，为决策者提供有效的决策信息表达方式，本章主要研究如何将层次分析法中的最大特征向量法引入不确定决策环境中，定义犹豫积性语言偏好关系的一致性指标，形成有效衡量决策者所提供偏好信息的个体一致性的方法与技术，建立相应的非一致性修正算法，提高偏好信息的可靠性，然后基于可接受一致性的犹豫积性语言偏好关系提出有效的多属性群决策方法。同时，对所构建方法的特点、有效性和实用性展开分析与讨论。

2.1 基本概念

2.1.1 积性语言标度集

定义 2.1.1（Xu，2008） 若 $S = \{s_t \mid t = 1/\tau, \cdots, 1/2, 1,$

2，…，τ} （τ 为正整数）为一个有限且完全离散的语言标度集合，则 S 被称为积性语言评估标度集。语言术语 s_t（$t \in \{1/\tau$，…，1，…，$\tau\}$）被用于定性地描述基于个体模糊思维对目标的评价。其中，s_1 是居中的语言标度，表示一个"无差别"的评价值，而 $s_{1/\tau}$ 和 s_τ 分别表示积性语言标度的下界和上界。此外，积性语言评估标度集 S 必须满足以下条件：

①该集合是有序的，即对于集合中任意两个语言术语 s_α 和 s_β，若 $\alpha > \beta$，则 $s_\alpha > s_\beta$。

②存在互易算子 $rec(s_\alpha) = s_\beta$，使得 $\alpha\beta = 1$，特别地，$rec(s_1) = s_1$。

对于任意两个积性语言标度 s_α 和 s_β，三个基本运算规则被定义为（Xu & Wang，2012）：

①$(s_\alpha)^\lambda = s_{\alpha^\lambda}$，$\lambda \in [0，1]$；

②$s_\alpha \otimes s_\beta = s_\beta \otimes s_\alpha = s_{\alpha\beta}$；

③$(s_\alpha \otimes s_\beta)^\lambda = (s_\alpha)^\lambda \otimes (s_\beta)^\lambda$，$\lambda \in [0，1]$。

在实际应用中，为了减少决策者所提供的原始评价信息的丢失，离散语言标度集 S 可以被拓展为连续语言标度集 $\overline{S} = \{\overline{s}_t |$ $s_{1/\tau} \leqslant \overline{s}_t \leqslant s_\tau$，$t \in [1/\tau，\tau]\}$（Xu & Wang，2012）。通常，语言术语 s_t 由决策者确定，而拓展的语言术语 $\overline{s}_t$（$\overline{s}_t \in \overline{S}$）仅出现在计算过程中。对于连续语言标度集 $\overline{S}$，可以通过函数 I：$\overline{S} \rightarrow [1/\tau，\tau]$ 得到集合中任意语言标度 $\overline{s}_t$（$\overline{s}_t \in \overline{S}$）的下标，即 $I(\overline{s}_t) = t$。同时，存在一个反函数 I^{-1}：$[1/\tau，\tau] \rightarrow \overline{S}$，可求得任意下标值 $t \in [1/\tau，\tau]$ 所对应的语言标度为 $I^{-1}(t) = s_t$。基于此，对于任意积性语言标度 s_α 和 s_β，满足以下运算规则：

①$I((s_\alpha)^\lambda) = (I(s_\alpha))^\lambda$，$\lambda \in [0, 1]$；

②$I(s_\alpha \otimes s_\beta) = I(s_\alpha) \times I(s_\beta)$；

③$I((s_\alpha \otimes s_\beta)^\lambda) = (I(s_\alpha))^\lambda \times (I(s_\beta))^\lambda$，$\lambda \in [0, 1]$。

2.1.2　积性语言偏好关系

由于越来越多的决策者倾向于在决策过程中利用积性语言评估标度来对备选方案进行比较，徐泽水（2008）构建了积性语言偏好关系来表示决策者所提供的评价信息。

定义 2.1.2（Xu，2008）　对于一个备选方案集合 $X = \{x_i \mid i = 1, 2, \cdots, n\}$，一个基于积性语言术语集 $S = \{s_t \mid t = 1/\tau, \cdots, 1/2, 1, 2, \cdots, \tau\}$ 上的积性偏好关系可表示为一个矩阵 $B = (b_{ij})_{n \times n} \subset X \times X$，$b_{ij}$ 代表决策者认为方案 x_i 优于方案 x_j 的程度。对于所有的 $i, j = 1, 2, \cdots, n$，b_{ij} 满足以下条件：

$$s_{1/\tau} \leqslant b_{ij} \leqslant s_\tau, \quad b_{ij} \otimes b_{ji} = s_1, \quad b_{ii} = s_1, \quad i, j = 1, 2, \cdots, n \quad (2.1)$$

特别地，$b_{ij} = s_1$ 表示方案 x_i 与方案 x_j 无差别，$b_{ij} > s_1$ 表示方案 x_i 优于方案 x_j，$b_{ij} < s_1$ 表示方案 x_j 优于方案 x_i。

2.1.3　特征向量法

特征向量法是多属性决策问题中常用的优先排序方法（Saaty，1977），偏好关系的一致性检验是其中最关键的步骤之一。

定义 2.1.3（Gao et al.，2008）　令 $B = (b_{ij})_{n \times n}$ 为一个积性偏好关系，其中 $b_{ij} > 0$，$b_{ij} \times b_{ji} = 1$。若所有的 $i, j, k = 1, 2, \cdots$，

n，b_{ij}满足：

$$b_{ij} = b_{ik} \times b_{kj} \tag{2.2}$$

则 $B = \left(b_{ij} \right)_{n \times n}$ 是完全一致的积性偏好关系。

考虑到偏好关系不一定总是完全一致的，萨蒂（Saaty，1977）首先介绍了可接受一致性的概念，并提出了检验偏好关系一致性的过程。基于此，特征向量法的步骤简要归纳为：

定义 2.1.4（Saaty，1980） 令 $B = \left(b_{ij} \right)_{n \times n}$ 为一个积性偏好关系，其最大特征值 $\lambda_{\max}$ 所对应的特征向量为 w（即被比较对象的权重）。

步骤 1：通过求解以下线性方程组计算偏好关系 B 的最大特征值 $\lambda_{\max}$：

$$Aw = \lambda_{\max} w,$$
$$e^T w = 1 \tag{2.3}$$

步骤 2：通过下式计算一致性指标：

$$C.I. = \frac{\lambda_{\max} - n}{n - 1} \tag{2.4}$$

步骤 3：考虑到 n 越大时，偏好关系越难满足一致性，所以需要针对不同阶数的矩阵给予不同的随机一致性指标 $R.I.$（1 000 个随机样本得到的平均 $C.I.$ 值，见表 2 - 1）（Hong et al.，2002）。

表 2 - 1 偏好关系的随机一致性指标

n	1	2	3	4	5	6	7	8	9	10
$R.I.$	0	0	0.52	0.89	1.12	1.26	1.36	1.41	1.46	1.49

步骤 4：通过下式计算一致性比率：

$$C.R. = \frac{C.I.}{R.I.} \qquad (2.5)$$

步骤 5：将所得一致性比率与给定的可接受一致性阈值 $\overline{C.R.}$ 对比。若 $C.R. < \overline{C.R.}$，则偏好关系 B 具有可接受一致性；否则，偏好关系 B 不具有可接受一致性，需要进行调整，直至满意为止。

2.2　犹豫积性语言偏好关系的一致性

2.2.1　犹豫积性语言偏好关系的定义

为了客观描述决策者对目标评价时的模糊思维，本节首先给出犹豫积性语言术语集的定义。

定义 2.2.1　在一个积性语言标度集 $S = \{s_t \mid t = 1/\tau, \cdots, 1/2, 1, 2, \cdots, \tau\}$（$\tau$ 为正整数）的基础上，犹豫积性语言术语集定义为 $M = \{\langle x_i, h(x_i) \rangle \mid x_i \in X\}$，是一系列犹豫积性语言元素 $h(x_i)$ 的集合。其中，$h(x_i) = \{h^{\sigma(s)}(x_i) \mid s = 1, 2, \cdots, L\}$ 包含积性语言标度集 S 中的若干个连续的语言标度，L 为犹豫积性语言元素中包含的语言标度的数量（$L \geqslant 1$）。

例 2.1　三个基于积性语言标度集 S 的不同犹豫积性语言元素如下所示：

$$h_1 = \{s_2: \text{slightly good}, s_3: \text{good}\}$$

$$h_2 = \{s_1: \text{medium}\}$$

$$h_3 = \{s_{1/3}: \text{poor}, s_{1/2}: \text{slightly poor}\}$$

为了满足一致性检验过程中的运算需要，犹豫积性语言元素的乘法运算被定义为：

定义 2.2.2 对于两个犹豫积性语言元素 $h_\alpha = \{h_\alpha^{\sigma(s)} \mid s = 1,$ $2, \cdots, L\}$ 和 $h_\beta = \{h_\beta^{\sigma(s)} \mid s = 1, 2, \cdots, L\}$，则

$$h_\alpha \otimes h_\beta = \{h_\alpha^{\sigma(s)} \otimes h_\beta^{\sigma(s)} \mid s = 1, 2, \cdots, L\} \qquad (2.6)$$

其中，$h_i^{\sigma(s)}$ 为 h_i（$i = \alpha, \beta$）中的第 i 个语言标度。

对于一个备选方案集合 $X = \{x_i \mid i = 1, 2, \cdots, n\}$，决策者基于积性语言标度集 $S = \{s_t \mid t = 1/9, \cdots, 1/2, 1, 2, \cdots, 9\}$ 对方案进行成对比较，偏好信息以犹豫积性语言的形式给出，则犹豫积性语言偏好关系可以被构建为：

定义 2.2.3 一个在 X 上的犹豫积性语言偏好关系可以表示为一个评价矩阵 $R = (r_{ij})_{n \times n} \subset X \times X$，其中 $r_{ij} = \{r_{ij}^{\sigma(s)} \mid s = 1,$ $2, \cdots, L_{ij}\}$ 为犹豫积性语言元素，表示决策者认为方案 x_i 优于方案 x_j 的程度。对于所有的 $i, j = 1, 2, \cdots, n$，r_{ij}（$i < j$）满足 $r_{ij}^{\sigma(s)} \otimes r_{ji}^{\sigma(s)} = s_1$，$r_{ii} = \{s_1\}$，$L_{ij} = L_{ji}$，$r_{ij}^{\sigma(s)} < r_{ij}^{\sigma(s+1)}$，$r_{ji}^{\sigma(s+1)} < r_{ji}^{\sigma(s)}$。

需要注意的是，犹豫积性语言偏好关系的上三角区域元素中的语言术语以升序排列，而下三角区域元素中的语言术语以降序排列。

在定义 2.2.3 的基础上，如果所有的 $i, j = 1, 2, \cdots, n$，满足

$$I(\widetilde{r}_{ij}^{\sigma(s)}) = \frac{w_i^{\sigma(s)}}{w_j^{\sigma(s)}} \qquad (2.7)$$

其中，$\sum_{i=1}^{n} w_i^{\sigma(s)} = 1$，$\sum_{j=1}^{n} w_j^{\sigma(s)} = 1$，$w_i^{\sigma(s)} \geqslant 0$，$w_j^{\sigma(s)} \geqslant 0$，则该犹豫积性语言偏好关系是完全一致的。完全一致的偏好关系意味着决策者给出的方案 x_i 和方案 x_j 之间的偏好程度恰好等于其权重之比。

2.2.2 犹豫积性语言偏好关系的一致性指标

本节将特征向量法应用到犹豫积性语言环境中，建立犹豫积性语言偏好关系的一致性检验方法。首先，基于本书定义的乘法运算，计算犹豫积性语言偏好关系 $R = (r_{ij})_{n \times n}$ 中每一行元素的乘积 $\bar{M} = \{\bar{M}_i \mid i = 1, 2, \cdots, n\}$，即：

$$\bar{M}_i = r_{i1} \otimes r_{i2} \otimes \cdots \otimes r_{in}$$

通过计算 $\bar{M}_i$ 的根，可以得到 $R = (r_{ij})_{n \times n}$ 的根向量 $\bar{w} = (\bar{w}_1, \bar{w}_2, \cdots, \bar{w}_n)^T$，其中：

$$\bar{w}_i = (I((r_{i1}^{\sigma(1)} \otimes r_{i2}^{\sigma(1)} \otimes \cdots \otimes r_{in}^{\sigma(1)})^{\frac{1}{n}}), I((r_{i1}^{\sigma(2)} \otimes r_{i2}^{\sigma(2)} \otimes \cdots \otimes r_{in}^{\sigma(2)})^{\frac{1}{n}}), \cdots, I((r_{i1}^{\sigma(L)} \otimes r_{i2}^{\sigma(L)} \otimes \cdots \otimes r_{in}^{\sigma(L)})^{\frac{1}{n}}))$$

$$= ([\prod_{j=1}^{n} I((r_{ij})^{\sigma(1)})]^{\frac{1}{n}}, [\prod_{j=1}^{n} I((r_{ij})^{\sigma(2)})]^{\frac{1}{n}}, \cdots, [\prod_{j=1}^{n} I((r_{ij})^{\sigma(L)})]^{\frac{1}{n}})$$

$$(2.8)$$

其中，L 是 r_{ij} 中语言术语的个数。

然后，将根向量标准化可得到 $R = (r_{ij})_{n \times n}$ 的特征向量 $w =$

$(w_1, w_2, \cdots, w_n)^T$，即：

$$w_i = \left(\frac{\overline{w}_i^{\sigma(1)}}{\sum\limits_1^n \overline{w}_i^{\sigma(1)}}, \frac{\overline{w}_i^{\sigma(2)}}{\sum\limits_1^n \overline{w}_i^{\sigma(2)}}, \cdots, \frac{\overline{w}_i^{\sigma(L)}}{\sum\limits_1^n \overline{w}_i^{\sigma(L)}} \right), i = 1, 2, \cdots, n$$

$$(2.9)$$

进而，计算出 $R = (r_{ij})_{n \times n}$ 的最大特征值为：

$$\lambda_{\max} = \left(\begin{array}{l} \sum\limits_{i=1}^n \dfrac{\sum\limits_{j=1}^n (I(r_{ij}^{\sigma(1)}) w_j^{\sigma(1)})}{nw_i^{\sigma(1)}}, \quad \sum\limits_{i=1}^n \dfrac{\sum\limits_{j=1}^n (I(r_{ij}^{\sigma(2)}) w_j^{\sigma(2)})}{nw_i^{\sigma(2)}}, \cdots, \\[6mm] \sum\limits_{i=1}^n \dfrac{\sum\limits_{j=1}^n (I(r_{ij}^{\sigma(L)}) w_j^{\sigma(L)})}{nw_i^{\sigma(L)}} \end{array} \right)$$

$$(2.10)$$

其中，特征向量 $w = (w_1, w_2, \cdots, w_n)^T$ 表示 $R = (r_{ij})_{n \times n}$ 中每一行元素的几何平均值，即：

$$w_i^{\sigma(s)} = \frac{\left(\prod\limits_{j=1}^n I(r_{ij}^{\sigma(s)}) \right)^{\frac{1}{n}}}{\sum\limits_{i=1}^n \left(\prod\limits_{j=1}^n I(r_{ij}^{\sigma(s)}) \right)^{\frac{1}{n}}}, i = 1, 2, \cdots, n \quad (2.11)$$

显然，$\lambda_{\max}$ 是包含所有可能的最大特征值的集合。为了进一步计算 $R = (r_{ij})_{n \times n}$ 的一致性指标，通过计算 $\lambda_{\max}$ 中元素的期望值来得到综合的最大特征值 $\hat{\lambda}_{\max}$，即：

$$\hat{\lambda}_{\max} = \frac{\sum\limits_{s=1}^L \sum\limits_{i=1}^n \dfrac{\sum\limits_{j=1}^n (I(r_{ij}^{\sigma(s)}) w_j^{\sigma(s)})}{nw_i^{\sigma(s)}}}{L} \quad (2.12)$$

基于以上计算，一致性指标可定义为：

$$C. I. = \frac{\hat{\lambda}_{\max} - n}{n - 1} \qquad (2.13)$$

若 $\hat{\lambda}_{\max} = n$，即 $C. I. = 0$，则 $R = (r_{ij})_{n \times n}$ 是完全一致的。否则，$\hat{\lambda}_{\max} > n$ 意味着 $R = (r_{ij})_{n \times n}$ 是不完全一致的。进一步地，$R = (r_{ij})_{n \times n}$ 的一致性比率为 $C. R. = \frac{C. I.}{R. I.}$。一致性比率的值越小，表示该犹豫积性语言偏好关系的一致性程度越高。一般来说，可接受一致性阈值 $\overline{C. R.}$ 取决于决策者和实际情况。通过试验分析，萨蒂（Saaty，1980）给出 $\overline{C. R.} = 0.1$ 是偏好关系一致性检验最适当的阈值。

2.2.3　犹豫积性语言偏好关系的非一致性修正

偏好关系的一致性对决策结果的有效性和合理性至关重要，如果在每个准则下的犹豫积性语言偏好关系都达成可接受一致性，那么我们认为从这些犹豫积性语言偏好关系中获得的备选方案的权重向量是科学可信的。然而，在大多数情况下，决策者在评价备选方案过程中面临的不确定因素和复杂性，往往会导致他们给出的犹豫积性语言偏好关系不具有可接受一致性，即 $C. R. \geq \overline{C. R.}$。因此，为了避免最终得到不合理的决策结果，我们需要将不具有可接受一致性的矩阵进行修正。

由于单一准则下决策者难以在构建犹豫积性语言偏好关系时综合考虑所有情况并相应表达自己的偏好，且说服决策者重新考虑他们的决定并提供新的评估需要消耗大量的时间，所以要求决策者自行调整不具有可接受一致性的偏好关系的可行性较低。因此，本节提出一种非一致性自动修正算法来提高犹豫积性语言偏好关系的一致性。

算法 2.2.1 非一致性修正算法。

输入：①一个初始犹豫积性语言偏好关系 $R = (r_{ij})_{n \times n}$；②可接受一致性阈值 $\overline{C.R.}$；③修正参数 δ（$\delta \in (0, 1)$）。

输出：①修正后的犹豫积性语言偏好关系 $P = (p_{ij})_{n \times n}$；②修正后的一致性比率 $C.R.$。

步骤 1：利用上述方法检验 $R = (r_{ij})_{n \times n}$ 的一致性程度，若 $C.R. < \overline{C.R.}$，则结束本算法。

步骤 2：若 $C.R. \geqslant \overline{C.R.}$，则构建 $R = (r_{ij})_{n \times n}$ 的完全一致矩阵 $\tilde{R} = (\tilde{r}_{ij})_{n \times n}$，其中 $\tilde{r}_{ij}^{\sigma(s)} = I^{-1}\left(\dfrac{w_i^{\sigma(s)}}{w_j^{\sigma(s)}}\right)$。$\tilde{R}$ 中的元素能够更准确地反映方案 x_i 优于 x_j 的程度。

步骤 3：基于初始犹豫积性语言偏好关系 $R = (r_{ij})_{n \times n}$ 和完全一致的犹豫积性语言偏好关系 $\tilde{R} = (\tilde{r}_{ij})_{n \times n}$，构建修正后的犹豫积性语言偏好关系 $P = (p_{ij})_{n \times n}$，其中 $p_{ij} = \{ p_{ij}^{\sigma(s)} \mid s = 1, 2, \cdots, L_{ij} \}$，$p_{ij}^{\sigma(s)} = (r_{ij}^{\sigma(s)})^{1-\delta} \otimes (\tilde{r}_{ij}^{\sigma(s)})^{\delta}$，$i, j = 1, 2, \cdots, n$。

需要注意的是，δ 是一个调节参数，表示完全一致的犹豫积性语言偏好关系在修正后的犹豫积性语言偏好关系中所占的权重。

步骤 4：调节修正参数 δ 的值，直到修正后的犹豫积性语言偏好关系 $P = (p_{ij})_{n \times n}$ 达成可接受的一致性。结束本算法。

需要说明的是，修正后的犹豫积性语言偏好关系 $P = (p_{ij})_{n \times n}$ 是由初始犹豫积性语言偏好关系 $R = (r_{ij})_{n \times n}$ 和完全一致的犹豫积

性语言偏好关系 $\tilde{R} = (\tilde{r}_{ij})_{n \times n}$ 调和而成。δ 的值会影响算法 2.2.1 的迭代次数及该犹豫积性语言偏好关系的非一致性修正程度。当修正参数 δ 的值趋近于 1 时，$P = (p_{ij})_{n \times n}$ 的值会逐渐接近 $\tilde{R} = (\tilde{r}_{ij})_{n \times n}$ 远离 $R = (r_{ij})_{n \times n}$，从而导致初始评价信息一定程度地丢失。因此，在实际应用中，需要对 δ 进行合理取值，在提高效率的同时尽可能地保留更多的初始评价信息。

通过以上分析可知，如何确定一个合理的 δ 值对修正后的犹豫积性语言偏好关系的可靠性有着重要影响。由于二分法是数学中一种非常高效的求根方法（Burden & Faires，1985；Jiang，2013），其基本思想是先确定待查数据的范围，然后逐步缩小范围直到找到该记录为止。接下来，我们在非一致性修正的过程中引入二分法来有效确定 δ 的取值。

首先，决策者需要根据实际情况确定 δ 的置信区间 $[a, b] \subseteq [0, 1]$。例如，假设一个决策问题要求初始犹豫积性语言偏好关系 $R = (r_{ij})_{n \times n}$ 在修正后的犹豫积性语言偏好关系 $P = (p_{ij})_{n \times n}$ 中占的比例不能低于 $\frac{1}{d}$ （$0 < d < 2$），在这种情况下，包含超过 $\frac{1}{d}$ 的初始评价信息的 $P = (p_{ij})_{n \times n}$ 才能被视为可靠的。此时，δ 的取值必须在区间 $[a, b] = \left[0, \frac{1}{d}\right] \subseteq [0, 1]$ 内。

然后，我们给出一致性比率的隶属度函数定义如下：

定义 2.2.4 令 $f(\delta)$ 是实数变量 δ 的函数，该实数定义在区间 $[a, b] = \left[0, \frac{1}{d}\right] \subseteq [0, 1]$ 上，则该函数可表示为：

$$f(\delta) = C.R. = \frac{\hat{\lambda}^p_{\max} - n}{(n-1)R.I.} \tag{2.14}$$

其中，$\hat{\lambda}_{\max}^{p}$ 是修正后的犹豫积性语言偏好关系 $P = (p_{ij})_{n \times n}$ 的综合最大特征值。特别地，初始犹豫积性语言偏好关系 $R = (r_{ij})_{n \times n}$ 的一致性比率为 $f(0) = C.R.^{0}$，完全一致的犹豫积性语言偏好关系 $\tilde{R} = (\tilde{r}_{ij})_{n \times n}$ 的一致性比率为 $f(1) = 0$。

命题 2.1 $f(\delta)$ 的值随着 δ 的值的增加而单调减小。

证明： 验证 $f(\delta)$ 和 δ 的取值之间关系的关键是计算修正后的犹豫积性语言偏好关系 $P = (p_{ij})_{n \times n}$ 的综合最大特征值 $\hat{\lambda}_{\max}^{p}$。

基于公式（2.7）和公式（2.8），可以通过以下公式得到 $P = (p_{ij})_{n \times n}$ 的根向量 $\bar{w}^{p} = (\bar{w}_1^{p}, \bar{w}_2^{p}, \cdots, \bar{w}_n^{p})^{T}$：

$$
\begin{aligned}
(\bar{w}_i^{p})^{\sigma(s)} &= (I(p_{i1}^{\sigma(s)}) \times I(p_{i2}^{\sigma(s)}) \times \cdots \times I(p_{in}^{\sigma(s)}))^{\frac{1}{n}} \\
&= (I((r_{i1}^{\sigma(s)})^{1-\delta} \otimes (\tilde{r}_{i1}^{\sigma(s)})^{\delta}) \times I((r_{i2}^{\sigma(s)})^{1-\delta} \otimes (\tilde{r}_{i2}^{\sigma(s)})^{\delta}) \\
&\quad \times \cdots \times I((r_{in}^{\sigma(s)})^{1-\delta} \otimes (\tilde{r}_{in}^{\sigma(s)})^{\delta}))^{\frac{1}{n}} \\
&= (I((r_{i1}^{\sigma(s)})^{1-\delta}) \times I((\tilde{r}_{i1}^{\sigma(s)})^{\delta}) \times I((r_{i2}^{\sigma(s)})^{1-\delta}) \\
&\quad \times I((\tilde{r}_{i2}^{\sigma(s)})^{\delta}) \times \cdots \times I((r_{in}^{\sigma(s)})^{1-\delta}) \times I((\tilde{r}_{in}^{\sigma(s)})^{\delta}))^{\frac{1}{n}} \\
&= [(I(r_{i1}^{\sigma(s)}) \times I(r_{i2}^{\sigma(s)}) \times \cdots \times I(r_{in}^{\sigma(s)}))^{\frac{1}{n}}]^{1-\delta} \\
&\quad \times [(I(\tilde{r}_{i1}^{\sigma(s)}) \times I(\tilde{r}_{i2}^{\sigma(s)}) \times \cdots \times I(\tilde{r}_{in}^{\sigma(s)}))^{\frac{1}{n}}]^{\delta} \\
&= (\bar{w}_i^{\sigma(s)})^{1-\delta} \times \frac{(w_i^{\sigma(s)})^{\delta}}{(\prod_{j=1}^{n} w_j^{\sigma(s)})^{\frac{\delta}{n}}}
\end{aligned} \tag{2.15}
$$

进一步地，可得 $P = (p_{ij})_{n \times n}$ 的特征向量为：

$$
(w_i^{p})^{\sigma(s)} = \frac{(\bar{w}_i^{\sigma(s)})^{1-\delta} (w_i^{\sigma(s)})^{\delta}}{\sum_{i=1}^{n} (\bar{w}_i^{\sigma(s)})^{1-\delta} (w_i^{\sigma(s)})^{\delta}} \tag{2.16}
$$

将 $p_{ij}^{\sigma(s)}$ 和 $(w_i^{p})^{\sigma(s)}$ 的表达式引入公式（2.12），可以计算

$P = (p_{ij})_{n \times n}$ 的综合最大特征值 $\hat{\lambda}^p_{max}$:

$$(\lambda^p_{max})^{\sigma(s)} = \sum_{i=1}^{n} \frac{\sum_{j=1}^{n} (I(p_{ij}^{\sigma(s)})(w_j^p)^{\sigma(s)})}{n(w_i^p)^{\sigma(s)}}$$

$$= \sum_{i=1}^{n} \frac{\sum_{j=1}^{n} \left[I((r_{ij}^{\sigma(s)})^{1-\delta} \otimes (\tilde{r}_{ij}^{\sigma(s)})^{\delta})(w_j^p)^{\sigma(s)} \right]}{n(w_i^p)^{\sigma(s)}}$$

$$= \sum_{i=1}^{n} \frac{\sum_{j=1}^{n} \left[\left(I(r_{ij}^{\sigma(s)})^{1-\delta} \times \left(\frac{w_i^{\sigma(s)}}{w_j^{\sigma(s)}} \right)^{\delta} \right)(w_j^p)^{\sigma(s)} \right]}{n(w_i^p)^{\sigma(s)}}$$

$$= \sum_{i=1}^{n} \frac{\sum_{j=1}^{n} \left[(I(r_{ij}^{\sigma(s)})^{1-\delta} \times \left(\frac{w_i^{\sigma(s)}}{w_j^{\sigma(s)}} \right)^{\delta}) \frac{(\bar{w}_j^{\sigma(s)})^{1-\delta}(w_j^{\sigma(s)})^{\delta}}{\sum_{j=1}^{n} (\bar{w}_j^{\sigma(s)})^{1-\delta}(w_j^{\sigma(s)})^{\delta}} \right]}{n \frac{(\bar{w}_i^{\sigma(s)})^{1-\delta}(w_i^{\sigma(s)})^{\delta}}{\sum_{i=1}^{n} (\bar{w}_i^{\sigma(s)})^{1-\delta}(w_i^{\sigma(s)})^{\delta}}}$$

$$= \sum_{i=1}^{n} \frac{\sum_{j=1}^{n} \left[I(r_{ij}^{\sigma(s)})^{1-\delta} \times (\bar{w}_j^{\sigma(s)})^{1-\delta} \right]}{n(\bar{w}_i^{\sigma(s)})^{1-\delta}}$$

$$= \sum_{i=1}^{n} \sum_{j=1}^{n} \frac{\left[I(r_{ij}^{\sigma(s)}) \times \left(\frac{w_j^{\sigma(s)}}{w_i^{\sigma(s)}} \right) \right]^{1-\delta}}{n} \qquad (2.17)$$

然后，我们可以得到一个连续的复合函数：

$$f(\delta) = \frac{\sum_{s=1}^{L} \sum_{i=1}^{n} \sum_{j=1}^{n} \left[I(r_{ij}^{\sigma(s)}) \times \left(\frac{w_j^{\sigma(s)}}{w_i^{\sigma(s)}} \right) \right]^{1-\delta} - n^2 L}{n(n-1) \times L \times R.I.} \qquad (2.18)$$

考虑到初始犹豫积性语言偏好关系与完全一致的犹豫积性语言偏好关系的关系，令 $r_{ij}^{\sigma(s)} = \frac{w_i^{\sigma(s)}}{w_j^{\sigma(s)}} \cdot \varepsilon_{ij}$，$\varepsilon_{ij} > 0$，则 $f(\delta)$ 可等价

转换为 $f(\delta) = \dfrac{\sum\limits_{s=1}^{L}\sum\limits_{i=1}^{n}\sum\limits_{j=1}^{n}\varepsilon_{ij}^{1-\delta} - n^2 L}{n(n-1) \times L \times R.I.}$。可以得到 $f(\delta) = \dfrac{\lambda_{\max}^{p} - n}{(n-1)R.I.} =$

$\dfrac{1}{n(n-1)R.I.}\sum\limits_{1 \leqslant i < j \leqslant n}\left(\varepsilon_{ij}^{1-\delta} + \dfrac{1}{\varepsilon_{ij}^{1-\delta}} - 2\right)$。由于函数 $g(x) = x + \dfrac{1}{x}$ 在

$x > 1$ 时单调递增，在 $0 < x < 1$ 时单调递减，因此，当 $x > 0$ 时，

该函数的最小值为 $g(1) = 2$。由此可见，因 $\varepsilon_{ij}^{1-\delta}$ 的值恒大于 0，

所以 $\varepsilon_{ij}^{1-\delta} + \dfrac{1}{\varepsilon_{ij}^{1-\delta}} \geqslant 2$。而针对 ε_{ij} 的不同取值，存在以下三种

情形：

情形 1：若 $\varepsilon_{ij} = 1$，则 $C.R. = 0$，表示该犹豫积性语言偏好关

系是完全一致的。

情形 2：若 $\varepsilon_{ij} > 1$，则 $\varepsilon_{ij}^{1-\delta}$ 的值随着 δ 的值的增加而减小，即

$\varepsilon_{ij}^{1-\delta} \geqslant 1$（$\delta \in [0, 1]$）。显然，$\varepsilon_{ij}^{1-\delta} + \dfrac{1}{\varepsilon_{ij}^{1-\delta}}$ 会随着 δ 的值的增加而

减小，进而 $f(\delta)$ 的值也随着 δ 的值的增加而减小。

情形 3：若 $0 < \varepsilon_{ij} < 1$，则 $\varepsilon_{ij}^{1-\delta}$ 的值随着 δ 的值的增加而增加，

即 $0 < \varepsilon_{ij}^{1-\delta} \leqslant 1$（$\delta \in [0, 1]$）。显然，$\varepsilon_{ij}^{1-\delta} + \dfrac{1}{\varepsilon_{ij}^{1-\delta}}$ 仍然随着 δ 的值

的增加而减小，进而 $f(\delta)$ 的值也随着 δ 的值的增加而减小。

综上所述，无论 ε_{ij} 的取值如何，$f(\delta)$ 的值始终随着 δ 的值

的增加而单调减小。证明完毕。

命题 2.2 $f(\delta) \geqslant 0$。

证明：根据命题 2.1，当 δ 的取值位于区间 $[a, b] = \left[0, \dfrac{1}{d}\right] \subset$

$[0, 1]$ 时，$f(\delta) \geqslant f(1) = 0$。

由于二分法的原理是通过排除不符合条件的点来找到精确点，决策者需要在非一致性修正过程之前预先确定可接受一致性阈值。基于此，该算法才能确定合适的修正参数 δ 的取值，从而有效提高犹豫积性语言偏好关系的一致性程度。

本书将满意一致性阈值设定为 $\overline{C.R.} = 0.09$，然后使用二分法来求解函数 $f(\delta) = 0.09$。该隶属函数图像可由图 2-1 表示。

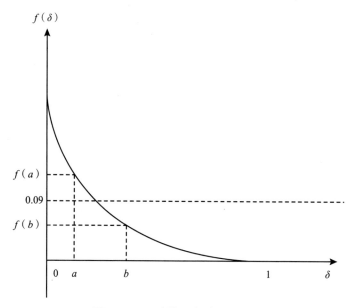

图 2-1　一致性比率的隶属函数

通过计算，当 δ 的取值分别为两个端点值 a 和 b 时，修正后的犹豫积性语言偏好关系 P 的一致性比率可以得到如下三种情形。

情形 1：若 $\delta = b$ 时，$f(\delta) > 0.09$，则 P 不具有可接受一致

性。由命题 2.1 可知，P 的一致性比率随着 δ 的值的增加而递减。那么，在情形 1 中，当 $\delta \in [a, b]$ 时，$f(\delta)$ 的值应该恒大于 0.09。这表示，当 δ 的取值位于区间 $[a, b]$ 时，P 无法达到可接受一致性。因此，决策者需要重新确定 δ 的取值区间，或者重新给出犹豫积性语言偏好关系。

情形 2：若 $\delta = a$ 时，$f(\delta) \leqslant 0.09$，则 P 已经具有可接受一致性。同理，在情形 2 中，当 $\delta \in [a, b]$ 时，$f(\delta)$ 的值恒小于或等于 0.09。因此，$\delta = a$ 就是修正参数 δ 最合适的取值，使得 P 在具有可接受一致性的同时能够有效地表征决策者给出的评价信息。

情形 3：若 $\delta = b$ 时，$f(\delta) \leqslant 0.09$，且 $\delta = a$，$f(\delta) > 0.09$，则计算当 $\delta = \dfrac{a+b}{2}$ 时 $f(\delta)$ 的值。若 $f\left(\dfrac{a+b}{2}\right) \leqslant 0.09$，则令 $b = \dfrac{a+b}{2}$，否则，令 $a = \dfrac{a+b}{2}$。然后，重新设定 δ 的取值区间 $[a, b]$，重复这个步骤，直到 P 的一致性比率被调整到 0.09。

2.3 基于可接受一致性的犹豫积性语言偏好关系的排序方法

在多属性群决策问题中，一旦决策者给出的犹豫积性语言偏好关系都具有可接受一致性，我们就能从这些矩阵中得到备选方案的优先向量来合理表示决策者的综合评价值。假设一个多属性群决策问题包含 n 个方案 $A = \{A_i \mid i = 1, 2, \cdots, n\}$ 和 m 个属性

$C = \{C_z \mid z = 1, 2, \cdots, m\}$，$q$ 个决策者 $E = \{E_k \mid k = 1, 2, \cdots, q\}$ 受邀参与该决策，并用犹豫积性语言偏好关系 $R_{kz} = (r_{ij}^{kz})_{n \times n}$ 来表示他们的评价信息，其中 r_{ij}^{kz} 表示决策者 E_k 在属性 C_z 下给出的方案 A_i 优于方案 A_j 的程度。$\omega = (\omega_1, \omega_2, \cdots, \omega_m)^T$ 是属性的权重向量，且对于 $z \in \{1, 2, \cdots, m\}$，满足 $\omega_z \in [0, 1]$ 和 $\sum_{z=1}^{m} \omega_z = 1$。

基于对以上问题的描述，本节给出基于可接受一致性的犹豫积性语言偏好关系的多属性群决策方法的具体步骤。

步骤 1：邀请每位决策者根据属性对备选方案进行两两比较，并用犹豫积性语言表示评价信息。构建决策者在每个属性下的犹豫积性语言偏好关系 $R^{kz} = (r_{ij}^{kz})_{n \times n}$，其中 $z = 1, 2, \cdots, m$；$k = 1, 2, \cdots, q$。

步骤 2：依次对每个犹豫积性语言偏好关系进行一次性检验，并通过算法 2.2.1 修正不具有可接受一致性的犹豫积性语言偏好关系。

步骤 3：通过犹豫积性语言环境下的特征向量法，计算犹豫积性语言偏好关系的特征向量，即备选方案的优先向量 $w^{kz} = (w_1^{kz}, w_2^{kz}, \cdots, w_n^{kz})^T$。

步骤 4：根据属性的权重向量，将每位决策者给出的犹豫积性语言偏好关系的特征向量进行集成，并表示为 $w^k = (w_1^k, w_2^k, \cdots, w_n^k)^T$。

步骤 5：明确决策者的权重向量 $v = (v_1, v_2, \cdots, v_q)^T$，计算备选方案的综合优先向量 $\omega_i = \sum v_k \times w_i^k$，并依此排序。

拉马纳坦和加内什（Ramanathan & Ganesh，2007）指出，决策者的权重可根据决策者的声誉、地位、专业技能及对决策问题的熟悉程度，进行互相评估来确定。

2.4　仿真实验分析

由于通过单一案例获得的结果容易受到数据随机性的影响，因此需要收集足够多的案例样本以获得更普遍的结果。为此，我们用 MATLAB 设计了仿真实验以模拟决策过程。基于以上介绍和分析，本节将设计仿真实验讨论：①修正参数 δ 的取值对犹豫积性语言偏好关系的一致性比率 $C.R.$ 的影响；②修正不同阶数的犹豫积性语言偏好关系的过程中修正参数 δ 的确定。

仿真实验 2.4.1

该仿真实验的目的是讨论当修正参数 δ 取不同的值时，对包含不同备选方案个数的犹豫积性语言偏好关系的一致性产生的影响。该实验过程如下：

步骤 1：随机生成一个 n（$n \geqslant 3$）阶犹豫积性语言偏好关系，表示该决策问题中包含 n 个备选方案。

步骤 2：设定可接受一致性阈值为 $\overline{C.R.} = 0.09$，对该犹豫积性语言偏好关系进行一致性检验。

步骤 3：构建完全一致的犹豫积性语言偏好关系 $\tilde{R}$。

步骤 4：令 δ 的值以步长为 0.1 的规律从 0 增加到 1，构建修正后的犹豫积性语言偏好关系，并计算其一致性比率。

步骤 5：重复步骤 1~4 1 000 次，记录每个 δ 的值对应的修正后的犹豫积性语言偏好关系的一致性比率的平均值。

步骤6：分别令 n 为从 3 到 10 的正整数，重复步骤 1～5，记录每个 n 的值对应的每个 δ 值下修正后的犹豫积性语言偏好关系的一致性比率的值。

仿真实验 2.4.1 的结果如图 2-2 所示。

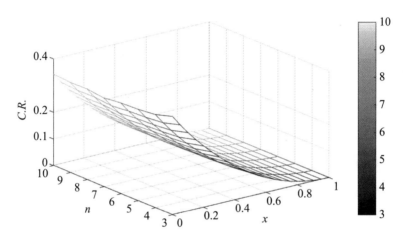

图2-2　不同数量的方案下 δ 的值对犹豫积性语言偏好关系的一致性比率的影响

图 2-2 中不同的灰度代表不同阶数的犹豫积性语言偏好关系。我们可以从中得到以下结论：

第一，在包含不同数量备选方案的决策问题中，犹豫积性语言偏好关系的一致性比率随着修正参数 δ 的值的增加而逐渐减小。当 $\delta=1$ 时，相应的一致性比率降为 0，表示该修正后的犹豫积性语言偏好关系已达成完全一致性。这表明通过调整 δ 的值，不具有可接受一致性的犹豫积性语言偏好关系最终一定能被修正。也就是说，该算法是收敛的。

第二，当犹豫积性语言偏好关系的阶数逐渐增加时，函数曲线几乎保持稳定，这体现了该一致性修正算法的稳健性。

仿真实验 2.4.2

由于 δ 的取值对犹豫积性语言偏好关系的一致性的修正过程非常重要，因此该仿真实验的目的是分析不同阶数的犹豫积性语言偏好关系所对应的修正参数 δ 的建议值，使该阶数的犹豫积性语言偏好关系既能通过一致性检验，又能最大程度地保留决策者提供的初始评价信息。该实验过程如下：

步骤 1：随机生成一个 n（$n \geq 3$）阶犹豫积性语言偏好关系。

步骤 2：设定可接受一致性阈值为 $\overline{C.R.} = 0.09$，对该犹豫积性语言偏好关系进行一致性检验。

步骤 3：将算法 2.2.1 应用于修正不具有可接受一致性的犹豫积性语言偏好关系，直到其一致性比率为 $C.R. = 0.09$，记录使 $C.R. = 0.09$ 时 δ 的值。

步骤 4：令 n 为从 3 到 10 的正整数，重复步骤 1～3 1 000 次，记录每个 n 值对应的使犹豫积性语言偏好关系 $C.R. = 0.09$ 时 δ 的值。

仿真实验 2.4.2 的结果如图 2-3 所示。

图 2-3 展示了使不同阶数的犹豫积性语言偏好关系达成可接受一致性的 δ 的值的分布情况。我们可以从图 2-3 明显看出，不同阶数的犹豫积性语言偏好关系所对应的修正参数 δ 的建议值大约位于 0.45，表明在一般情况下该非一致性修正算法中修正参数的值可设定为 $\delta = 0.45$。同时，这证明了该算法的可靠性，可被有效应用于解决包含不同数量备选方案的决策问题的一致性修正过程中。

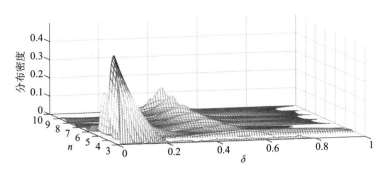

图 2-3 使犹豫积性语言偏好关系达成满意一致性的 δ 值的分布

由图 2-3 可知，对于阶数为 3~5 的犹豫积性语言偏好关系，修正参数 δ 的建议值分布在 0~0.2。这是由于随着犹豫积性语言偏好关系的阶数增加，即决策问题中备选方案数量的增加，这些随机生成的犹豫积性语言偏好关系的初始一致性比率会逐渐增加。反之，当阶数越小时，初始一致性比率也会相对较低。这意味着具有较小阶数的非一致性偏好关系可以更容易地被修正，即所对应的修正参数 δ 的值会相对较小。

基于以上实验结果，使犹豫积性语言偏好关系达成满意一致性的 δ 值的分布规律可进一步由图 2-4 直观表示。

图 2-4 中不同灰度的区域表示不同阶数的犹豫积性语言偏好关系所对应的 δ 的取值。显然，随着犹豫积性语言偏好关系阶数的增加，随机生成的偏好关系所对应的修正参数 δ 值逐渐集中在 0.45。此外，我们从图中能看出，对于同样灰度的区域，以 $\delta=0.5$ 为界，左边区域的等高线比右边区域的稀疏，这表明取值位于 [0，0.5] 的 δ 的数量大于取值位于 [0.5，1] 的 δ 的数量。也就是说，大多数犹豫积性语言偏好关系所对应的修正参数

δ 的取值位于一个相对可信的区间，即 $\delta < 0.5$。

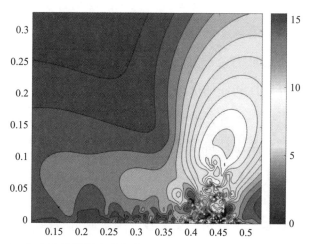

图 2 – 4　使犹豫积性语言偏好关系达成满意一致性的 δ 值的等高线图

　　在实际决策问题中，用于表示决策者偏好信息的犹豫积性语言偏好关系应该由决策者仔细对比、深思熟虑后给出，而本仿真实验中的犹豫积性语言偏好关系是随机生成的。因此，在此实验中获得的犹豫积性语言偏好关系的初始一致性比率大于实际决策中获得的值。但是，这不会影响以上对该方法有效性的证明。

2.5　算 例 分 析

2.5.1　地震避难所选址问题的算例分析

　　地震避难所是应对突发灾难的一项灾民安置措施，地震避难所选址的合理性对保护人民生命财产安全至关重要。而在选址过程中需要考虑诸多因素，如离危险区域的距离、坡度、时间的紧迫性等，这些都给地震避难所的选址带来了巨大的压力。为了保证地震避难所选址的合理性，有必要应用一种科学的决策方法。由于选址的复杂性和评估指标体系的不确定性，决策者很难在短时间内综合考虑各个方面的情况做出正确决策。此外，决策者面对紧急情况需要给出评价信息时往往会产生犹豫。例如，由于电力在灾后救援中起着至关重要的作用，因此一个方便重建电力系统的地点可能会获得决策者的较高评价。但是，电力系统的重建将占用有限的救援渠道和其他资源，决策者也可能会给出较低的评价。在信息有限的情况下，决策者更倾向于通过对备选方案进行成对比较来提供其偏好信息。因此，以决策者给出的语言表达式为基础的、更加贴近人们的思考和认知、能够灵活且全面地反映决策者的真实偏好的犹豫积性语言偏好关系是刻画决策者偏好信息的最佳选择。但是，由于成对比较中缺乏参照，容易导致决策者的偏好关系偏离个体一致性。为了保证决策结果的可靠性，需要对决策者给出的偏好关系进行一致性检验和非一致性修正。因此，本节将模拟地震避难所的选择过程，将基于犹豫积性语言偏好关系的多属性决策方法应用到选址问题中，为地震避难所的建设在理论上提供一定的决策支持。

为了避免缺乏适当的指标体系导致选址结果不理想，从而造成更大的损失。基于相关文献，本节从规模和位置、二次受灾风险、救援设施、可行性及灾民情况五个方面建立了地震避难所选址的指标体系。

①规模和位置：该指标用于描述该地址是否适合建立地震避难所。地震避难所应该具备基础设施条件，其中应包含电气设施和供水设施，以满足人民的基本生活需求。

②二次受灾风险：该指标用于描述该地址的安全性。由于受灾地区经常发生余震，位于山区的避难所需要远离地震活动断层带，以防止滑坡、塌陷、泥石流、地面凹陷等。如果灾难发生地邻近河流，那么避难所必须位于距离河岸和梯田至少100米的位置（Liu et al.，2011）。

③救援设施：该指标用于描述该地址的救援设施情况。考虑到地震中有很多人受伤，因此对医疗服务的需求很大。因此，避难所应靠近医疗中心，以便在发生突发情况时医务人员能够尽快到达。

④可行性：该指标描述了建造避难所的实际情况。根据受害者的人数，决策者需要确定避难所的包容能力。然后，考虑是否有可用区域来建造满足条件的地震避难所。

⑤灾民情况：该指标描述了灾民对避难所的心理需求。在被转移到安全区域之前，人们需要在避难所中生活几天甚至几周。因此，选址应考虑不同人群的需求。

为了安全地安置灾民，本算例分析中选取了三个地址作为修建地震避难所的候选地址。三位决策者被邀请来参与决策，他们需要根据以上建立的指标体系来对这三个地址进行成对比较。记三个候选地址的集合为 $\{A_i \mid i = 1，2，3\}$，记以上五个指标的集合为 $\{C_j \mid j = 1，2，3，4，5\}$，记三位决策者的集合为 $\{E_k \mid k = 1，2，3\}$。假设三位决策者基于积性语言标度集 $S = \{s_t，t =$

$1/9$，$\cdots$，$1/2$，1，2，$\cdots$，$9\}$ 给出犹豫积性语言偏好关系 $R_{kz} = (r_{ij}^{kz})_{3 \times 3}$，$k = 1$，$2$，$3$；$z = 1$，$2$，$3$，$4$，$5$，其中 r_{ij}^{kz} 表示第 k 个决策者在第 z 个指标下认为地址 A_i 优于地址 A_j 的程度。记 $v = (v_1, v_2, v_3)^T$ 为决策者的权重向量，其中 $v_k \in [0, 1]$ 且 $\sum_{k=1}^{3} v_k = 1$。此外，设定修正参数的取值区间为 $\delta \in [0, 0.5]$。所有决策者给出的犹豫积性语言偏好关系如表 2－2～表 2－4 所示。

表 2－2　决策者 E_1 在五个评价指标下给出的犹豫积性语言偏好关系

决策者	指标	备选地址	A_1	A_2	A_3
E_1	C_1	A_1	$\{s_1\}$	$\{s_1, s_2\}$	$\{s_2\}$
		A_2		$\{s_1\}$	$\{s_1, s_2\}$
		A_3			$\{s_1\}$
	C_2	A_1	$\{s_1\}$	$\{s_{1/3}, s_{1/2}, s_1\}$	$\{s_{1/7}, s_{1/6}, s_{1/5}\}$
		A_2		$\{s_1\}$	$\{s_{1/3}\}$
		A_3			$\{s_1\}$
	C_3	A_1	$\{s_1\}$	$\{s_2, s_3\}$	$\{s_2\}$
		A_2		$\{s_1\}$	$\{s_1, s_2, s_3\}$
		A_3			$\{s_1\}$
	C_4	A_1	$\{s_1\}$	$\{s_1, s_2\}$	$\{s_{1/2}, s_1\}$
		A_2		$\{s_1\}$	$\{s_{1/3}, s_{1/2}\}$
		A_3			$\{s_1\}$
	C_5	A_1	$\{s_1\}$	$\{s_{1/5}, s_{1/4}, s_{1/3}\}$	$\{s_{1/2}, s_1\}$
		A_2		$\{s_1\}$	$\{s_2, s_3\}$
		A_3			$\{s_1\}$

表2-3　决策者 E_2 在五个评价指标下给出的犹豫积性语言偏好关系

决策者	指标	备选地址	A_1	A_2	A_3
E_2	C_1	A_1	$\{s_1\}$	$\{s_2 , s_3\}$	$\{s_3\}$
		A_2		$\{s_1\}$	$\{s_{1/2}\}$
		A_3			$\{s_1\}$
	C_2	A_1	$\{s_1\}$	$\{s_{1/6}\}$	$\{s_{1/3} , s_{1/2} , s_1\}$
		A_2		$\{s_1\}$	$\{s_{1/2} , s_1 , s_2\}$
		A_3			$\{s_1\}$
	C_3	A_1	$\{s_1\}$	$\{s_3\}$	$\{s_{1/3} , s_{1/2}\}$
		A_2		$\{s_1\}$	$\{s_{1/6} , s_{1/5} , s_{1/4}\}$
		A_3			$\{s_1\}$
	C_4	A_1	$\{s_1\}$	$\{s_2 , s_3\}$	$\{s_{1/3}\}$
		A_2		$\{s_1\}$	$\{s_{1/4} , s_{1/3} , s_{1/2}\}$
		A_3			$\{s_1\}$
	C_5	A_1	$\{s_1\}$	$\{s_{1/3} , s_{1/2}\}$	$\{s_1 , s_2\}$
		A_2		$\{s_1\}$	$\{s_1\}$
		A_3			$\{s_1\}$

表2-4　决策者 E_3 在五个评价指标下给出的犹豫积性语言偏好关系

决策者	指标	备选地址	A_1	A_2	A_3
E_3	C_1	A_1	$\{s_1\}$	$\{s_1\}$	$\{s_1 , s_2\}$
		A_2		$\{s_1\}$	$\{s_2\}$
		A_3			$\{s_1\}$
	C_2	A_1	$\{s_1\}$	$\{s_{1/3} , s_{1/2}\}$	$\{s_{1/5} , s_{1/4}\}$
		A_2		$\{s_1\}$	$\{s_{1/3} , s_{1/2}\}$
		A_3			$\{s_1\}$
	C_3	A_1	$\{s_1\}$	$\{s_2 , s_3 , s_4\}$	$\{s_{1/3} , s_{1/2}\}$
		A_2		$\{s_1\}$	$\{s_{1/3}\}$
		A_3			$\{s_1\}$

续表

决策者	指标	备选地址	A_1	A_2	A_3
E_3	C_4	A_1	$\{s_1\}$	$\{s_1, s_2, s_3\}$	$\{s_{1/2}, s_1\}$
		A_2		$\{s_1\}$	$\{s_{1/4}, s_{1/3}\}$
		A_3			$\{s_1\}$
	C_5	A_1	$\{s_1\}$	$\{s_{1/3}, s_{1/2}, s_1\}$	$\{s_1, s_2\}$
		A_2		$\{s_1\}$	$\{s_1\}$
		A_3			$\{s_1\}$

基于前文的一致性检验方法，可以计算出三位决策者给出的犹豫积性语言偏好关系的一致性比率 $C.R.$ ，如表 2 – 5 所示。

表 2 – 5　　　　　　犹豫积性语言偏好关系的一致性比率

R_{kz}	R_{11}	R_{12}	R_{13}	R_{14}	R_{15}	R_{21}	R_{22}	R_{23}
$C.R.$	0.04	0.01	0.11	0.007	0.003	0.09	0.16	0.02
R_{kz}	R_{24}	R_{25}	R_{31}	R_{32}	R_{33}	R_{34}	R_{35}	
$C.R.$	0.12	0.17	0.02	0.02	0.08	0.02	0.104	

由表 2 – 5 可知，五个犹豫积性语言偏好关系（R_{13}，R_{22}，R_{24}，R_{25}，R_{35}）的一致性比率大于 0.09，未能通过一致性检验。为了提高这些犹豫积性语言偏好关系的有效性，采用算法 2.2.1 对其进行非一致性修正。修正后的犹豫积性语言偏好关系的一致性比率和所对应的修正参数 δ 的值如表 2 – 6 所示。

由表 2 – 6 可知，以上五个犹豫积性语言偏好关系都已达成可接受一致性，且修正参数的取值位于预先设定的可接受的取值范围内。然后，可以从这些具有可接受一致性的犹豫积性语言偏好关系中分别导出候选地址的优先向量。设五个指标的权重向量为 $\varpi = (0.2, 0.3, 0.2, 0.1, 0.2)^T$，则可以得到每位决策者对三个候选地址的优先向量：$w^1 = (0.3, 0.33, 0.37)^T$，$w^2 = (0.29, 0.31, 0.4)^T$，$w^3 = (0.27, 0.28, 0.45)^T$。

表2-6 修正后犹豫积性语言偏好关系的一致性比率和 δ

R_{kz}	R_{13}	R_{22}	R_{24}	R_{25}	R_{35}
$C.R.$	0.09	0.09	0.09	0.09	0.09
δ	0.10	0.24	0.32	0.28	0.07

为不失一般性，设三个决策者的权重向量为 $v = \left(\dfrac{1}{3}, \dfrac{1}{3}, \dfrac{1}{3}\right)^T$，则候选地址的最终优先向量为：$\omega = (0.29, 0.31, 0.41)^T$。

基于第2.3节中的多属性群决策方法，得到备选方案最终的排序结果为 $A_3 > A_2 > A_1$，这意味着候选地址 A_3 是此地震避难所的选址问题中的最佳选择。

2.5.2 对比分析

本节应用基于语言加权幂几何算子（PG）的决策方法（Xu & Wang，2012）来解决与第2.5.1小节中相同的决策问题。该方法已在实际应用中广泛使用，具有可交换性、幂等性和边界性等特性。由于基于语言加权幂几何算子的决策方法只能用于处理积性语言偏好关系，我们提取第 2.5.1 小节的算例中犹豫积性语言元素的中位数，重新构建决策者的初始偏好关系。该方法的主要步骤如下：

步骤 1：计算偏好值之间的支持度，作为偏好信息之间的相似性指标：

$$Sup(r_{ij}^{kz}, r_{ij}^{lz}) = 1 - d(r_{ij}^{kz}, r_{ij}^{lz})，k，l = 1，2，3；i，j = 1，2，3$$

$$(2.19)$$

其中，$d(r_{ij}^{kz}, r_{ij}^{lz}) = \dfrac{1}{2} |\log_t(I(r_{ij}^{kz})) - \log_t(I(r_{ij}^{lz}))|$，$d$ 表示语言变量之间的距离测度。两个偏好值之间的支持度越高，代表两个偏好值越相似。

步骤 2：计算每个偏好值的总支持度：

$$T'(r_{ij}^{kz}) = \sum_{\substack{l=1 \\ l \ne k}}^{m} v_l Sup(r_{ij}^{kz}, r_{ij}^{lz}) \qquad (2.20)$$

其中，r_{ij}^{lz}（$l = 1，2，3，l \ne k$），且决策者的权重为 v_k（$k = 1，2，3$）。

步骤 3：计算每个偏好值的支持权重：

$$\omega_{ij}^{kz} = \dfrac{v_k(1 + T'(r_{ij}^{kz}))}{\sum\limits_{k=1}^{3} v_k(1 + T'(r_{ij}^{kz}))} \qquad (2.21)$$

步骤 4：利用语言加权幂几何算子（PG）将积性语言偏好关系集成，得到每个属性下的集成偏好关系 $R^z = (r_{ij}^z)_{n \times n}$，其中：

$$r_{ij}^z = LPG_v(r_{ij}^{1z}, r_{ij}^{2z}, r_{ij}^{3z}) = \bigotimes_{k=1}^{3} (r_{ij}^{kz})^{\omega_{ij}^k} \qquad (2.22)$$

步骤 5：分别得出在不同属性下每个备选方案相对于其他备选方案的偏好程度：

$$Z_i = LGA(r_{i1}^z, r_{i2}^z, \cdots, r_{in}^z) = (r_{i1}^z \otimes r_{i2}^z \otimes \cdots \otimes r_{in}^z)^{1/n} \qquad (2.23)$$

步骤 6：计算每个备选方案相对于其他备选方案的整体偏好程度，并根据偏好程度排序，进而选择最优方案。

基于该方法，可得到最终决策结果，如表 2 - 7 和表 2 - 8 所示。

表 2 - 7　　　　　　　　在不同指标下备选方案的偏好度

	Z_1	Z_2	Z_3
C_1	$s_{1.48}$	$s_{0.91}$	$s_{0.75}$
C_2	$s_{0.45}$	$s_{1.15}$	$s_{1.95}$
C_3	$s_{1.25}$	$s_{0.56}$	$s_{1.15}$
C_4	$s_{1.04}$	$s_{0.56}$	$s_{1.72}$
C_5	$s_{0.77}$	$s_{1.26}$	$s_{1.04}$

表 2 - 8　　　　　　　　　最终决策结果

综合评价值	$s_{0.94}$	$s_{0.95}$	$s_{1.4}$
方案排序	$A_3 > A_2 > A_1$		

由表 2 - 8 可知，针对本地震避难所的选址问题，该方法与第 2.3 节中多属性群决策方法得到的排序结果一致，表明在本算例中，两种方法同样有效。但是，基于可接受一致性的犹豫积性语言偏好关系的多属性群决策方法包含了对偏好关系的一致性检验和非一致性修正过程，而基于语言加权幂几何算子的决策方法则没有。在某些实际情况下，当决策者数量或评价属性数量增加时，决策者需要提供的决策信息量也随之增加。此时，决策信息

的可靠性对决策结果的合理性尤为重要。在这种情况下，由于一致性检验和非一致性修正可以有效提高决策者偏好信息的可靠性，因此第 2.3 节中决策方法更加科学有效。

为了进一步证明第 2.3 节中决策方法的适用性和效率，我们比较了当决策者数量和备选方案数量分别产生变化时这两种方法的处理时间。该仿真实验的结果如图 2−5 和图 2−6 所示。

从图 2−5 和图 2−6 中可以看出，基于语言加权幂几何算子（PG）的决策方法比第 2.3 节中决策方法的处理时间更长。此外，随着决策者数量或者评价属性数量的增加，基于语言加权幂几何算子的决策方法所需的处理时长明显上升，而第 2.3 节中决策方法的处理时间始终保持稳定，这证明了第 2.3 节中决策方法更加具有高效性和稳健性。

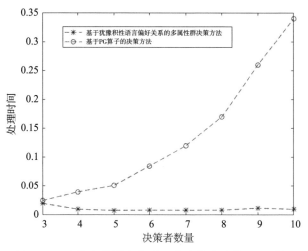

图 2−5　决策者数量变化时两种决策方法的处理时间

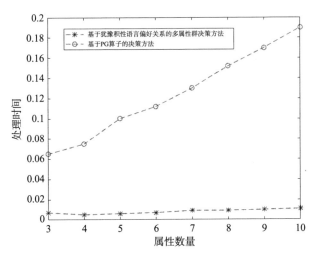

图 2 - 6 评价属性数量变化时两种决策方法的处理时间

基于以上的分析，对第 2.3 节中决策方法的优势与不足总结如下：

（1）优势

①该方法引入了犹豫积性语言信息来刻画决策者的偏好信息，不仅考虑了决策者思维中的不确定性和模糊性，而且描绘了决策者在紧急情况下会更谨慎地提供反馈的心理行为。

②该方法建立了基于修正参数的非一致性修正算法，确保了修正后的偏好关系能达成满意一致性，并且提高了调整过程的效率。

③利用二分法导出修正参数的值，可以避免修正过程中的信息丢失，进而提高偏好关系一致性修正的准确性。

④该方法充分利用了决策者所给出的初始决策信息，并在一致性修正的过程中，通过限制修正参数的取值范围来尽可能地保留初始评价信息，从而提高决策结果的可信度。

（2）不足

①该方法仅讨论了犹豫积性语言偏好关系的积性一致性，其

加性一致性和次序一致性等方面同样值得研究。

②在紧急情况下，决策者有时难以提供完全的评价信息，而该方法的构建是基于完整的犹豫积性语言偏好关系。在面临决策信息丢失或不完全的情况下，无法处理残缺的犹豫积性语言偏好关系。

2.6 本章小结

本章研究了犹豫积性语言偏好关系的定义、一致性检验方法、非一致性修正算法及基于可接受一致性犹豫积性语言偏好关系的多属性群决策方法。具体来说：①在积性语言偏好关系的基础上定义了犹豫积性语言偏好关系，并在该环境下引入了特征向量法来检验偏好关系的一致性；②建立了犹豫积性语言偏好关系的非一致性自动修正算法，利用二分法推导其中关键的修正参数的值；③进一步讨论分析了修正参数的取值对犹豫积性语言偏好关系的一致性比率的影响，以及不同阶数的犹豫积性语言偏好关系所对应的修正参数的建议值；④在提出犹豫积性语言偏好关系的一致性检验方法和非一致性修正算法的基础上，建立了基于可接受一致性的犹豫积性语言偏好关系的多属性群决策方法。此外，本章还讨论了所提出的方法在地震避难所选址问题中的算例分析，为该实际决策问题提供了一定的决策支持。

本章的研究丰富了决策者的信息表达方式，为提升决策者偏好信息的可靠性提供了有效途径，为基于犹豫积性语言偏好关系的共识决策研究奠定了基础。

第3章

考虑决策者心理的犹豫模糊语言共识模型

考虑到决策者的信息感知在一定程度上与个体的心理因素相关，本章将研究犹豫模糊语言环境下的共识测度算法，以有效识别关于不同方案决策信息的共识差异性；将真实决策环境下决策者的心理因素融入群体共识决策研究，构建基于决策者信任度及考虑决策者后悔心理的群体共识决策方法。此外，本章还将对所提出的群体共识决策方法的有效性进行分析和讨论。

3.1 基本概念

本节将回顾犹豫模糊语言信息的基本知识，包括犹豫模糊语言术语集、犹豫模糊偏好关系的概念。此外，还将简要地介绍后悔理论的相关知识。

3.1.1 犹豫模糊语言术语集

徐泽水（2005）定义了一种下标对称的加性语言术语集，记为 $S = \{s_\varphi \mid \varphi = -\tau, \cdots, -1, 0, 1, \cdots, \tau\}$（$\tau$ 是正整数），语言术语 s_φ（$\varphi \in \{-\tau, \cdots, -1, 0, 1, \cdots, \tau\}$）被用于定性地描述基于个体模糊思维对目标的评价。其中，s_0 是居中的语言标度，表示一个"无差别"的评价值，而 $s_{-\tau}$ 和 s_τ 分别表示加性语言标度的下界和上界。例如，一个均匀对称分布的加性语言术语集可表示为：

$$S = \begin{cases} s_{-3}: \text{very poor}, \ s_{-2}: \text{poor}, \\ s_{-1}: \text{slightly poor}, \ s_0: \text{middling}, \ s_1: \text{slightly good}, \\ s_2: \text{good}, \ s_3: \text{very good} \end{cases}$$

对于语言标度集 S，可以通过函数 $I: S \to [-\tau, \tau]$ 得到集合中任意语言标度 s_t（$s_t \in S$）的下标，即 $I(s_t) = t$。同时，存在一个反函数 $I^{-1}: [-\tau, \tau] \to S$，可求得任意下标值 $t \in [-\tau, \tau]$ 所对应的语言标度为 $I^{-1}(t) = s_t$。

于是，基于语言术语集 $S = \{s_\varphi \mid \varphi = -\tau, \cdots, -1, 0, 1, \cdots, \tau\}$（$\tau$ 为正整数），廖虎昌（2015）给出了犹豫模糊语言术语集的数学表达式：$H = \{\langle x_i, h(x_i) \rangle \mid x_i \in X\}$，是一系列犹豫模糊语言元素 $h(x_i)$ 的集合。$h(x_i) = \{h^{\sigma(s)}(x_i) \mid s = 1, 2, \cdots, L\}$ 包含加性语言术语集 S 中的若干个连续的语言术语，L 为犹豫模糊语言元素中包含的语言标度的数量（$L \geqslant 1$）。

此外，为了保证运算，朱斌和徐泽水（2014）提出了一种规范化方法，即在长度较短的犹豫模糊语言元素中添加虚拟语言术语，从而确保两个不同的犹豫模糊语言元素具有相同数量的语言术语。例如，记较短的犹豫模糊语言元素为 $h = \{h^{\sigma(s)} \mid s = 1, 2, \cdots, L\}$，则将其规范化需要添加的语言术语为：$\hat{h} = \varsigma h^+ + (1 - \varsigma) h^-$，$(0 \leqslant \varsigma \leqslant 1)$，其中 h^+ 和 h^- 分别是该犹豫模糊语言元素的上界和下界。

那么，对任意两个犹豫模糊语言元素 $h_\alpha = \{h_\alpha^{\sigma(s)} \mid s = 1, 2, \cdots, L_\alpha\}$ 和 $h_\beta = \{h_\beta^{\sigma(s)} \mid s = 1, 2, \cdots, L_\beta\}$，$L_\alpha$ 和 L_β 分别为 h_α 和 h_β 中语言术语的个数（将其规范化后，$L_\alpha = L_\beta = L$），它们的加法运算定义为（Zhu & Xu，2014）：

$$h_\alpha \oplus h_\beta = \bigcup_{h_\alpha^{\sigma(s)} \in h_\alpha, h_\beta^{\sigma(s)} \in h_\beta} \{h_\alpha^{\sigma(s)} \oplus h_\beta^{\sigma(s)}\} \qquad (3.1)$$

其中，$h_\alpha^{\sigma(s)}$ 和 $h_\beta^{\sigma(s)}$ 分别是 h_α 和 h_β 中第 s 个语言术语。

3.1.2　犹豫模糊语言偏好关系

定义 3.1.1（Zhu & Xu，2014）　对于一个备选方案的集合 $X = \{x_i \mid i = 1, 2, \cdots, n\}$，一个犹豫模糊语言偏好关系被定义为 $R = (r_{ij})_{n \times n} \subset X \times X$，$r_{ij} = \{r_{ij}^{\sigma(s)} \mid s = 1, 2, \cdots, L_{ij}\}$ 是犹豫模糊语言元素，表示决策者认为方案 x_i 优于方案 x_j 的程度。对于所有的 $i, j = 1, 2, \cdots, n$，r_{ij}（$i < j$）需要满足以下条件：

$$r_{ij}^{\sigma(s)} \oplus r_{ji}^{\sigma(s)} = s_0, \quad r_{ii} = \{s_0\}$$

$$L_{ij} = L_{ji}, \quad r_{ij}^{\sigma(s)} < r_{ij}^{\sigma(s+1)}, \quad r_{ji}^{\sigma(s+1)} < r_{ji}^{\sigma(s)} \qquad (3.2)$$

其中，$r_{ij}^{\sigma(s)}$ 和 $r_{ji}^{\sigma(s)}$ 分别是 r_{ij} 和 r_{ji} 中的第 s 个语言术语，$r_{ij}^{\sigma(s+1)}$ 和 $r_{ji}^{\sigma(s+1)}$ 是其中第 $s+1$ 个语言术语，L_{ij} 和 L_{ji} 分别是 r_{ij} 和 r_{ji} 中语言术语的个数。

基于第 3.1.1 节中的规范化方法，一个规范化的犹豫模糊语言偏好关系定义为：

定义 3.1.2（Zhu & Xu，2014） 若 $R = (r_{ij})_{n \times n}$ 是一个犹豫模糊语言偏好关系，则其规范化的犹豫模糊语言偏好关系为 $\bar{R} = (\bar{r}_{ij})_{n \times n}$。对于所有的 i，$j = 1$，2，$\cdots$，n，$\bar{r}_{ij}(i < j)$ 需要满足以下条件：

$$\bar{L}_{ij} = \max\{\bar{L}_{ij} \mid i, j = 1, 2, \cdots, n, i \neq j\}$$

$$\bar{r}_{ij}^{\sigma(s)} \oplus \bar{r}_{ji}^{\sigma(s)} = s_0, \quad \bar{r}_{ii}^{\sigma(s)} = \{s_0\}, \quad \bar{r}_{ij}^{\sigma(s)} \leqslant \bar{r}_{ij}^{\sigma(s+1)}, \quad \bar{r}_{ji}^{\sigma(s+1)} \leqslant \bar{r}_{ji}^{\sigma(s)}$$

基于此，若 $R = (r_{ij})_{n \times n}$ 的规范化犹豫模糊语言偏好关系 $\bar{R} = (\bar{r}_{ij})_{n \times n}$ 满足：

$$\bar{r}_{ij}^{\sigma(s)} = \bar{r}_{ik}^{\sigma(s)} \oplus = \bar{r}_{kj}^{\sigma(s)}, \quad i, j, k = 1, 2, \cdots, n \quad (3.3)$$

则 $R = (r_{ij})_{n \times n}$ 具有加性一致性。

3.1.3 犹豫模糊语言决策矩阵

定义 3.1.3（Liao & Xu，2015） 对于一个备选方案的集合 $X = \{x_i \mid i = 1, 2, \cdots, n\}$ 和一个属性集合 $C = \{c_j \mid j = 1, 2, \cdots, m\}$，一个犹豫模糊语言决策矩阵被定义为 $B = (b_{ij})_{n \times n}$，$b_{ij} = \{b_{ij}^{\sigma(s)} \mid s = 1, 2, \cdots, L_{ij}\}$ 是犹豫模糊语言元素，表示决策者在属性 c_j 下对备选方案 x_i 的评价值。对于任意犹豫模糊语言决策矩阵，其正理想解 $H^+ = \{h_j^+ \mid j = 1, \cdots, m\}$ 和负理想解 $H^- = \{h_j^- \mid j = 1, \cdots, m\}$ 可由以下公式得到：

$$h_j^+ = \begin{cases} \max\limits_{i=1,\cdots,n} h_{ij} \text{对于效益型指标 } C_j \\ \min\limits_{i=1,\cdots,n} h_{ij} \text{对于成本型指标 } C_j \end{cases}, \quad j = 1, \cdots, m \quad (3.4)$$

$$h_j^- = \begin{cases} \min\limits_{i=1,\cdots,n} h_{ij} \text{对于效益型指标 } C_j \\ \max\limits_{i=1,\cdots,n} h_{ij} \text{对于成本型指标 } C_j \end{cases}, \quad j = 1, \cdots, m \quad (3.5)$$

3.1.4　后悔理论

后悔理论是行为决策中的一种考虑决策者有限理性的模型（Bell，1982）。它描述了决策者在做决策时倾向于避免选择可能会让他们后悔的行为。该理论通过将所选方案与其他方案进行比较得到方案的后悔—欣喜值，并基于此来选择最优方案。

定义 3.1.4（Zhang et al.，2016）　假设决策者对某个方案的评价值为 x，则该方案的效用值函数为：

$$v(x) = x^\lambda, \quad 0 < \lambda < 1 \quad (3.6)$$

其中，λ 是决策者的风险规避指数。该效用函数的一阶导数和二阶导数必须满足：$v'(x) > 0$，$v''(x) < 0$。也就是说，备选方案的效用值会随着评价值的增加而增加，但增加率会逐渐降低。

定义 3.1.5（Zhang et al.，2016）　后悔—欣喜函数 $R(\Delta v)$ 被定义为：

$$R(\Delta v) = 1 - e^{-\delta \cdot \Delta v}, \quad \delta > 0 \quad (3.7)$$

其中，δ 是决策者的后悔厌恶指数，Δv 表示两个方案的效用值之差。同样，该后悔—欣喜函数的一阶导数和二阶导数必须满足：$R'(\Delta v) > 0$ 和 $R''(\Delta v) < 0$。如果 $R(\Delta v) > 0$，则 $R(\Delta v)$ 表示欣喜值，否则，$R(\Delta v)$ 表示后悔值。

然后，通过以下公式计算方案的感知效用值：

$$U = v(x) + R(\Delta v) = x^\lambda + 1 - e^{-\delta \cdot \Delta v} \quad (3.8)$$

感知效用值越大，该方案越优。可根据感知效用值对方案进行排序择优。

3.2 信任度引导的反馈式犹豫模糊语言共识模型

3.2.1 概述

尽管已有许多共识决策方法被应用于现实决策中，但它们不足以解决所有决策情境下的群决策问题。现有的大多数共识决策方法都是基于数值信息建立的，基于语言评价信息的共识决策方法十分有限。而受到人类思维惯性和表达习惯的影响，决策者越来越倾向于用语言的形式表达决策信息。犹豫模糊语言偏好关系已经成为一种强大的工具来表征决策者评价信息的模糊性。因此，有必要构建基于犹豫模糊语言偏好关系的共识决策方法来应对现实决策问题。此外，大部分研究（Roy，1978；Kassirer，1983；Irvine，1994）表明共识度通常是通过每个决策者的偏好信息的总和或平均值与群体意见之间的距离来衡量的。如果在群体共识度检验的过程中仅仅考虑决策者所给出的偏好信息与群体意见的相似度，而忽略了他们的个体一致性是不合理的。事实上，偏好关系的个体一致性对确保决策结果的准确性至关重要。因此，将群体共识指标和个体一致性指标结合起来，提出新的共识测度算法来有效地识别关于不同方案决策信息的共识差异性显得尤为必要。在未达成共识的决策信息的识别和修正环节，现有的方法在识别此类决策信息时需要经过三个步骤，在决策过程中会耗费较多的时间，导致决策效率低下。因此，如何建立有效的反馈机制以高效准确地识别和修正非共识信息也有待进一步研究。为了有效地处理不确定环境下的群决策问题，本节基于满意度的概念，首先提出一种面向犹豫模糊语言偏好信息的群体共识测算方法，然后建立基于信任度的反馈机制，为持有不同意见难以达成共识的决策者提供支持。

3.2.2 基于满意度的群体共识测算方法

为了使后续对方法的描述能够清晰明了，表 3-1 列出了本节使用的一些参数符号及其含义。

表 3-1   本节使用的符号及其含义

符号	描述
E_k, E_g	第 k 个和第 g 个决策者，k, $g=1$, 2, $\cdots$, K
A_i	第 i 个备选方案，$i=1$, 2, $\cdots$, n
R^k	第 k 个决策者给出的犹豫模糊语言偏好关系，$k=1$, 2, $\cdots$, K
$\overline{R}^k$	R^k 的规范化犹豫模糊语言偏好关系
$\widetilde{R}^k$	经过反馈机制调整后的 R^k
ER^k	R^k 所对应的完全一致性犹豫模糊语言偏好关系
RR^k	R^k 的误差矩阵
SM^{kg}	专家 E_k 和专家 E_g 之间的相似性矩阵

符号	描述
t_{ij}^{k}	调整过程中，r_{ij}^{k} 的建议值
v_k	专家 E_k 的权重
c_{ij}^{*}	模型 II 的解
K	决策者的数量
δ	满意度函数中共识度权重的参数
μ	修正函数中所信任专家的观点的权重

基于加性传递性的一致性定义可能会导致运算过程中得到的语言术语超出语言术语集 $S = \{s_{\varphi} \mid \varphi = -\tau, \cdots, -1, 0, 1, \cdots, \tau\}$ 的范围。例如，令 $\tau = 3$，$\varphi = 2$，则 $s_3 \oplus s_3 = s_6$ 超出了 $[s_{-3}, s_3]$ 的范围。为了克服目前语言术语运算中存在的缺陷，我们提出一些语言术语的运算法则，使运算结果能够位于原始定义域内，以使运算的结果更加合理。

首先，语言术语与实数之间的两个等价转换函数定义为：

定义 3.2.1 若 $S = \{s_{\varphi} \mid \varphi = -\tau, \cdots, -1, 0, 1, \cdots, \tau\}$ 是一个有限且有序的语言术语集，S 中的语言术语可以通过转换函数等价转换为 $[-1/2, 1/2]$ 之间的实数，即 $f: s_{\varphi} \rightarrow [-1/2, 1/2]$。该转换函数的表达式为：

$$f: [-\tau, \tau] \rightarrow [-1/2, 1/2], \quad f(s_{\varphi}) = \frac{\varphi}{2\tau} = \gamma \quad (3.9)$$

其中，隶属度 γ 表达与语言术语 s_{φ} 等价的评价信息。

显然，同时存在一个逆函数可以使位于 $[-1/2, 1/2]$ 之间的实数等价转换为语言术语，即 $f^{-1}: [-1/2, 1/2] \rightarrow S$，该转换函数的表达式为：

$$f^{-1}: [-1/2,\ 1/2] \to [-\tau,\ \tau],\ f^{-1}(\gamma) = s_{2\tau \cdot \gamma} = s_{\varphi} \quad (3.10)$$

基于以上两个转换函数，语言术语的一些基本运算法则定义为：

定义 3.2.2 若 $S = \{s_{\varphi} \mid \varphi = -\tau,\ \cdots,\ -1,\ 0,\ 1,\ \cdots,\ \tau\}$ 是一个有限且有序的语言术语集，对于任意两个语言术语（s_{α}, $s_{\beta} \in S$）和一个实数 λ，它们的运算法则为：

①加法：$s_{\alpha} \oplus s_{\beta} = f^{-1}\left(\dfrac{f(s_{\alpha}) + f(s_{\beta})}{2}\right)$，$s_{\alpha} \oplus s_{\beta} \oplus \cdots \oplus s_{\varphi} = f^{-1}\left(\dfrac{f(s_{\alpha}) + f(s_{\beta}) + \cdots + f(s_{\varphi})}{n}\right)$，$n$ 是语言术语的个数。

②减法：$s_{\alpha} \ominus s_{\beta} = f^{-1}\left(\dfrac{f(s_{\alpha}) - f(s_{\beta})}{2}\right)$。

③数乘：$\lambda s_{\varphi} = s_{\lambda \cdot \varphi}$，$\lambda \in [0,\ 1]$。

④绝对值：$|s_{\varphi}| = s_{|\varphi|}$。基于此，一个犹豫模糊语言元素 $h_{\alpha} = \{h_{\alpha}^{\sigma(s)} \mid s = 1,\ 2,\ \cdots,\ L_{\alpha}\}$ 的绝对值定义为 $|h_{\alpha}| = \{|h_{\alpha}^{\sigma(s)}| \mid s = 1,\ 2,\ \cdots,\ L_{\alpha}\}$。

然后，我们给出下列犹豫模糊偏好关系的一致性定义。

定义 3.2.3 对于一个犹豫模糊语言偏好关系 $R = (r_{ij})_{n \times n} \subset X \times X$，其中 $r_{ij} = \{(r_{ij})^{\sigma(s)} \mid s = 1,\ 2,\ \cdots,\ L_{ij}\}$，$L_{ij}$ 是 r_{ij} 中语言术语的个数。其对应的规范化偏好关系为 $\bar{R} = (\bar{r}_{ij})_{n \times n}$，若对于所有的 $i, j = 1,\ 2,\ \cdots,\ n$，$\bar{r}_{ij}$ 满足：

$$\bar{r}_{ij} = \bigoplus_{l=1; l \neq i,j}^{n} (\bar{r}_{il} \oplus \bar{r}_{lj}) \quad (3.11)$$

那么，R 是完全一致的犹豫模糊语言偏好关系。

假设一个群决策问题包含 n 个方案 $A = \{A_i \mid i = 1,\ 2,\ \cdots,$

$n\}$，K 个决策者 $E=\{E_k|k=1,2,\cdots,K\}$ 受邀参与该决策，并用犹豫模糊语言偏好关系 $R^k=(r_{ij}^k)_{n \times n}$ 来表示他们的偏好信息，其中 r_{ij}^k 表示决策者 E_k 给出的方案 A_i 优于方案 A_j 的程度。将 R^k 的规范化偏好关系记为 $\bar{R}^k=(\bar{r}_{ij}^k)_{n \times n}$。

基于定义 3.2.3，构建 R^k 所对应的完全一致性矩阵 $E\bar{R}=(e\bar{r}_{ij})_{n \times n}$。然后，根据公式（3.11）得到误差矩阵 $R\bar{R}^k=(r\bar{r}_{ij}^k)_{n \times n}$，其中：

$$r\bar{r}_{ij}^k=\mid \bar{r}_{ij}^k \ominus e\bar{r}_{ij}^k\mid \tag{3.12}$$

该误差矩阵描述规范化偏好关系 $\bar{R}$ 与完全一致偏好关系 $E\bar{R}$ 之间的偏差。

在实际问题中，由于犹豫模糊语言偏好关系很难直接达到完全一致性，因此基于对个体一致性偏差的考虑，本节提出了一种新的犹豫模糊语言偏好关系一致性指标：

$$ci^k=f(\bigoplus_{s=1}^{L}\bigoplus_{i=1}^{n}\bigoplus_{j=1,j \neq i}^{n}(s_3 \ominus (r\bar{r}_{ij}^k)^{\sigma(s)})) \tag{3.13}$$

其中，ci^k 的值位于区间 $[0,1/2]$。就该一致性指标而言，当 ci^k 的值越大，表示犹豫模糊语言偏好关系 R 的一致性程度越高。特别地，若 $ci^k=1/2$，则 R 是完全一致的。

通过计算得到每位决策者所提供的偏好关系的一致性指标后，本节进一步研究了基于决策者给出的偏好关系之间的距离的共识测算方法。

对于任意两个决策者（E_k，E_g）提供的偏好关系 $R^k=(r_{ij}^k)_{n \times n}$ 和 $R^g=(r_{ij}^g)_{n \times n}$，可构建它们之间的相似度矩阵 $SM^{kg}=(sm_{ij}^{kg})_{n \times n}$，其中：

$$(sm_{ij}^{kg})^{\sigma(s)} = s_3 \ominus |(\overline{r}_{ij}^{\,k})^{\sigma(s)} \ominus (\overline{r}_{ij}^{\,g})^{\sigma(s)}| \qquad (3.14)$$

基于偏好关系两两之间的相似度，通过以下公式可计算每个决策者的评价信息与群体意见之间的共识度指标：

$$cr^k = f\left(\mathop{\oplus}\limits_{s=1}^{L}\mathop{\oplus}\limits_{i=1}^{n}\mathop{\oplus}\limits_{j=1,j\neq i}^{n}\mathop{\oplus}\limits_{g=1,g\neq k}^{K}(sm_{ij}^{kg})^{\sigma(s)}\right) \qquad (3.15)$$

同时，考虑一致性指标和共识度指标，每个决策者给出的偏好信息的满意度定义为（Xu et al.，2015）：

$$SD^k = \delta \cdot cr^k + (1-\delta) \cdot ci^k \qquad (3.16)$$

其中，δ 的取值位于 $[0,1]$，该参数表示群体共识度在该满意度函数中的权重。然后，刻画群体共识的满意度指标可以通过以下公式获得：

$$SD = \min\{SD^k\} \qquad (3.17)$$

需要注意的是，一般来说，在分别得到每个决策者的偏好信息的满意度后，在计算群体满意度的过程中往往存在一定程度的折中，即最终的群体满意度会比满意度高的决策者低，而比满意度低的决策者高。本节使用最小化公式来求群体满意度，并将其作为群体共识度测算的指标，比通过其他方式集成的群体满意度指标更加严格。此外，决策者们需要根据实际情况来确定群体满意度指标的阈值$\overline{SD}$。当群体满意度满足决策问题的要求时，即 $SD \geqslant \overline{SD}$，则认为群体达成了可接受的共识水平。

雅格（Jager，1988）指出偏好矩阵的满意度可作为推导决策者权重的可靠来源，它确保了决策者给出的偏好关系的满意度越高，该决策者在群体中的重要性就越高。因此，本节利用函数 $Q(r) = r^{\frac{1}{2}}$（Yager & Filev，1999）来计算决策者的权重向量 $v = \{v_k | k = 1, 2, \cdots, K\}$：

$$v_k = Q\left(\frac{g(k)}{g(K)}\right) - Q\left(\frac{g(k-1)}{g(K)}\right), \quad k = 1, \ 2, \ \cdots, \ K \quad (3.18)$$

其中，$g(k) = \sum_{i=1}^{k} SD^{\sigma(i)}$。特别地，$SD^{\sigma(i)}$ 是 $SD = \{SD^i \mid i = 1,$ $2, \ \cdots, \ K\}$。

基于决策者的权重向量，我们可以集成决策者给出的偏好关系来得到关于备选方案的综合评价矩阵 $R^c = (r_{ij}^c)_{n \times n}$，其中，

$$(r_{ij}^c)^{\sigma(s)} = K \cdot \bigoplus_{k=1}^{K} v_k \cdot (r_{ij}^k)^{\sigma(s)} \quad (3.19)$$

最后，根据综合评价矩阵，对备选方案进行排序择优。

3.2.3　信任度引导的反馈机制

由于许多不确定和复杂的因素对决策过程的影响，决策者们常常很难立即达成共识。当面临一些时间有限的紧急事件时，他们需要在有限的时间内提供最佳的解决方案。因此，本节将建立一个有效的反馈机制，帮助决策者了解群体意见，调整评价信息，从而达成群体共识并提高决策效率。

如果一位决策者 E_k 给出的偏好关系 R_k 的满意度小于可接受的阈值 $\overline{SD}$，需要启动自动化反馈机制为他提供评价信息修正建议。首先，为了快速准确地识别 R^k 中未达成共识的决策信息，我们构建数学规划模型（见模型 3.2.1）。

模型 3.2.1

$$\min D = \frac{1}{n^2 L} \sum_{s=1}^{L} \sum_{i=1}^{n} \sum_{j=1}^{n} f\left(\mid (\overline{r}_{ij}^k)^{\sigma(s)} \ominus (\widehat{r}_{ij}^k)^{\sigma(s)} \mid\right)$$

$$\text{s. t.} \begin{cases} \widehat{SD}^k = \delta \cdot \widehat{cr}^k + (1-\delta) \cdot \widehat{ci}^k \geqslant \overline{SD} \\[2mm] \widehat{cr}^k = f\left(\bigoplus_{s=1}^{L} \bigoplus_{i=1}^{n} \bigoplus_{j=1,j\neq i}^{n} \bigoplus_{g=1,g\neq k}^{K} (s_3 \ominus |(\widehat{r}_{ij}^k)^{\sigma(s)} \ominus (\widehat{r}_{ij}^g)^{\sigma(s)}|) \right) \\[2mm] \widehat{ci}^k = f\left(\bigoplus_{s=1}^{L} \bigoplus_{i=1}^{n} \bigoplus_{j=1,j\neq i}^{n} (s_3 \ominus (r\widehat{r}_{ij}^k)^{\sigma(s)}) \right) \\[2mm] (r\widehat{r}_{ij}^k)^{\sigma(s)} = |(\widehat{r}_{ij}^k)^{\sigma(s)} \ominus (e\widehat{r}_{ij}^k)^{\sigma(s)}| \\[2mm] (e\widehat{r}_{ij}^k)^{\sigma(s)} = \bigoplus_{l=1,l\neq i,j}^{n} ((\widehat{r}_{il}^k)^{\sigma(s)} \oplus (\widehat{r}_{lj}^k)^{\sigma(s)}) \\[2mm] (\widehat{r}_{ij}^k)^{\sigma(s)} = -(\widehat{r}_{ji}^k)^{\sigma(s)} \\[2mm] i,j = 1,2,\cdots,n \end{cases}$$

其中，$\widehat{r}_{ij}^k$ 表示修正后的 R^k 所对应的规范化偏好关系 $\widehat{R}^k = (\widehat{r}_{ij}^k)_{n\times n}$ 中的元素。$\widehat{R}^k$ 是已具有可接受满意度的犹豫模糊语言偏好关系。$e\widehat{r}_{ij}^k$ 和 $r\widehat{r}_{ij}^k$ 分别表示修正后的 R^k 所对应的完全一致性偏好关系和误差矩阵中的元素。

为了将模型 3.2.1 转化为线性函数求解，令 $f(|(\bar{r}_{ij}^k)^{\sigma(s)} \ominus (\widehat{r}_{ij}^k)^{\sigma(s)}|) \leqslant c_{ij}^{\sigma(s)}$，则 $c_{ij}^{\sigma(s)}$ 的最小值等于 $(\bar{r}_{ij}^k)^{\sigma(s)} \ominus (\widehat{r}_{ij}^k)^{\sigma(s)}$ 的绝对值。由于模型 3.2.1 的目标函数是找到 $\dfrac{1}{n^2 L}\sum\limits_{s=1}^{L}\sum\limits_{i=1}^{n}\sum\limits_{j=1}^{n} f(|(\bar{r}_{ij}^k)^{\sigma(s)} \ominus (\widehat{r}_{ij}^k)^{\sigma(s)}|)$ 的最小值，我们可将其等价转化为 $\min D = \dfrac{1}{n^2 L}\sum\limits_{s=1}^{L}\sum\limits_{i=1}^{n}\sum\limits_{j=1}^{n} c_{ij}^{\sigma(s)}$。同理，令 $|(\widehat{r}_{ij}^k)^{\sigma(s)} \ominus (\widehat{r}_{ij}^g)^{\sigma(s)}| \leqslant a_{ij}^{\sigma(s)}$，$|(\widehat{r}_{ij}^k)^{\sigma(s)} \ominus (e\widehat{r}_{ij}^k)^{\sigma(s)}| \leqslant g_{ij}^{\sigma(s)}$，模型 3.2.1 可被转化为线性规划模型（见模型 3.2.2）。

模型 3.2.2

$$\min D = \frac{1}{n^2 L}\sum_{s=1}^{L}\sum_{i=1}^{n}\sum_{j=1}^{n} c_{ij}^{\sigma(s)}$$

$$s.t. \begin{cases} \widehat{SD}^k = \delta \cdot \widehat{cr}^k + (1-\delta) \cdot \widehat{ci}^k \geqslant \overline{SD} \\[6pt] b_{ij}^{\sigma(s)} = (\bar{r}_{ij}^{k})^{\sigma(s)} \ominus (\hat{r}_{ij}^{k})^{\sigma(s)}, \\[6pt] b_{ij}^{\sigma(s)} \leqslant f^{-1}(c_{ij}^{\sigma(s)}), \quad -b_{ij}^{\sigma(s)} \leqslant f^{-1}(c_{ij}^{\sigma(s)}) \\[6pt] \widehat{cr}^k = f\left(\bigoplus_{s=1}^{L} \bigoplus_{i=1}^{n} \bigoplus_{j=1,j\neq i}^{n} \bigoplus_{g=1,g\neq k}^{K} (s_3 \ominus (a_{ij}^{kg})^{\sigma(s)}) \right) \\[6pt] (h_{ij}^{kg})^{\sigma(s)} = (\hat{r}_{ij}^{k})^{\sigma(s)} \ominus (\bar{r}_{ij}^{g})^{\sigma(s)}, \\[6pt] (h_{ij}^{kg})^{\sigma(s)} \leqslant (a_{ij}^{kg})^{\sigma(s)}, \quad -(h_{ij}^{kg})^{\sigma(s)} \leqslant (a_{ij}^{kg})^{\sigma(s)} \\[6pt] \widehat{ci}^k = f\left(\bigoplus_{s=1}^{L} \bigoplus_{i=1}^{n} \bigoplus_{j=1,j\neq i}^{n} (s_3 \ominus g_{ij}^{\sigma(s)}) \right) \\[6pt] d_{ij}^{\sigma(s)} = (\hat{r}_{ij}^{k})^{\sigma(s)} \ominus (\widehat{er}_{ij}^{k})^{\sigma(s)}, \\[6pt] d_{ij}^{\sigma(s)} \leqslant g_{ij}^{\sigma(s)}, \quad -d_{ij}^{\sigma(s)} \leqslant g_{ij}^{\sigma(s)} \\[6pt] (\widehat{er}_{ij}^{k})^{\sigma(s)} = \bigoplus_{l=1;l\neq i,j}^{n} ((\hat{r}_{il}^{k})^{\sigma(s)} \oplus (\hat{r}_{lj}^{k})^{\sigma(s)}) \\[6pt] (\hat{r}_{ij}^{k})^{\sigma(s)} = -(\hat{r}_{ji}^{k})^{\sigma(s)} \\[6pt] i,j = 1,2,\cdots,n \end{cases}$$

其中，$c_{ij}^{\sigma(s)} = f(|b_{ij}^{\sigma(s)}|)$，且 $g_{ij}^{\sigma(s)} = |d_{ij}^{\sigma(s)}|$。

通过求解模型 3.2.2，可以得到一系列的解 $c_{ij}^{*} = \{c_{ij}^{\sigma(s)*} | s = 1,2,\cdots,L\}$，$c_{ij}^{*}$ 表示在共识达成过程中初始规范化偏好关系与修正后的规范化偏好关系之间的差值。所有的 $c_{ij}^{\sigma(s)*}$ 可以构建一个修正建议矩阵 $C^{*} = (c_{ij}^{*})_{n \times n}$。$c_{ij}^{\sigma(s)*} \neq 0$ 意味着原始规范化偏好关系中 $(\bar{r}_{ij}^{k})^{\sigma(s)}$ 的值需要进行修正。

然后，本书建立推荐机制，为需要调整评价信息的决策者提供建议值。由于决策者倾向于采纳其所信任的专家的建议，我们定义了信任度的概念来表示决策者之间的信任关系。

定义 3.2.4 假设群体中两个决策者 E_k 和 E_g 分别给出犹豫模糊语言偏好关系，记为 R^k 和 R^g，它们所对应的规范化偏好关系为 $\bar{R}^k$ 和 $\bar{R}^g$。那么，构建决策者之间的信任度矩阵为：

$$TL = \begin{pmatrix} \dfrac{1}{2} & TL^{12} & \cdots & TL^{1K} \\ TL^{21} & \dfrac{1}{2} & \cdots & TL^{2K} \\ \vdots & \vdots & \ddots & \vdots \\ TL^{K1} & TL^{K2} & \cdots & \dfrac{1}{2} \end{pmatrix}$$

其中，信任度 $TL^{kg} = f(\overset{L}{\underset{s=1}{\bigoplus}} \overset{n}{\underset{i=1}{\bigoplus}} \overset{n}{\underset{j=1}{\bigoplus}} (s_3 \ominus |(\bar{r}_{ij}^{\,k})^{\sigma(s)} \ominus (\bar{r}_{ij}^{\,g})^{\sigma(s)}|))$ 是基于 $\bar{R}^k$ 和 $\bar{R}^g (k, g = 1, \cdots, K)$ 之间的距离来计算。TL^{kg} 的值越小，决策者 E_k 和决策者 E_g 之间的信任水平越低。决策者需要根据实际情况各自确定信任度阈值 $\overline{TL^k}$ ($k = 1, 2, \cdots, K$)，当 $TL^{kg} \geqslant \overline{TL^k}$ 时，决策者 E_k 与决策者 E_g 之间存在信任关系。特别地，$TL^{kg} = 1/2$ 表示决策者 E_k 完全信任决策者 E_g。

当决策者 E_k 需要修正他/她的初始偏好关系时，该信任推荐机制将结合其所信任的决策者的评价信息来生成修正的建议值。记该决策者所信任的其他决策者为 $E_g = \{E_{g(t)} \mid t = 1, \cdots, \#t\}$，$\#t$ 是该决策者所信任的其他决策者的人数。那么，可以得到相应的建议值为：

$$t_{ij}^k = \overset{L}{\underset{s=1}{\bigoplus}} ((1-\mu)(\bar{r}_{ij}^{\,k})^{\sigma(s)} \oplus \mu(\tilde{r}_{ij}^{\,k})^{\sigma(s)}) \tag{3.20}$$

其中，$\tilde{r}_{ij}^{\,k}$ 来自所信任决策者的评价信息：

$$
(\tilde{r}_{ij}^{k})^{\sigma(s)} = \#t \cdot \left(\begin{array}{c} \dfrac{TL^{kg_{(1)}}}{\sum\limits_{t=1}^{\#t} TL^{kg_{(t)}}} (\overline{r}_{ij}^{g_{(1)}})^{\sigma(s)} \oplus \\ \dfrac{TL^{kg_{(2)}}}{\sum\limits_{t=1}^{\#t} TL^{kg_{(t)}}} (\overline{r}_{ij}^{g_{(2)}})^{\sigma(s)} \oplus \cdots \\ \cdots \oplus \dfrac{TL^{kg_{(\#t)}}}{\sum\limits_{t=1}^{\#t} TL^{kg_{(t)}}} (\overline{r}_{ij}^{g_{(\#t)}})^{\sigma(s)} \end{array} \right) \tag{3.21}
$$

其中，$\mu \in [0, 1]$ 是一个控制参数，表示所信任决策者的评价信息在其修正建议值里占的比重。

将信任度引导的反馈机制生成的建议值作为参考，可以得到以下三种识别规则：

规则 1：若 $\bigoplus\limits_{s=1}^{L} (\overline{r}_{ij}^{k})^{\sigma(s)} < t_{ij}^{k}$，那么决策者 E_k 需要在给出的偏好关系中增加方案 A_i 对方案 A_j 的偏好度。

规则 2：若 $\bigoplus\limits_{s=1}^{L} (\overline{r}_{ij}^{k})^{\sigma(s)} > t_{ij}^{k}$，那么决策者 E_k 需要在给出的偏好关系中减少 A_i 对方案 A_j 的偏好度。

规则 3：若 $\bigoplus\limits_{s=1}^{L} (\overline{r}_{ij}^{k})^{\sigma(s)} = t_{ij}^{k}$，那么决策者 E_k 可以保持自己的原始偏好信息。

通过本节提出的信任度引导的反馈机制，为决策者们的偏好信息调整提供建议，群体可以在几轮讨论修改后达成共识。

3.2.4　基于犹豫模糊语言偏好关系的共识决策模型

基于上述内容，本节将基于犹豫模糊语言偏好关系的共识决策过程进行简要归纳。

算法 3.2.1 基于犹豫模糊语言偏好关系的共识决策模型。

输入：K 个决策者们给出的犹豫模糊语言偏好关系 $R^k = (r_{ij}^k)_{n \times n}$（$k = 1$，$2$，$\cdots$，$K$），满意度指标阈值 $\overline{SD}$，信任度阈值 $\overline{TL^k}$（$k = 1$，2，$\cdots$，K）。

输出：群体达成共识后的综合评价矩阵 $R^c = (r_{ij}^c)_{n \times n}$。

步骤 1：将所有决策者的犹豫模糊语言偏好关系 $R^k = (r_{ij}^k)_{n \times n}$ 转化为规范化偏好关系 $\overline{R}^k = (\overline{r}_{ij}^k)_{n \times n}$。

步骤 2：通过第 3.2.2 节中的共识测算方法来计算群体满意度。如果 $SD \geq \overline{SD}$，则认为群体已达成共识，进入步骤 5；否则，进入步骤 3。

步骤 3：检验每个决策者的偏好关系的满意度，若决策者 E_k 的满意度指标 $SD^k < \overline{SD}$，求解模型 3.2.1 识别其偏好关系 $R^k = (r_{ij}^k)_{n \times n}$ 中需要修正的偏好信息。

步骤 4：构建决策者的信任度矩阵 TL，然后通过基于信任度的反馈机制为需要重新考虑偏好信息的决策者提供建议值。对于修正后的犹豫模糊语言偏好关系 $\widehat{R}^k = (\widehat{r}_{ij}^k)_{n \times n}$，令 $\widehat{R}^k$ 代替 R^k，返回步骤 1。

步骤 5：当群体达成可接受的共识水平，根据得到的决策者权重和偏好关系集成备选方案的综合评价矩阵，并依此对方案进行排序。结束本算法。

3.2.5 讨论分析

本节将在共识决策模型构建的基础上，设计两个仿真实验来讨论信任度引导的推荐机制在共识过程中的有效性。

仿真实验 3.2.1

步骤1：确定参与决策的决策者数量 K（$K \geq 3$）和备选方案的数量 n，设定满意度阈值为 $\overline{SD} = 0.4$，满意度函数中的控制参数 $\delta = 0.5$。

步骤2：令 $n = 4$，表示本实验中的群决策问题包含4个备选方案。随机生成 K 个 n 阶犹豫模糊语言偏好关系。

步骤3：令 μ 的值以步长为 0.1 的规律从 0.1 增加到 1，通过第 3.2.2 节中的共识测算方法计算每个修正后的犹豫模糊语言偏好关系的满意度 SD^k。特别地，当 $\mu = 0$ 时，所对应的满意度即是初始偏好关系的满意度。

步骤4：重复上述随机过程 1 000 次，计算不同的 μ 值对应的修正后偏好关系的满意度的平均值。

步骤5：将决策者的数量从 3 增加到 20（K 为正整数），重复步骤 1~4，记录不同的 K 值和不同的 μ 值所对应的满意度的平均值。

本实验的目的是证明反馈机制中 μ 的取值对犹豫模糊语言偏好关系满意度的影响，因此，在本实验中，随机生成的偏好关系的满意度指标即使已大于、等于满意度阈值，仍然进入反馈机制，获得反馈机制修正后的偏好关系的满意度，然后通过对比分析达成实验目的。

犹豫模糊语言偏好关系的满意度随着 μ 取值的增加而变化的趋势如图 3-1 所示。

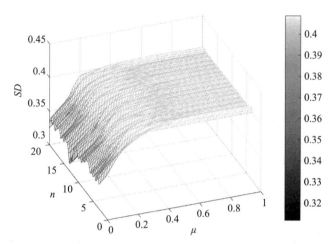

图 3 – 1　μ 的取值对犹豫模糊语言偏好关系的满意度的影响

由图 3 – 1 可以得到以下实验结果：

①犹豫模糊语言偏好关系的满意度随着 μ 取值的增加而逐渐增加。也就是说，通过采纳值得信赖的决策者的建议，未达成群体共识的决策者可以提高他的偏好关系的满意度。μ 的值越大，表示该决策者对建议值的接受程度越高。

②当偏好关系的满意度达到满意度阈值 $\overline{SD}=0.4$ 时，μ 的值集中在 0.4 左右。因此，$\mu=0.4$ 可作为该信任度引导的推荐机制的调节参数的建议值。显然，此调节过程不受决策者数量的变化影响。

③当偏好关系的满意度达成 $\overline{SD}=0.4$ 之后开始趋于稳定，表明了模型 3.2.1 可以准确地识别初始犹豫模糊语言偏好关系中需要修正的偏好信息。第 3.2.3 节提出的信任度引导的反馈机制不仅能够有效地将群体共识提高到所需的满意度阈值，还最大程度地保留了决策者的初始评估信息。

在实际情况中,决策者需要在通过仔细思考和判断后给出犹豫模糊语言偏好关系。而本仿真实验中的犹豫模糊语言偏好关系是随机生成的。因此,本实验中偏好关系的初始满意度会相对低于实际决策问题中偏好关系的初始满意度。

仿真实验 3.2.2

由于第 3.2.2 节的共识测度算法中决策者的偏好关系的满意度指标是由个体一致性和共识水平线性组成,即 $SD = \delta \cdot cr + (1-\delta) \cdot ci$,参数 δ 表示满意度函数中共识水平所占的比重,因此我们设计本实验讨论参数 δ 的变化对偏好关系满意度的影响。该实验的步骤简要归纳如下:

步骤 1:确定参与决策的决策者数量 K($K \geqslant 3$)和备选方案的数量 n。

步骤 2:令 $n = 4$,随机生成 K 个 n 阶犹豫模糊语言偏好关系。

步骤 3:令 δ 的取值分别为 0.2,0.5,0.8,通过第 3.2.2 节中的共识测算方法计算每个犹豫模糊语言偏好关系的满意度。

步骤 4:重复上述随机过程 1 000 次,计算不同的 δ 值对应的偏好关系满意度的平均值。

步骤 5:将决策者的数量从 3 增加到 20(K 为正整数),重复步骤 1~4,记录不同的 K 值和不同的 δ 值所对应的满意度的平均值。

实验结果如图 3-2 所示。

由图 3-2 可知,对于 K($K = [3, 20]$)个决策者而言,他们给出的犹豫模糊语言偏好关系的满意度会随着 δ 取值的变化而变化。显然,当 δ 分别取不同的值时,无论决策者的数量如何变化，代表偏好关系满意度的曲线都没有交叉。当 $\delta = 0.2$ 时，犹豫模糊语言偏好关系的满意度曲线是最高的。当 $\delta = 0.5$ 时，该满意度曲线位于中间位置。当 $\delta = 0.8$ 时，该满意度曲线是最低的。这表明犹豫模糊语言偏好关系的满意度会随着 δ 取值的增加而减小。也就是说，在群决策问题中，如果决策者更在意自己的偏好信息是否与群体一致而忽略所给出偏好关系的个体一致性，那么，该决策群体反而难以达成共识。

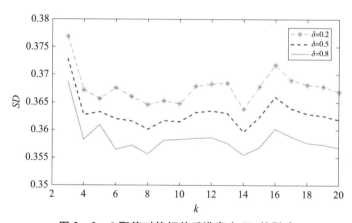

图 3 - 2　δ 取值对偏好关系满意度 SD 的影响

当 K 的值增加时，图 3 - 3 中曲线之间的间隙在逐渐增大。表示当决策者数量增加时，不同 δ 的值对应的满意度之间的差距在变大，即 δ 对偏好关系满意度的影响随着决策者数量的增加而增强。这是由于参与决策的决策者越多，群体越难以达成共识，共识水平 cr 的值随着 K 值的增加而减小。

仿真实验 3.2.3

本实验的目的是进一步分析 δ 的取值对第 3.2.4 节中共识模

型的影响。同仿真实验 3.2.2 一样，令控制参数 δ 的值分别为 0.2，0.5，0.8。随机生成含有 n 个备选方案和 K 个决策者参与的决策问题，即 K 个 n 阶犹豫模糊语言偏好关系。令 n 的值从 3 增加到 10（n 为正整数），K 的值从 3 增加到 20（K 为正整数）。然后，重复以上随机过程 1 000 次，记录这些随机偏好关系的初始满意度和通过反馈机制修正后的满意度。实验结果如图 3 − 3 所示。

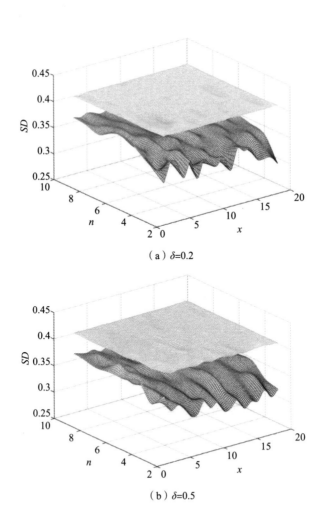

（a）δ=0.2

（b）δ=0.5

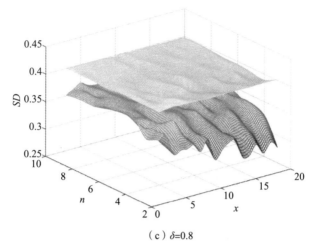

（c）$\delta=0.8$

图 3 – 3 不同的 δ 取值下，犹豫模糊语言偏好关系的初始满意度和

修正后满意度对比

图 3 – 3 中的两个平面分别代表随机犹豫模糊语言偏好关系的初始满意度和修正后的满意度。由图 3 – 3 可以得到以下实验结论：

①随机偏好关系的初始满意度的值位于 0.25 ~ 0.35。

②随着决策者数量 K 的增加，偏好关系的初始满意度在逐渐降低，体现了参与决策的人数越多，群体越难以达成共识。

③图 3 – 4 中位于上方的平面表示修正后的偏好关系的满意度，基本稳定在 $SD=0.4$。体现了该信任度引导的反馈机制的稳健性。也就是说，3.2.1 中的共识决策模型可以在包含不同数量备选方案和决策者的群决策问题中发挥稳定的作用。

通过以上三个仿真实验总结的结论，可以为本章基于犹豫模糊语言偏好关系的共识决策模型提供支持。例如，在仿真实验 3.2.1 中，$\mu=0.4$ 是基于信任度的反馈机制中调节参数 μ 的最合适的取值。由仿真实验 3.2.2 和仿真实验 3.2.3 可知，如果决策者更看重自己的偏好信息与群体意见的共识水平，则可以设定一个相对较高的 δ 的值。反之，如果决策者更看重偏好关系的个体一致性，则可以设定一个相对较低的 δ 的值。

3.2.6 结论

本节提出了一个基于犹豫模糊语言偏好关系的共识决策模型。具体地，包括基于满意度的共识测算方法、信任度引导的反馈机制和群决策算法。该模型具有以下特征。

第一，实际决策问题中存在许多复杂的因素，因此决策者提供的决策信息往往具有不确定性和模糊性。该共识决策模型使用犹豫模糊语言偏好关系来刻画决策者的评价信息，更贴近他们的认知习惯，更加直观和灵活。

第二，群体共识的满意度是由偏好关系的一致性指标和与群体的共识水平决定，同时考虑了决策者的个体一致性，以及其评价信息与群体综合评价信息的相似度。

第三，通过求解模型 3.2.1，可以快速准确地识别初始偏好关系中需要修正的偏好信息，一定程度上提高了共识决策的效率。

第四，反馈机制从所信任的决策者的偏好关系中获得建议值，而不是直接从整个群体的综合评价值中生成建议值，可以提高决策者调整偏好信息的意愿，同时在尽可能少地修正偏好信息的基础上，提高偏好关系的满意度。

在构建该共识决策模型的基础上，本节对信任度引导的反馈

机制中的控制参数 μ 的取值进行了分析，并在此基础上给出了该参数的合理取值建议，讨论了满意度函数中的调节参数 δ 的取值对犹豫模糊语言偏好关系的满意度的影响。此外，本节所设计的仿真实验证明了该模型的有效性。

3.3 考虑决策者后悔心理的犹豫模糊语言共识决策模型

3.3.1 概述

在现实决策中，决策者受自身知识和获取信息的限制，容易表现出"不完全理性"，在提供评价信息时往往具有后悔规避性。目前，已有一些文献探索了后悔心理可能对决策者后续行为产生的影响，以及如何在决策过程中刻画决策者的后悔心理（Yu et al.，2017；Zhou et al.，2017；Liang et al.，2018；Qu et al.，2018；Liang & Wang，2020；Wang et al.，2020）。基于有限理性假设的后悔理论引起了广泛的关注，并被应用于多属性决策领域。然而，在不确定语言信息环境下，考虑决策者后悔心理的共识模型的相关研究较少。现有研究成果大多只关注了决策者在选择过程中可能产生的后悔心理，却忽略了决策者在共识达成阶段的后悔心理。事实上，将真实决策环境下决策者的心理因素融入群决策方法的构建，能够进一步提高决策结果的合理性。因此，考虑决策者的后悔心理和评价信息的模糊性，将后悔理论与共识达成过程相结合，设计科学合理的共识决策模型具有理论和实际意义。

在本节中，我们首先改进了犹豫模糊语言术语集的相关性测度。其次提出了基于犹豫模糊语言术语集之间相关性的效用函数和后悔—欣喜函数。最后，构建了基于后悔理论的群体共识决策模型。

3.3.2 犹豫模糊语言术语集的相关性测度

假设一个群决策问题包含 n 个方案 $A = \{A_i | i = 1, 2, \cdots, n\}$，$K$ 个决策者 $E = \{E_k | k = 1, 2, \cdots, K\}$ 受邀参与该决策，并用犹豫模糊语言术语集 $H_i = \{\langle x_i, h_{ij}(x_i) \rangle | x_i \in X\}$ 来表示他们对方案 A_i 在多个属性 $C = \{c_j | j = 1, \cdots, m\}$ 下的评价值。在犹豫模糊语言环境中，为了考虑决策者的风险规避和后悔规避，我们首先定义了犹豫模糊语言术语集的相关系数。

一般来说，实际应用中的犹豫模糊语言术语集并不具有相等的长度，而现有的相关性测度需要先将犹豫模糊语言元素规范化，即通过添加虚拟语言术语将较短的犹豫模糊语言元素拓展到和较长的犹豫模糊语言元素相同的长度。这在一定程度上改变了该犹豫模糊语言术语集所表示的原始评价信息。为了克服这个缺陷，廖虎昌等（2020）提出了一种基于犹豫模糊语言术语集的相关性测度。

定义 3.3.1（Liao et al.，2020） 对于一个犹豫模糊语言术语集 $H_i = \{\langle x_i, h_{ij}(x_i) \rangle | x_i \in X\}$，$h_{ij} = \{h_{ij}^{\sigma(s)} | s = 1, 2, \cdots, L_{ij}\}$

$(i=1, \cdots, n; j=1, \cdots, m)$ 是其中的犹豫模糊语言元素，L_{ij} 是 h_{ij} 中语言术语的个数。则 H_i 的均值可表示为：

$$E(H_i) = s_{\varphi_i} \qquad (3.22)$$

其中，$\varphi_i = \dfrac{1}{m}\sum\limits_{j=1}^{m}\varphi_{ij} = \dfrac{1}{m}\sum\limits_{j=1}^{m}\left(\dfrac{1}{L_{ij}}\sum\limits_{s=1}^{L_{ij}}I(h_{ij}^{\sigma(s)})\right)$。

定义 3.3.2（Liao et al.，2020） H_i 的方差可定义为：

$$
\begin{aligned}
\mathrm{Var}(H_i) &= \frac{1}{m}\sum\limits_{j=1}^{m}(\varphi_{ij}-\varphi_i)^2 \\
&= \frac{1}{m}\sum\limits_{j=1}^{m}\left(\frac{1}{L_{ij}}\sum\limits_{s=1}^{L_{ij}}I(h_{ij}^{\sigma(s)}) - \frac{1}{m}\sum\limits_{j=1}^{m}\left(\frac{1}{L_{ij}}\sum\limits_{s=1}^{L_{ij}}I(h_{ij}^{\sigma(s)})\right)\right)^2
\end{aligned}
$$

$$(3.23)$$

定义 3.3.3（Liao et al.，2020） 对于任意两个犹豫模糊语言术语集 H_1 和 H_2，可以通过以下公式计算它们的相关性：

$$\zeta(H_1, H_2) = \frac{C(H_1, H_2)}{\sqrt{\mathrm{Var}(H_1)\cdot\mathrm{Var}(H_2)}} \qquad (3.24)$$

其中，$C(H_1, H_2) = \dfrac{1}{m}\sum\limits_{j=1}^{m}[\varphi_{1j}-\varphi_1]\cdot[\varphi_{2j}-\varphi_2]$。根据现有文献（Liao et al.，2020），$\zeta(H_1, H_2)$ 的值位于区间 $[-1, 1]$，可以有效区分两个犹豫模糊语言术语集之间是正相关性或负相关性。

考虑到犹豫模糊语言术语集的本质是刻画决策者在给出决策信息时的犹豫心理，因此吴志彬等（2019）介绍了犹豫度的概念来表示决策信息的不确定性。基于这个思想，两个犹豫模糊语言术语集之间相关系数的犹豫度被定义为：

$$\rho(H_1, H_2) = \zeta^U(H_1, H_2) - \zeta^L(H_1, H_2) \qquad (3.25)$$

其中，

$$\zeta^U(H_1, H_2) = \frac{\sum_{j=1}^{m} \left(I(h_{1j}^{\sigma(L_{1j})}) - \varphi_1 \right) \cdot \left(I(h_{2j}^{\sigma(L_{2j})}) - \varphi_2 \right)}{\sqrt{\sum_{j=1}^{m} \left(I(h_{1j}^{\sigma(L_{1j})}) - \varphi_1 \right)^2} \cdot \sqrt{\sum_{j=1}^{m} \left(I(h_{2j}^{\sigma(L_{2j})}) - \varphi_2 \right)^2}}$$

$$(3.26)$$

$$\zeta^L(H_1, H_2) = \frac{\sum_{j=1}^{m} \left(I(h_{1j}^{\sigma(1)}) - \varphi_1 \right) \cdot \left(I(h_{2j}^{\sigma(1)}) - \varphi_2 \right)}{\sqrt{\sum_{j=1}^{m} \left(I(h_{1j}^{\sigma(1)}) - \varphi_1 \right)^2} \cdot \sqrt{\sum_{j=1}^{m} \left(I(h_{2j}^{\sigma(1)}) - \varphi_2 \right)^2}}$$

$$(3.27)$$

其中，$\zeta^U(H_1, H_2)$ 和 $\zeta^L(H_1, H_2)$ 分别表示该相关系数的上界和下界。

但是，在某些情况下，文献提出的相关性测度无法正确地计算相关系数的犹豫性。我们给出例 3.1 来说明这个问题。

例 3.1 对于两个犹豫模糊语言术语集 $H_1 = \{\{s_1, s_2\}, \{s_{-2}, s_{-1}\}, \{s_{-3}, s_{-2}, s_{-1}\}\}$ 和 $H_2 = \{\{s_2, s_3\}, \{s_{-2}, s_{-1}, s_0\}, \{s_{-3}, s_{-2}\}\}$，根据公式（3.22）~公式（3.27），它们的相关系数 $\zeta(H_1, H_2)$ 的上界和下界分别为 $\zeta^U(H_1, H_2) = 0.75$，$\zeta^L(H_1, H_2) = 0.99$。

在例 3.1 中，该相关系数的下界大于上界，意味着计算其下界和上界的公式不合理。为了克服公式中的缺陷，我们将公式（3.26）和公式（3.27）进行如下改进：

$$\zeta^U(H_1, H_2) = \frac{\sum_{j=1}^{m} \left(I(h_{1j}^{\sigma(L_{1j})}) - \varphi_1 + 2\tau \right) \cdot \left(I(h_{2j}^{\sigma(L_{2j})}) - \varphi_2 + 2\tau \right)}{\sqrt{\sum_{j=1}^{m} \left(I(h_{1j}^{\sigma(L_{1j})}) - \varphi_1 + 2\tau \right)^2} \cdot \sqrt{\sum_{j=1}^{m} \left(I(h_{2j}^{\sigma(L_{2j})}) - \varphi_2 + 2\tau \right)^2}}$$

$$(3.28)$$

$$\zeta^L(H_1, H_2) = \frac{\sum_{j=1}^{m}(I(h_{1j}^{\sigma(1)}) - \varphi_1 + 2\tau) \cdot (I(h_{2j}^{\sigma(1)}) - \varphi_2 + 2\tau)}{\sqrt{\sum_{j=1}^{m}(I(h_{1j}^{\sigma(1)}) - \varphi_1 + 2\tau)^2} \cdot \sqrt{\sum_{j=1}^{m}(I(h_{2j}^{\sigma(1)}) - \varphi_2 + 2\tau)^2}}$$

(3.29)

定理3.3.1 对于两个犹豫模糊语言术语集的相关性系数，它的上界和下界必须满足以下条件：

$$\zeta^U(H_1, H_2) \geqslant \zeta^L(H_1, H_2)$$

证明： 为了简化证明过程，令 $p_j^u = I(h_{1j}^{\sigma(L_{1j})}) - \varphi_1 + 2\tau$，$q_j^u = I(h_{2j}^{\sigma(L_{2j})}) - \varphi_2 + 2\tau$，$p_j^l = I(h_{1j}^{\sigma(1)}) - \varphi_1 + 2\tau$，$q_j^l = I(h_{2j}^{\sigma(1)}) - \varphi_2 + 2\tau$，然后将公式（3.28）转化为：

$$\zeta^U(H_1, H_2)$$

$$= \frac{\sum_{j=1}^{m}(I(h_{1j}^{\sigma(L_{1j})}) - \varphi_1 + 2\tau) \cdot (I(h_{2j}^{\sigma(L_{2j})}) - \varphi_2 + 2\tau)}{\sqrt{\sum_{j=1}^{m}(I(h_{1j}^{\sigma(L_{1j})}) - \varphi_1 + 2\tau)^2} \cdot \sqrt{\sum_{j=1}^{m}(I(h_{2j}^{\sigma(L_{2j})}) - \varphi_2 + 2\tau)^2}}$$

$$= \frac{\sum_{j=1}^{m} p_j^u \cdot q_j^u}{\sqrt{\sum_{j=1}^{m}(p_j^u)^2} \cdot \sqrt{\sum_{j=1}^{m}(q_j^u)^2}}$$

$$= \frac{\sum_{j=1}^{m} p_j^u \cdot q_j^u}{\sqrt{\sum_{k=1,k\neq j}^{m}(p_k^u)^2 + (p_j^u)^2} \cdot \sqrt{\sum_{k=1,k\neq j}^{m}(q_k^u)^2 + (q_j^u)^2}}$$

(3.30)

同样，公式（3.29）可表示为：

$$\zeta^L(H_1, H_2) = \frac{\sum_{j=1}^{m} p_j^l \cdot q_j^l}{\sqrt{\sum_{k=1,k\neq j}^{m}(p_k^l)^2 + (p_j^l)^2} \cdot \sqrt{\sum_{k=1,k\neq j}^{m}(q_k^l)^2 + (q_j^l)^2}}$$

当 $a > 0$ 时，数学函数 $g(x) = \dfrac{x}{\sqrt{x^2 + a}}$ 是单调递增的。基于犹豫模糊语言术语集的定义，我们可以得出 $p_j^u \geqslant p_j^l$ 和 $q_j^u \geqslant q_j^l$。

基于以上分析，可以进一步得到：

$$\sum_{j=1}^{m} \frac{p_j^u}{\sqrt{\sum_{k=1, k \neq j}^{m} (p_k^u)^2 + (p_j^u)^2}} \geqslant \sum_{j=1}^{m} \frac{p_j^l}{\sqrt{\sum_{k=1, k \neq j}^{m} (p_k^l)^2 + (p_j^l)^2}}$$

$$(3.31)$$

$$\sum_{j=1}^{m} \frac{q_j^u}{\sqrt{\sum_{k=1, k \neq j}^{m} (q_k^u)^2 + (q_j^u)^2}} \geqslant \sum_{j=1}^{m} \frac{q_j^l}{\sqrt{\sum_{k=1, k \neq j}^{m} (q_k^l)^2 + (q_j^l)^2}}$$

$$(3.32)$$

由于犹豫模糊语言术语集中语言术语的下标位于区间 $[-\tau, \tau]$，我们可以推导出 $p_j^u \geqslant 0$，$q_j^u \geqslant 0$，$p_j^l \geqslant 0$，$q_j^l \geqslant 0$。于是，下列不等式总是成立：

$$\sum_{j=1}^{m} \frac{p_j^u}{\sqrt{\sum_{k=1, k \neq j}^{m} (p_k^u)^2 + (p_j^u)^2}} \cdot \sum_{j=1}^{m} \frac{q_j^u}{\sqrt{\sum_{k=1, k \neq j}^{m} (q_k^u)^2 + (q_j^u)^2}}$$

$$\geqslant \sum_{j=1}^{m} \frac{p_j^l}{\sqrt{\sum_{k=1, k \neq j}^{m} (p_k^l)^2 + (p_j^l)^2}} \cdot \sum_{j=1}^{m} \frac{q_j^l}{\sqrt{\sum_{k=1, k \neq j}^{m} (q_k^l)^2 + (q_j^l)^2}}$$

$$\Rightarrow \frac{\sum_{j=1}^{m} p_j^u \cdot q_j^u}{\sqrt{\sum_{j=1}^{m} (p_j^u)^2} \cdot \sqrt{\sum_{j=1}^{m} (q_j^u)^2}} \geqslant \frac{\sum_{j=1}^{m} p_j^l \cdot q_j^l}{\sqrt{\sum_{j=1}^{m} (p_j^l)^2} \cdot \sqrt{\sum_{j=1}^{m} (q_j^l)^2}}$$

$$\Rightarrow \zeta^U(H_1, H_2) \geqslant \zeta^L(H_1, H_2)$$

证明完毕。

由于相关性系数的下界 $\zeta^{L}(H_{1},H_{2})$ 和上界 $\zeta^{U}(H_{1},H_{2})$ 的值限制在区间 $[0,1]$ 之内，该相关性系数的犹豫度的值也应该在区间 $[0,1]$ 之内。

3.3.3 基于相关系数的效用函数和后悔—欣喜函数

本节将把犹豫模糊语言术语集之间的相关系数和犹豫度引入方案效用值的计算。将方案集的正理想解和负理想解作为两个参照点，备选方案 A_i 的正负效用函数分别定义为：

$$v^{+}(A_i) = [(1-\rho(H_i^{+}))\cdot\zeta(H_i,H^{+})]^{\lambda} \qquad (3.33)$$

$$v^{-}(A_i) = [(1-\rho(H_i^{-}))\cdot\zeta(H_i,H^{-})]^{\lambda} \qquad (3.34)$$

其中，λ 表示决策者对风险的规避态度，且满足 $0<\lambda<1$。λ 的值越小，表示该决策者越倾向于规避风险。$v^{+}(A_i)$ 和 $v^{-}(A_i)$ 的值都位于区间 $[-1,1]$。特别地，由于 $v^{+}(H^{+})$ 表示正理想解与自身对比的正效用值，$v^{-}(H^{-})$ 表示负理想解与自身的负效用值，所以 $v^{+}(H^{+})=1$，$v^{-}(H^{-})=1$。

基于正负效用函数，后悔—欣喜函数定义为：

后悔函数：

$$R(A_i,H^{+}) = R[v^{+}(A_i)-v^{+}(H^{+})] = 1-e^{-\delta\cdot(v^{+}(A_i)-v^{+}(H^{+}))}$$
$$= 1-e^{-\delta\cdot(\Delta v1)} \qquad (3.35)$$

欣喜函数：

$$R(A_i,H^{-}) = R[v^{-}(H^{-})-v^{-}(A_i)] = 1-e^{-\delta\cdot(v^{-}(H^{-})-v^{-}(A_i))}$$
$$= 1-e^{-\delta\cdot(\Delta v2)} \qquad (3.36)$$

其中，δ 表示决策者对后悔心理的规避态度，且满足 $\delta > 0$。δ 的值越大，表示该决策者越不希望产生后悔心理。

需要注意的是，$\Delta v1$ 表示方案与正理想解对比产生的后悔值，$\Delta v2$ 表示方案与负理想解对比产生的欣喜值。$\Delta v1$ 的值总是小于等于 0，而 $\Delta v2$ 的值总是大于等于 0。此外，由于将备选方案的正负理想解设置为参照，只需要计算备选方案与正理想解对比产生的后悔值，以及与负理想解对比产生的欣喜值，而不需要再将方案进行两两对比。这很大程度地降低了计算的复杂性，提高了决策过程的效率。

基于本节所提出的效用函数和后悔—欣喜函数，备选方案的感知效用值可以通过下列公式计算：

$$U_i = \chi \cdot (v^+(A_i) + R(A_i, H^+)) + (1-\chi) \cdot (v^-(A_i) + R(A_i, H^-))$$

$$(3.37)$$

其中，χ（$0 \leq \chi \leq 1$）是一个控制参数。U_i 的值越大，表示方案 A_i 表现越好。

3.3.4 基于后悔理论的群体共识测算方法及反馈机制

为了在决策问题中获得所有决策者都认可的最佳方案，本节提出了一种基于后悔理论的群体共识测算方法及相应的反馈机制。

首先，确定两个决策者对于同一备选方案 A_i 的评价值的非共识度定义。

定义 3.3.4 若 U_i^k 和 U_i^g 分别是决策者 E_k 和 E_g 对于备选方案 A_i 的感知效用值，则它们之间的非共识度定义为：

$$|U_i^k - U_i^g| = \begin{cases} U_i^k - U_i^g, & U_i^k \geqslant U_i^g \\ U_i^g - U_i^k, & U_i^k < U_i^g \end{cases} \quad (3.38)$$

基于每两个决策者之间的非共识度，决策群体的非共识度可定义为：

$$NG = \frac{1}{n \cdot K \cdot (K-1)} \sum_{i=1}^{n} \sum_{(k,g) \in K} |U_i^k - U_i^g| \quad (3.39)$$

那么，NG 的值越小，表示决策者群体的共识度越高。在一般的决策问题中，需要决策者根据实际情况设定可接受的非共识度 $\overline{NG}$ 来检验决策者是否已达成满意的共识度。当群体非共识度满足了群决策问题的要求，即 $NG \leqslant \overline{NG}$，共识过程结束。

事实上，在实际决策问题中，因为不同的专业背景、动机及决策的态度，决策者们往往很难直接达成共识。如果群体的非共识度大于预先设定的阈值，则需要利用反馈机制为决策者们提供建议和决策支持。基于群体非共识度的定义，我们提出一个数学模型来识别群体中需要修改其评价信息的决策者。

模型 3.3.1

$$\min B = \sum_{k=1}^{K} \sum_{i=1}^{n} |U_i^k - \widetilde{U}_i^k|$$

$$\text{s. t. } \frac{1}{n \cdot K \cdot (K-1)} \sum_{i=1}^{n} \sum_{(k,g) \in K} |\widetilde{U}_i^k - \widetilde{U}_i^g| \leqslant \overline{NG}$$

若决策者 E_k 调整其决策信息后重新给出犹豫模糊语言决策矩阵，$\widetilde{U}_i^k$ 表示从修正后的决策矩阵中计算得出的对于备选方案 A_i 的感知效用值。该模型的约束条件保证了群体的非共识度满足了群决策问题的要求。

为了求解模型 3.3.1，令 $|U_i^k - \tilde{U}_i^k| \leq c_i^k$，则 c_i^k 的最小值等于 $|U_i^k - \tilde{U}_i^k|$。由于模型 3.3.1 的目标函数是求 $\sum\limits_{k-1}^{K}\sum\limits_{i=1}^{n}|U_i^k - \tilde{U}_i^k|$ 的最小值，因此该目标函数可以等价转换为 $\min B = \sum\limits_{k-1}^{K}\sum\limits_{i=1}^{n}c_i^k$。同理，令 $|\tilde{U}_i^k - \tilde{U}_i^g| \leq a_i^{kg}$，则模型 3.3.1 可以被转换为线性规划模型（见模型 3.3.2）。

模型 3.3.2

$$\min B = \sum_{k=1}^{K}\sum_{i=1}^{n}c_i^k$$

$$\text{s. t.} \begin{cases} b_i^k = U_i^k - \tilde{U}_i^k \\ b_i^k \leq c_i^k \\ -b_i^k \leq c_i^k \\ \dfrac{1}{n \cdot K \cdot (K-1)}\sum\limits_{i=1}^{n}\sum\limits_{(k,g)\in K}a_i^{kg} \leq N\bar{G} \\ h_i^{kg} = \tilde{U}_i^k - \tilde{U}_i^g \\ h_i^{kg} \leq a_i^{kg} \\ -h_i^{kg} \leq a_i^{kg} \end{cases}$$

通过求解模型 3.3.2，可以得到一系列的 b_i^k，$i = 1，\cdots，n$；$k = 1，\cdots，K$。b_i^k 表示从决策者 E_k 的初始决策矩阵得出的对方案 A_i 的感知效用值与从修正后的决策矩阵得出的感知效用值之差。为了提高群体共识度，我们将 b_i^k 的值作为参照，如果 $b_i^k > 0$，则决策者 E_k 需要降低他/她对方案 A_i 的感知效用值；如果 $b_i^k < 0$，则决策者 E_k 需要提高他/她对方案 A_i 的感知效用值。

现有的大多数反馈机制都是要求持有与群体不同意见的决策者调整自己的决策信息，使其向群体意见靠近，从而提高群体共识。但是，考虑到决策者具有不同的认知能力，且容易受到心理因素影响，他们可能不愿意对其初始决策信息进行重大修改。在这种情况下，如果一味追求群体共识的达成而不断迫使部分决策者修改决策信息，可能会超出这些决策者的接受范围。因此，本节建立了一种反馈机制，允许每个决策者设置一个单独的阈值来表示其可接受的修改范围，从而有效地提高群体共识过程的合理性。下面，我们简要介绍该反馈机制的流程。

算法 3.3.1 反馈机制。

步骤 1：通过求解模型 3.3.1 来识别犹豫模糊语言决策矩阵中需要修正的决策信息。将决策者 E_k 在所有属性下对方案 A_i 的评价值记为 H_i^k，H_i^k 是一个犹豫模糊语言术语集。将 H_i^k 所对应的修正后的犹豫模糊语言术语集记为 $\tilde{H}_i^k$。

步骤 2：确定专家可接受的修改阈值 d_k（d_k 是一个语言术语），可以反映专家的合作态度。较高的修改阈值表示该决策者愿意妥协，通过调整自己的决策信息来与群体达成共识，而较低的修改阈值表示该决策者对自己给出的决策信息非常自信，不愿意进行大幅度的修改。

步骤 3：基于决策者 E_k 可接受的修改阈值，计算 $\tilde{H}_i^k$ 的范围，记为 $[\tilde{H}_i^{kL}, \tilde{H}_i^{kU}]$。其中，$\tilde{H}_i^{kL} = \{\tilde{h}_{ij}^{kL} \mid j = 1, \cdots, m\}$，$\tilde{h}_{ij}^{kL} = h_{ij}^k \ominus d_k$，$\tilde{H}_i^{kU} = \{\tilde{h}_{ij}^{kU} \mid j = 1, \cdots, m\}$，$\tilde{h}_{ij}^{kU} = h_{ij}^k \oplus d_k$。

步骤 4：通过反馈机制为决策者 E_k 提供相应的建议值，然后让决策者 E_k 根据 $\tilde{H}_i^k$ 的范围对决策信息进行调整。

步骤 5：检验群体是否已达成共识。如果群体共识度仍未满足群决策问题的要求，则检查其修改后的决策信息 $\tilde{H}_i^k$ 是否已达到临界值。如果 $\tilde{H}_i^k = \tilde{H}_i^{kL}$ 或者 $\tilde{H}_i^k = \tilde{H}_i^{kU}$，则将 H_i^k 的值设定为不需要再进一步调整的固定值，并重新构建模型 3.3.1 为：

$$\min B = \sum_{k=1, k \neq k}^{K} \sum_{i=1}^{n} | U_i^k - \tilde{U}_i^k |$$

$$\text{s.t.} \quad \frac{1}{n \cdot K \cdot (K-1)} \sum_{i=1}^{n} \sum_{(k,g) \in K} | \tilde{U}_i^k - \tilde{U}_i^g | \leqslant \overline{G}$$

然后，进入步骤 1；否则，进入步骤 4。如果群体共识度已满足群决策问题的要求，则结束反馈机制的调整过程。

需要注意的是，在某些情况下，可能会出现经过反馈机制几轮调整之后，决策群体仍无法达到可接受的共识程度的情况，而决策者们修正后的犹豫模糊语言术语集 $\tilde{H}_i^k$ 均已达到临界值，这意味着决策者们都不愿意再进一步修改他们的决策信息。此时，我们认为基于目前决策者给出的犹豫模糊语言决策矩阵，该群体无法达成共识。因此，决策者们需要对决策问题进行重新评估，并提供新的决策信息。

此外，还需要注意的是，本节所提出的反馈机制完全尊重每个决策者的意见，并允许群体无法达成共识的情况存在。当群体暂时无法达成共识的时候，决策者应当重新考虑决策问题，而不是仍然根据当前的评价信息急于达成共识。这既提高了共识达成过程的可靠性，又保证了决策者对决策问题进行更全面的分析。

当决策群体达成共识后，可以将每个决策者对方案 A_i 的感知效用值集成，获得群体对该方案的感知效用 $\hat{U}_i = \sum_{k=1}^{K} w_k \cdot \tilde{U}_i^k$。其中，$w_k$ 表示决策者 E_k 的权重。根据每个备选方案的群体感知效用值，我们可以获得群决策问题中的最优方案。

最后，基于后悔理论的共识决策方法的流程可被归纳为：

算法 3.3.2 基于后悔理论的共识决策方法。

输入：决策者评价备选方案的犹豫模糊语言决策矩阵，决策者的权重，非共识度阈值。

输出：备选方案的最终排序。

步骤 1：基于犹豫模糊语言决策矩阵，根据第 3.3.3 节中的方法计算备选方案的感知效用值。

步骤 2：将步骤 1 中所获得的备选方案的感知效用值代入基于后悔理论的群体共识测算方法，通过计算群体非共识度来检验群体是否已达成满意的共识度。若群体非共识度大于非共识度指标阈值 $\overline{NG}$，则进入步骤 3；否则，转到步骤 4。

步骤 3：将步骤 1 所获得的备选方案的感知效用值代入算法 3.3.1 中进行调整。返回步骤 1。

步骤 4：计算群体对每个备选方案的综合感知效用值，并依此对方案择优排序。结束本算法。

3.3.5 讨论分析

基于以上各小节的介绍和分析，本节将设计仿真实验讨论：①效用函数中风险规避指数 λ 的取值对方案效用值的影响；②后悔—欣喜函数中后悔规避指数 δ 的取值对备选方案后悔—欣喜值的影响；③验证第 3.3.4 节中基于后悔理论的群体共识决策方法的有效性。

仿真实验 3.3.1

第 3.3.3 节中描述了 λ 是效用函数中的控制参数。λ 的不同取值代表决策者面临风险时不同的决策态度。本实验将 λ 的值分别设置为：$\lambda = 0.2$，$\lambda = 0.33$，$\lambda = 1$。$\lambda = 0.2$ 表示决策者极其风险规避，$\lambda = 0.33$ 表示决策者一般风险规避，$\lambda = 1$ 表示决策者无风险规避。考虑到 $(1-\rho) \cdot \zeta$ 的范围位于区间 $[-1, 1]$，令 $(1-\rho) \cdot \zeta$ 以步长为 0.2 的规律从 -1 增加到 1，然后通过公式 (3.33) 计算备选方案的正效用值（本实验中仅以正理想解为参照），观察在 λ 取值不同的情况下，备选方案正效用值的变化。实验结果如图 3-4 所示。

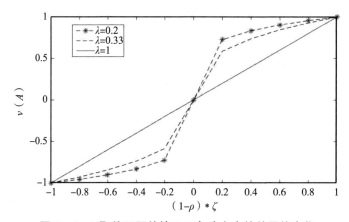

图 3-4 λ 取值不同的情况下备选方案的效用值变化

由图 3-4 可知，备选方案的正效用值总是随着 $(1-\rho) \cdot \zeta$ 的增加而增加。因为 ρ 恒大于等于 1，所以当 $\zeta \geq 0$ 时，$(1-\rho) \cdot$

$\zeta \geqslant 0$；当 $\zeta \leqslant 0$ 时，$(1-\rho) \cdot \zeta \leqslant 0$。当 $(1-\rho) \cdot \zeta$ 的取值在区间 $[0, 1]$ 上时，$\lambda = 0.2$ 所对应的备选方案的正效用值曲线最高，$\lambda = 0.33$ 所对应的正效用值曲线位于中间，$\lambda = 1$ 所对应的正效用值曲线最低。这表明，在决策者对某方案的评价值与理想解正相关的情况下，当决策者面临的风险较低时，倾向于风险规避的决策者所获得的方案效用值高于无风险规避的决策者所获得的方案效用值。然而，当 $(1-\rho) \cdot \zeta$ 的取值位于区间 $[-1, 0]$ 时，我们可以看到相反的规律。也就是说，在决策者对于某方案的评价值与理想解负相关的情况下，即决策者面临的风险较高时，无风险规避的决策者所获得的方案效用值会高于风险规避的决策者所获得的方案效用值。

仿真实验 3.3.2

由于参数 δ 是后悔—欣喜函数中的关键元素，δ 的不同取值代表决策者对产生后悔情绪的不同态度。因此，本实验的目的是讨论分析当 δ 的取值不同时，备选方案的后悔—欣喜值的变化。我们令 Δv_1 以步长 0.2 的规律从 -2 增加到 0，同时令 Δv_2 以步长 0.2 的规律从 0 增加到 2，然后将 δ 的值分别设置为：$\delta = 0.1$，$\delta = 0.2$，$\delta = 0.3$，$\delta = 0.5$。相应地，可以得到后悔—欣喜函数的曲线图，如图 3 - 5 所示。

由图 3 - 5 可知，随着 Δv_1 和 Δv_2 的增加，决策者对于备选方案的后悔—欣喜值都会逐渐增加。δ 的取值越大，其所对应的后悔—欣喜函数曲线的斜率越大。也就是说，δ 的取值越大，决策者对备选方案的后悔—欣喜值起伏越大，也就是说，决策者越容易对其决策结果产生后悔或者欣喜的情绪。因此，当决策者对所

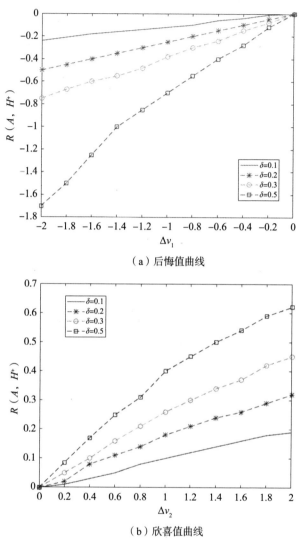

（a）后悔值曲线

（b）欣喜值曲线

图 3 – 5　δ 取值不同的情况下的后悔—欣喜函数曲线

选择的方案可能产生后悔心理，即 $\Delta v_1 < 0$ 时，决策者在做决策时会更加谨慎。在这种情况下，当 δ 的值越大时，备选方案与正理想解对比产生的后悔值越小。相反，当决策者对所选择的方案

可能产生欣喜情绪，即 $\Delta v_2 > 0$ 时，备选方案与负理想解对比产生的欣喜值越大。此外，可以从图 3-5（a）中观察到，后悔值的范围为 $-1.7 \sim 0$。同样，从图 3-5（b）中可知，欣喜值的范围为 $0 \sim 0.6$。根据这些曲线的斜率，决策者在 $\Delta v_1 < 0$ 时比 $\Delta v_2 > 0$ 时更加敏感，这表明一般来说，相比于欣喜情绪决策者在决策过程中更容易产生后悔心理。

仿真实验 3.3.3

为了证明基于后悔理论的共识决策方法的有效性，我们设计了仿真实验。

步骤1：确定参与决策的决策者数量 K（$K \geq 3$），备选方案的数量 n（$n \geq 3$），以及评价属性的数量 $m = 5$。设置可接受的群体非共识度阈值为 $\overline{NG} = 0.5$，风险规避指数为 $\lambda = 0.2$，后悔规避指数为 $\delta = 0.3$。

步骤2：随机生成 K 个犹豫模糊语言决策矩阵，包含 n 行和 m 列，表示 K 个决策者在 m 个属性下对 n 个备选方案的评价值。

步骤3：将决策者可接受的修改范围设置为：$d = s_1$，$d = s_2$，$d = s_3$。将这三个值分别引入算法 3.3.2，计算决策群体的非共识度 NG。为了不失一般性，本实验将所有决策者的可接受修改范围设置为相同的值。

步骤4：重复以上随机过程 1 000 次，记录所有犹豫模糊语言决策矩阵的群体非共识度的平均值。

步骤5：令 K 的值和 n 的值分别从 3 增加到 10，重复步骤 1~4，记录不同 K 值和 n 值下群体非共识度的平均值。

图 3-6 表示了在不同可接受的修改范围的设置下，随着决

策者数量和备选方案个数的改变，群体非共识度的变化趋势。

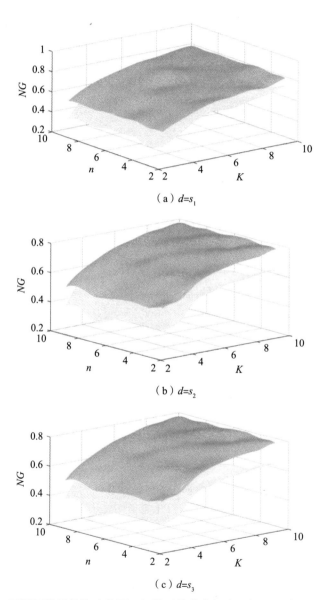

（a）$d=s_1$

（b）$d=s_2$

（c）$d=s_3$

图 3-6　不同可接受的修改范围下初始群体非共识度和修正后的群体非共识度

由图3-6可以得出以下结论：

①犹豫模糊语言决策矩阵的初始群体非共识度 NG 的值明显随着决策者数量 K 的增加而增加，说明越大的决策群体越难以达成共识。相比之下，当备选方案的数量从3增加到10时，初始群体非共识度 NG 值的变化并不明显，说明在群决策问题中，决策者数量对群体共识的影响远比备选方案的数量对群体共识的影响大。

②图3-6中位于上方的平面表示初始群体非共识度，位于下方的平面表示通过反馈机制调整后的群体非共识度。显然，位于下方的平面低于位于上方的平面，且两个平面没有发生交叉。也就是说，无论决策者数量和备选方案怎样变化，算法3.3.1中的反馈机制能够明显降低非共识度，帮助决策群体达成可接受的共识。

③随着可接受的修改范围 d 值的增加，图3-6中位于下方的平面逐渐降低。因为 d 的值越大，表示决策者的初始决策信息被修改得越多。这表明当决策者之间出现意见冲突时，愿意妥协的决策者群体容易达成更高的共识水平。

3.3.6 结论

本节在犹豫模糊语言环境下，提出了一种基于后悔理论的共识决策方法。具体包括以群体非共识度为指标的共识检验方法和充分尊重决策者意愿的交互式反馈机制。该方法具有以下特征。

第一，对后悔理论的研究表明，决策者倾向于选择可能使其后悔程度最低的备选方案。与现有研究结果一致，该共识决策方法基于后悔理论定义了群体非共识度指标，进一步提高了群体共识的合理性和参考价值。

第二，通过将犹豫模糊语言术语集的相关系数引入后悔理论，建立了备选方案的效用函数。由于实际应用中犹豫模糊语言元素通常不具有相同的长度，本方法改进了其相关系数的计算公式，使得计算过程中不需要再向较短的犹豫模糊语言元素中添加虚拟语言元素，从而保留了更多的初始决策信息。此外，本方法改进了计算相关系数犹豫度的公式，克服了其存在的缺陷。

第三，与传统后悔—欣喜函数不同，本方法将犹豫模糊语言决策矩阵的正、负理想解作为参照点，后悔函数定义为每个备选方案与正理想解的效用值之差，欣喜函数定义为每个备选方案与负理想解的效用值之差。基于此定义，决策者不需要对备选方案进行两两比较，因此显著降低了计算过程的复杂性。

第四，本方法中的反馈机制考虑了决策者修改初始决策信息的意愿，即决策者可以接受的修改程度。决策者可以根据反馈机制生成的建议值，在可接受的范围内调整自己的决策信息。该反馈机制允许群体存在无法达成共识的情况。

在构建共识决策方法的基础上，本节还设计了仿真实验分析、检验了风险规避指标 λ 的取值对方案效用值的影响，以及后悔规避指标 δ 的取值对后悔—欣喜值的影响。此外，本节所设计的仿真实验证明了该模型的有效性。

3.4　算例分析

3.4.1　医疗应急预案选择问题的算例分析

由于优质医疗资源的缺乏、医疗机构分布不合理等因素，现有的医疗服务水平无法满足人民日益增长的医疗需求。城市医院往往挤满了大量病人，不仅为就诊带来了不便，增加了医疗的成本，更使传统的医疗服务系统面临着海量数据处理的巨大压力（杨爱萍，2015；李向伶等，2019）。此外，医疗诊断信息的不完整使得医疗决策中充满了复杂性和不确定性。面对资源紧缺、时间紧迫的压力，如何在有限的时间内提高医疗质量和效率一直是医学界的重要研究课题之一。医疗决策支持系统能够快速、有效地利用已有的信息为医学诊断、治疗做出科学的决策建议，它的开发和合理应用显得刻不容缓。目前，国内外专家学者对医疗决策支持系统进行了深入的研究，采用数据挖掘和机器学习的方法来构建系统，利用在线分析、数据分类、可视化工具等处理海量数据，从而支持医疗诊断、应急方案选择等医疗管理事务（Forgionne & Kohli，1996；Poon，2015；Samuel et al.，2017；Westbrook & Baysari，2019；Vinks et al.，2020）。

医疗决策支持系统的包含四层：数据获取层、数据存储层、数据处理层及数据访问层。

数据获取层：医疗决策支持系统的源数据包括临床信息、药物信息、患者信息和其他外部数据，必须先对源数据进行分类并在数据获取层中提取，再存储到数据库中。

数据存储层：根据特定问题的需求，应在数据存储层中识别支持相应决策过程所需的数据。

数据处理层：作为医疗决策支持系统的关键模块，数据处理层为用户提供了一系列决策方法和算法来处理这些数据。

数据访问层：作为人机交互工具的数据访问层可以接收用户的评估信息，并将最终决策结果反馈给他们。

然而，已有的文献对于医疗决策支持系统的研究主要集中在对数据的处理，而改善医院效率和竞争力的另一个关键是有效辅助医疗决策。因此，结合不确定决策方法、构建医疗决策支持系统以实现资源共享、辅助医疗管理成为智慧医疗的重要内容。本算例的目标是模拟 2013 年 H7N9 型禽流感病毒暴发的应急方案选择过程，采用第 3.2 节中介绍的信任度引导的反馈式共识决策模型来实现应急预案选择，为将该方法应用到医疗决策支持系统提供理论基础。

2013 年 3 月至 12 月，H7N9 型禽流感病毒引起的疫情在中国暴发。该病毒引起的急性呼吸道传染病会导致患者体温持续超过 39℃、呼吸困难等。疫情暴发后，为了尽可能减少对公共卫生的损害，医院需要选择并实施合适的应急预案以控制流行病的传播。假设该流感病毒引起的疫情应急处理相应有下列三个备选方案 [记为 A_i（$i=1$，2，3）]。

A_1：在研制出能有效治疗禽流感的药品之前，让一部分医务人员成立一个专门的工作组来照顾已确诊的患者，以便进一步观察。

A_2：利用所有医疗资源来治疗已确诊的患者，并组织专家立即开展流行病学调查。

A_3：立即将已确诊的患者和疑似患者转移到疾病中心进行治疗，并采取大规模的预防和控制措施。

现有 8 位医疗专家〔记为 $E_k(k=1, 2, \cdots, 8)$〕被邀请参加应急方案的选择。考虑到专家的不同经历、认知水平等综合因素，使用犹豫模糊语言信息可以帮助专家合理有效地描述非精确的现象和事物。因此，在本算例中，专家通过犹豫模糊语言偏好信息来表示其决策信息。专家给出的犹豫模糊语言偏好关系如表 3 - 2 所示。

表 3 - 2 专家给出的犹豫模糊语言偏好关系

专家	备选方案	A_1	A_2	A_3
E_1	A_1	$\{s_0\}$	$\{s_1, s_2, s_3\}$	$\{s_0, s_1\}$
	A_2		$\{s_0\}$	$\{s_{-2}, s_{-1}\}$
	A_3			$\{s_0\}$
E_2	A_1	$\{s_0\}$	$\{s_2, s_3\}$	$\{s_1, s_2\}$
	A_2		$\{s_0\}$	$\{s_{-1}\}$
	A_3			$\{s_0\}$
E_3	A_1	$\{s_0\}$	$\{s_0, s_1\}$	$\{s_{-2}\}$
	A_2		$\{s_0\}$	$\{s_{-2}, s_{-1}\}$
	A_3			$\{s_0\}$

续表

专家	备选方案	A_1	A_2	A_3
E_4	A_1	$\{s_0\}$	$\{s_1, s_2\}$	$\{s_0\}$
	A_2		$\{s_0\}$	$\{s_{-1}, s_0\}$
	A_3			$\{s_0\}$
E_5	A_1	$\{s_0\}$	$\{s_{-1}, s_0\}$	$\{s_1, s_2\}$
	A_2		$\{s_0\}$	$\{s_3\}$
	A_3			$\{s_0\}$
E_6	A_1	$\{s_0\}$	$\{s_1, s_2\}$	$\{s_1, s_2\}$
	A_2		$\{s_0\}$	$\{s_0\}$
	A_3			$\{s_0\}$
E_7	A_1	$\{s_0\}$	$\{s_2, s_3\}$	$\{s_0, s_1, s_2\}$
	A_2		$\{s_0\}$	$\{s_{-1}, s_0\}$
	A_3			$\{s_0\}$
E_8	A_1	$\{s_0\}$	$\{s_1, s_2, s_3\}$	$\{s_0, s_1\}$
	A_2		$\{s_0\}$	$\{s_0\}$
	A_3			$\{s_0\}$

经过专家组的讨论，群体满意度阈值和控制参数 δ 的值分别设定为：$\overline{SD} = 0.4$，$\delta = 0.5$。然后，通过公式（3.17）可以计算出每位专家给出的偏好关系的满意度指标，如表 3 – 3 所示。

表 3 – 3　　　　　　　专家给出的偏好关系的满意度指标

E_k	E_1	E_2	E_3	E_4	E_5	E_6	E_7	E_8
ci^k	0.42	0.40	0.41	0.44	0.40	0.44	0.41	0.42
cr^k	0.41	0.40	0.34	0.41	0.30	0.41	0.41	0.41
SD_k	0.42	0.40	0.38	0.43	0.35	0.43	0.41	0.415

由表 3-3 可知，群体共识满意度为 $SD = \min\{SD_k\} = 0.35$。显然，该决策群体未能达成可接受的群体共识水平，即 $SD \leqslant \overline{SD}$。这是由于专家 E_3 和专家 E_5 的偏好关系的满意度都没有达到群体满意度阈值。因此，我们采用算法 3.2.1 来提高决策者给出的偏好信息的满意度指标。

首先，构建专家的信任度矩阵，以确认专家 E_3 和专家 E_5 与其他专家之间的信任关系，如图 3-7 所示。

$$T = \begin{array}{c} \\ E_3 \\ E_5 \end{array} \begin{array}{cccccccc} E_1 & E_2 & E_3 & E_4 & E_5 & E_6 & E_7 & E_8 \\ \left(\begin{array}{cccccccc} 0.43 & 0.39 & 0.50 & 0.43 & 0.33 & 0.39 & 0.39 & 0.41 \\ 0.35 & 0.37 & 0.33 & 0.37 & 0.50 & 0.41 & 0.37 & 0.37 \end{array}\right) \end{array}$$

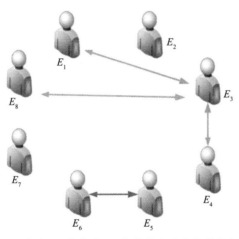

图 3-7　专家 E_3 和专家 E_5 与其他专家之间的信任关系

由图 3-7 可知，专家 E_3 与其他三位专家之间存在信任关系，分别是专家 E_1，E_4 和 E_8。专家 E_5 只与专家 E_6 存在信任关系。

然后,将专家 E_3 和专家 E_5 的犹豫模糊语言偏好关系代入模型 3.2.1 中求解,识别出其中进行修正的偏好信息,并利用信任度引导的反馈机制为这两位专家提供修改的建议值,如表 3-4 所示。

表 3-4　　　反馈机制为专家 E_3 和专家 E_5 提供的建议值

专家	需要修正的偏好值	初始值	建议值	
			第一轮	第二轮
E_3	r_{13}^3	$\{s_{-2}\}$	$\{s_{-1.33}\}$	$\{s_{-1.34}\}$
	r_{23}^3	$\{s_{-2}, s_{-1}\}$	$\{s_{-1.5}\}$	$\{s_{-1.5}\}$
E_5	r_{12}^5	$\{s_{-2}, s_{-1}\}$	$\{s_{0.1}\}$	$\{s_{0.5}\}$
	r_{23}^5	$\{s_3\}$	$\{s_{2.1}\}$	$\{s_{1.68}\}$

我们可以从表 3-4 中看到,专家 E_3 需要稍微增加 r_{13}^3 和 r_{23}^3 的值,专家 E_5 需要增加 r_{12}^5 的值并大幅度减小 r_{23}^5 的值。这两位专家都被建议根据反馈机制提供的建议值来修正自己的初始偏好信息。通过重新考虑该决策问题和备选方案,专家 E_3 和专家 E_5 给出了新的犹豫模糊语言偏好关系,如表 3-5 所示。

表 3-5　　　专家 E_3 和专家 E_5 修正的犹豫模糊语言偏好关系

专家	备选方案	A_1	A_2	A_3
E_3	A_1	$\{s_0\}$	$\{s_0, s_1\}$	$\{s_{-1}\}$
	A_2		$\{s_0\}$	$\{s_{-2}, s_{-1}\}$
	A_3			$\{s_0\}$
E_5	A_1	$\{s_0\}$	$\{s_0, s_1\}$	$\{s_1, s_2\}$
	A_2		$\{s_0\}$	$\{s_1, s_2\}$
	A_3			$\{s_0\}$

接着，重新计算每位专家给出的偏好关系的满意度指标，如表 3 - 6 所示。

表 3 - 6　　　修正后的犹豫模糊语言偏好关系的满意度指标

E_k	E_1	E_2	E_3	E_4	E_5	E_6	E_7	E_8
ci^k	0.417	0.396	0.447	0.442	0.419	0.438	0.414	0.421
cr^k	0.425	0.421	0.39	0.43	0.373	0.429	0.429	0.427
SD_k	0.421	0.407	0.418	0.436	0.40	0.433	0.422	0.424

此时，群体满意度指标为 $SD = \min\{SD_k\} = 0.40$，意味着该决策群体已达成可接受的共识水平。基于此，可以根据专家的偏好关系的一致性指标，计算专家的权重向量：

$$v = (0.084, 0.067, 0.074, 0.36, 0.061, 0.148, 0.094, 0.112)^T$$

最后，将所有的犹豫模糊语言偏好关系集成，得到以下综合犹豫模糊语言偏好关系。

由表 3 - 7 可知，三个应急方案的最终排序为 $A_1 > A_3 > A_2$，这意味着应急方案 A_1 是最优方案。当疫情大规模暴发时，大量的医护人员需要参与挽救患者、抗击疫情的工作，因此应急方案 A_2 似乎是最合理的。但是，该应急方案中存在一个潜在的问题，如果医护人员无意中感染甚至在感染后死亡，此后公共卫生状况会变得更加糟糕。因此，在疫情得到控制之前，应急方案 A_1 建议医院只分配一部分医护人员成立专门的救治小组，将感染病毒的患者进行隔离治疗，防止医护人员和患者发生交叉感染。考虑到这个特殊时期，在短时间内无法将所有疑似感染的患者都转移到疾控中心，这决定了应急方案 A_3 不能成为疫情暴发后的最优应急方案。

表 3 – 7   综合犹豫模糊语言偏好关系

备选方案	A_1	A_2	A_3
A_1	$\{s_0, s_0, s_0\}$	$\{s_{1.03}, s_{1.62}, s_{2.22}\}$	$\{s_{0.2}, s_{0.57}, s_{0.94}\}$
A_2		$\{s_0, s_0, s_0\}$	$\{s_{-0.78}, s_{-0.44}, s_{-0.1}\}$
A_3			$\{s_0, s_0, s_0\}$

（1）对比分析

共识模型中还有其他一些有效的反馈机制，如传统的推荐机制（Liu et al.，2017）、退出—代表机制（Xu et al.，2015；Alonso et al.，2013）等。接下来，我们将把以上三种反馈机制应用于共识模型以处理犹豫模糊语言偏好关系的群体决策问题。为了进一步说明信任度引导的反馈机制的有效性和适用性，我们对这些推荐机制进行了比较分析。

①与传统推荐机制对比分析。

传统推荐机制是一种解决群决策问题的有效方法（Liu et al.，2017）。在传统推荐机制中，通过参考除了满意度指标没有达到阈值的决策者之外其他所有决策者的偏好信息，为该决策者生成修正建议值。于是，相应的修正建议值可以通过下列公式计算：

$$t_{ij}^k = 2 \cdot \bigoplus_{s=1}^{L} ((1-\mu)(\bar{r}_{ij}^k)^{\sigma(s)} \oplus \mu(\tilde{r}_{ij}^k)^{\sigma(s)})$$

其中，$(\tilde{r}_{ij}^k)^{\sigma(s)} = \bigoplus_{g=1, g \neq k}^{K} (\bar{r}_{ij}^g)^{\sigma(s)}$。

　　对于同样的应急方案选择问题的算例，将控制参数 μ 的值设置为 $\mu = 0.3$。可以分别得到经过传统推荐机制和信任度引导的反馈机制处理之后的偏好关系的满意度。结果如表 3-8 所示。

表 3-8　两种反馈机制处理之后的犹豫模糊语言偏好关系的满意度

项目	E_1	E_2	E_3	E_4	E_5	E_6	E_7	E_8
原始满意度指标	0.415	0.40	0.38	0.43	0.35	0.43	0.41	0.415
传统推荐机制	0.426	0.419	0.44	0.44	0.42	0.44	0.43	0.43
信任度引导的反馈机制	0.421	0.407	0.418	0.436	0.40	0.433	0.422	0.424

　　基于表 3-8 中的数据，绘制图 3-8 以更加直观地展示经过不同推荐机制处理后，偏好关系的满意度指标的对比。

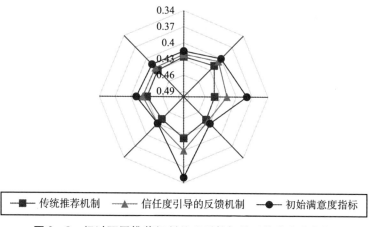

图 3-8　经过不同推荐机制处理后偏好关系的满意度指标

　　我们可以很容易地看到，这两种反馈机制都可以帮助专家达成群体共识。但是，经过信任度引导的反馈机制处理后的偏好关系的满意度大于传统推荐机制处理后偏好关系的满意度，这表明前者对偏好信息的调整幅度小于后者。

②与退出—代表机制对比分析。

退出—代表机制是要求满意度指标最低的决策者退出决策过程（Xu et al.，2015；Alonso et al.，2013）。而退出的决策者可以赋予其他专家以信任权重，这保证了已退出的决策者仍然可以对决策结果产生一定的影响。我们将两种不同的退出—代表机制应用到该群决策问题中，来获得应急方案的排序。

退出—代表机制 1。在退出—代表机制（Xu et al.，2015）中，若决策者 E_k 需要退出群决策，则决策者 E_k 与其他所有决策者所给出的偏好关系之间的距离可由下列公式计算：

$$d^{kg} = \sqrt{\sum_{s=1}^{L} \sum_{i=1}^{n} \sum_{j=1, j\neq i}^{n} f^2\left(\left(\bar{r}_{ij}^{k}\right)^{\sigma(s)} \ominus \left(\bar{r}_{ij}^{g}\right)^{\sigma(s)}\right)}$$

其中，$\bar{r}_{ij}^{k}$ 和 $\bar{r}_{ij}^{g}$ 分别是决策者 E_k 和 E_g（$k \neq g$）给出的标准化评价值。d^{kg} 的值越小，表示决策者 E_k 和 E_g 给出的评价信息越相似。

对于上述应急方案选择问题的算例，决策者 E_5 在第一轮共识度检验之后退出群决策。那么，决策者 E_5 和其他所有决策者的偏好关系之间的距离为：

$$d^{15} = 6.46, \quad d^{25} = 6.12, \quad d^{35} = 7.12, \quad d^{45} = 5.32, \quad d^{56} = 4.42,$$
$$d^{57} = 5.72, \quad d^{58} = 4.96$$

基于与其他所有决策者的偏好关系之间的距离值，对其他所有决策者分配决策者 E_5 的权重 $t_{kg} \in [0, 1]$，满足 $\sum_{k=1, k\neq g}^{K} t_{kg} = 1$。

$t_{15}=0$，$t_{25}=0$，$t_{35}=0$，$t_{45}=0.2$，$t_{56}=0.4$，$t_{57}=0$，$t_{58}=0.4$

然后，决策者 E_4、E_6、E_8 的权重依次更新为：

$$\tilde{v}_4 = v_4 + v_5 \cdot t_{45} = 0.372，\quad \tilde{v}_6 = v_6 + v_5 \cdot t_{56} = 0.173，$$

$$\tilde{v}_8 = v_8 + v_5 \cdot t_{58} = 0.136$$

基于更新后的专家权重向量，将所有的犹豫模糊语言偏好关系集成，得到综合犹豫模糊语言偏好关系，如表 3 - 9 所示。

表 3 - 9　　　　　　　　综合犹豫模糊语言偏好关系

备选方案	A_1	A_2	A_3
A_1	$\{s_0，s_0，s_0\}$	$\{s_{1.09}，s_{1.68}，s_{2.3}\}$	$\{s_{0.092}，s_{0.416}，s_{0.74}\}$
A_2		$\{s_0，s_0，s_0\}$	$\{s_{-0.85}，s_{-0.54}，s_{-0.23}\}$
A_3			$\{s_0，s_0，s_0\}$

由表 3 - 9 可知，通过该退出—代表机制处理后，得到最终备选方案排序为：$A_1 > A_3 > A_2$。

退出—代表机制 2。基于语言术语集 TS，该退出—代表机制（Alonso et al.，2013）允许决策者通过语音术语来给出他/她对其他决策者的信任评估。

$TS = \{ts_{-3}$：完全不信任，ts_{-2}：高度不信任，ts_{-1}：不太信任，

ts_0：中立，ts_1：有点信任，ts_2：高度信任，ts_3：完全信任$\}$

在本算例中，决策者 E_5 认为专家 E_1、E_2、E_3 是值得信任的，而决策者 E_6 不值得信任。因此，决策者给出对其他决策者的信任评估如下：

$t_1^5 = ts_1$，$t_2^5 = ts_1$，$t_3^5 = ts_2$，$t_4^5 = ts_0$，$t_6^5 = ts_{-2}$，$t_7^5 = ts_0$，$t_8^5 = ts_0$

对于任意 $t_g^5 \neq t s_0$，决策者 E_g 的权重的增量可由下列公式计算：

$$\Delta v_g = v_k \cdot \left(\frac{I(t_g^k)}{\sum\limits_{g=1}^{K} |I(t_g^k)|} \right)$$

需要注意的是，退出—代表机制 2 提出如果每位决策者的偏好信息都被认为是同等重要的，那么所有的信任权重将被初始化为 1，即 $v_k = 1$。因此，在退出—代表机制 2 中，决策者的初始权重向量需要被转换为：

$$v = (0.672, \ 0.536, \ 0.592, \ 2.88, \ 0.488, \ 1.184, \ 0.752, \ 0.896)^T$$

当决策者 E_5 退出决策后，基于他/她给出的信任评估，计算更新后的决策者权重向量：

$$\tilde{v}_1 = v_1 + \Delta v_1 = 0.753, \quad \tilde{v}_2 = v_2 + \Delta v_2 = 0.617,$$

$$\tilde{v}_3 = v_3 + \Delta v_3 = 0.717, \quad \tilde{v}_6 = v_6 + \Delta v_6 = 1.059$$

最后，通过以下公式将剩下的所有犹豫模糊语言偏好关系集成，得到综合的犹豫模糊语言偏好关系，如表 3 – 10 所示。

$$(R_{ij}^c)^{\sigma(s)} = K \cdot \left(\frac{\bigoplus\limits_{k=1}^{K} v_k \cdot (R_{ij}^k)^{\sigma(s)}}{\sum\limits_{k=1}^{K} v_k} \right)$$

表 3 – 10 综合犹豫模糊语言偏好关系

备选方案	A_1	A_2	A_3
A_1	$\{s_0, \ s_0, \ s_0\}$	$\{s_{1.095}, \ s_{1.705}, \ s_{2.315}\}$	$\{s_{0.05}, \ s_{0.37}, \ s_{0.69}\}$
A_2		$\{s_0, \ s_0, \ s_0\}$	$\{s_{-0.925}, \ s_{-0.595}, \ s_{-0.265}\}$
A_3			$\{s_0, \ s_0, \ s_0\}$

由表 3 – 10 可知，通过退出—代表机制 2 处理后，得到的最

终方案排序为：$A_1 > A_3 > A_2$。这与退出—代表机制 1 处理后得到的结果一致。但是，退出—代表机制 2 允许决策者用语言术语表达自己对其他决策者的信任程度，尊重了决策者的主观意愿，并能有效区分不信任的决策者和不相关的决策者。

（2）仿真实验分析

考虑到从单一算例中获得的比较结果可能会容易受到数据随机性的影响，因此我们设计了一个仿真实验来模拟该共识决策过程，从而更加客观地对以上三种反馈机制进行对比分析。该仿真实验的步骤简要归纳如下：

步骤 1：确定参与决策的决策者数量 K（$K \geqslant 3$），备选方案的数量 n（$n \geqslant 3$）。设置群体共识满意度阈值为 $\overline{SD} = 0.4$，满意度函数中的控制参数 $\delta = 0.5$。

步骤 2：随机生成 K 个 n 阶犹豫模糊语言偏好关系。

步骤 3：将信任度引导的反馈机制、传统推荐机制及退出—代表机制分别引入第 3.2.4 节中的共识决策模型，计算初始群体满意度和修正后的群体满意度。

步骤 4：重复上述随机过程 1 000 次，记录不同的 K 值和 n 值所对应的群体共识度。

实验结果如图 3 - 9 所示。

图 3 - 9 中，最下层的平面表示初始群体满意度的值，最上方的平面表示退出—代表机制处理后得到的群体满意度的值，第二层的平面表示传统推荐机制处理后得到的群体满意度的值，第三层的平面表示信任度引导的推荐机制处理后得到的群体满意度的值，且任意平面都没有发生交叉。由此可以看出，三种反馈机

制都能帮助群体达成可接受的共识水平，即 $SD \geqslant \overline{SD}$。无论决策者的数量和备选方案的数量如何变化，退出—代表机制对应的群体满意度的值总是最高的，而信任度引导的推荐机制所对应的群体满意度值相对最低。

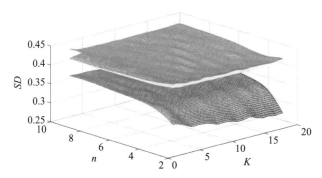

图 3 - 9   初始群体满意度和不同反馈机制修正后的群体满意度

此外，为了比较三种反馈机制的适用性和运行效率，我们进一步测试了群体达成可接受的群体共识水平时，分别经过了三种反馈机制的几轮修正。在本实验中，将决策者的数量设置为 $K = 30$，备选方案数量为 $n = 5$，满意度函数中的控制参数为 $\delta = 0.5$。将三种反馈机制分别引入第 3.2.4 节中的共识决策模型，重复以上随机过程 1 000 次，分别记录群体满意度达到阈值时三种反馈机制的平均调整次数。实验结果如图 3 - 10 所示。

基于以上实验，我们可以得出如下结论：

第一，面对包含五个备选方案和 30 个决策者的群决策问题，以上三种反馈机制都能帮助决策群体在经过一轮调整后达成可接受的共识水平，即在此实验中三种反馈机制的效率基本相同。而信任度引导的反馈机制可以在提高群体满意度的同时，保留更多的初始评价信息。

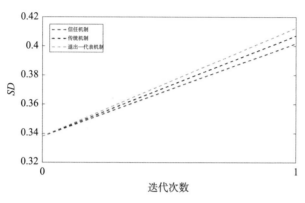

图 3 – 10　群体满意度的变化趋势

第二，由于传统的推荐机制会迫使满意度最低的决策者接受其他所有决策者的建议，导致该决策者在调整过程中不得不大幅修改初始评价信息。相较之下，信任度引导的反馈机制只采纳可信赖决策者的建议，而忽略了不可信赖决策者的偏好信息，这不仅在一定程度上增加了决策者调整其偏好信息的意愿，还让共识调整过程变得更加合理。

第三，为了提高群体的共识水平，退出—代表机制直接丢弃了持不同意见的决策者的评估值。尽管被要求退出的决策者可以通过分配权重的方式保留一点对决策结果的影响，但是退出—代表机制仍然会造成初始决策信息的严重丢失。此外，每位受邀参与决策的决策者都具有深厚的专业背景和知识水平，因此，他/她提供的评价信息需要在决策过程中加以考虑。因此，让满意度最低的决策者退出来帮助群体组达成更高的共识是不合理的。

以上对比分析和讨论，说明了信任度引导的反馈机制在提高群体共识中的合理性和适用性。

3.4.2　医疗投资选择问题的算例分析

近年来，随着全民理财意识的觉醒及互联网金融的兴起，给金融行业带来了新的机遇和挑战。随着中国人口的增长和老龄化趋势，人们对疾病预防、个性化医疗服务的需求越来越大，催生了医疗产业的创新产品和服务模式不断涌现，医疗健康行业已成为经济中越来越重要的组成部分，为投资者带来了积极的回报。《2018 年中国新经济创投白皮书》总结了 2014～2018 年度中国医疗健康行业的投融资情况，如图 3−11 所示。

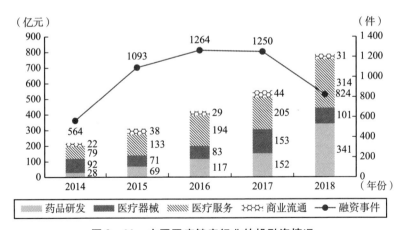

图 3−11　中国医疗健康行业的投融资情况

从图 3 – 11 可以看出，从融资事件的角度看，2014 年医疗健康行业的融资热度显著上涨，2015 ~ 2017 年趋于平稳，增幅较小，2018 年融资事件的数量为 824 起，降幅较大。而中国医疗健康行业的融资金额则持续上升：2014 年国内投资总额为 212 亿元，2017 年达到 787 亿元。2018 年，药品研发和医疗服务成为医疗健康行业风险投资增长最快的两个领域，分别达到 341 亿元和 314 亿元。但是，风险投资和回报之间充满了不确定性，如何正确地选择投资项目对于投资者来说至关重要。因此，本节提供一个算例，展示医疗投资选择过程并为投资者提供相应的决策支持。

本算例从医疗健康行业中选取四个公司的药品研发项目作为候选，它们是：

A_1：百济神州（北京）生物科技有限公司。2018 年，该公司在药品研发上投入了 4.79 亿美元，当年的营业收入为 19.8 亿美元。

A_2：江苏恒瑞医药股份有限公司。该公司集药品研发、生产和销售于一体，其抗肿瘤药物的销售量居国内制药公司之首，市场份额超过 12%。

A_3：上海复星医药股份有限公司。该公司将其大部分资金用于药品研发，且近年来一直在不断增加投资，从 2014 年的 6.85 亿元增加到 2018 年的 25 亿元。

A_4：中国生物制药有限公司。该公司包含两家中药和生物医学工程专业科研机构，在药品研发领域占据一席之地。

五位来自金融行业的专家被邀请来参与决策。他们需要从市场需求、预期收益、可行性、竞争力及企业经营情况五个方面来对以上四个公司的药品研发项目进行评估。不同评价指标的简要介绍如下:

①市场需求:投资者需要根据其经验和对市场的看法来分析潜在投资项目的市场前景。

②预期收益:投资者的目的是获得收益,因此预期收益反映了项目直接产生收入的能力。但需要注意的是,高预期收益通常意味着高风险。

③可行性:项目的可行性关系到项目的实际实施情况。

④竞争力:竞争力是指公司相对于其竞争对手的能力。

⑤企业经营情况:这是一个非常重要的评价指标,具体包括企业的筹资能力、市场开发能力等。

记四个公司的药品研发项目为 $\{A_i | i = 1, 2, 3, 4\}$,记以上五个评价指标为 $\{C_j | j = 1, 2, 3, 4, 5\}$,记五位决策者分别为 $\{E_k | k = 1, 2, \cdots, 5\}$。假设决策者们基于语言术语集 $S = \{s_\varphi | \varphi = -\tau, \cdots, -1, 0, 1, \cdots, \tau\}$,在评价指标下用犹豫模糊语言术语集给出他们的决策信息 H_i^k ($i = 1, 2, \cdots, 4$; $k = 1, 2, \cdots, 5$),表示决策者 E_k 在五个方案下对于备选方案 A_i 的评价信息。所有决策者的评价信息如下所示:

决策者 E_1 的评价信息:

$$H_1^1 = \{\{s_1, s_2\}, \{s_2, s_3\}, \{s_{-2}, s_{-1}\}, \{s_2\}, \{s_1, s_2\}\}$$

$$H_2^1 = \{\{s_2, s_3\}, \{s_3\}, \{s_{-2}, s_{-1}\}, \{s_0\}, \{s_2, s_3\}\}$$

$$H_3^1 = \{\{s_0, s_1, s_2\}, \{s_1, s_2\}, \{s_1, s_2\}, \{s_0\}, \{s_0, s_1\}\}$$

$$H_4^1 = \{\{s_0\}, \{s_{-1}, s_0\}, \{s_1, s_2\}, \{s_0\}, \{s_1, s_2\}\}$$

决策者 E_2 的评价信息：

$H_1^2 = \{\{s_2, s_3\}, \{s_2, s_3\}, \{s_1, s_2\}, \{s_1, s_2\}, \{s_1, s_2\}\}$

$H_2^2 = \{\{s_2\}, \{s_3\}, \{s_{-1}, s_0\}, \{s_2\}, \{s_2, s_3\}\}$

$H_3^2 = \{\{s_1, s_2\}, \{s_1, s_2\}, \{s_{-2}, s_{-1}\}, \{s_{-1}\}, \{s_0, s_1\}\}$

$H_4^2 = \{\{s_{-2}, s_{-1}\}, \{s_{-1}, s_0\}, \{s_0, s_1\}, \{s_{-1}, s_0\}, \{s_{-3}, s_{-2}\}\}$

决策者 E_3 的评价信息：

$H_1^3 = \{\{s_2, s_3\}, \{s_2, s_3\}, \{s_{-1}, s_0\}, \{s_{-1}, s_0\}, \{s_1, s_2\}\}$

$H_2^3 = \{\{s_3\}, \{s_2\}, \{s_{-1}, s_0\}, \{s_2, s_3\}, \{s_0, s_1\}\}$

$H_3^3 = \{\{s_1, s_2\}, \{s_1, s_2\}, \{s_1\}, \{s_1\}, \{s_0, s_1\}\}$

$H_4^3 = \{\{s_{-1}\}, \{s_{-1}, s_0\}, \{s_0\}, \{s_{-1}, s_0\}, \{s_{-2}, s_{-1}\}\}$

决策者 E_4 的评价信息：

$H_1^4 = \{\{s_1, s_2\}, \{s_{-1}, s_0\}, \{s_1, s_2\}, \{s_0, s_1\}, \{s_2\}\}$

$H_2^4 = \{\{s_3\}, \{s_2\}, \{s_{-1}, s_0\}, \{s_2, s_3\}, \{s_0, s_1\}\}$

$H_3^4 = \{\{s_0, s_1\}, \{s_1\}, \{s_2\}, \{s_{-2}, s_{-1}\}, \{s_0, s_1\}\}$

$H_4^4 = \{\{s_{-1}, s_0\}, \{s_{-1}\}, \{s_0\}, \{s_{-1}\}, \{s_1, s_2\}\}$

决策者 E_5 的评价信息：

$H_1^5 = \{\{s_1, s_2\}, \{s_{-3}, s_{-2}\}, \{s_0\}, \{s_{-1}, s_0\}, \{s_1, s_2\}\}$

$H_2^5 = \{\{s_1\}, \{s_3\}, \{s_{-1}\}, \{s_2\}, \{s_1, s_2\}\}$

$H_3^5 = \{\{s_0, s_1\}, \{s_1\}, \{s_1, s_2\}, \{s_0\}, \{s_0, s_1\}\}$

$H_4^5 = \{\{s_{-2}, s_{-1}\}, \{s_{-1}, s_0\}, \{s_0, s_1\}, \{s_{-1}, s_0\}, \{s_0, s_1\}\}$

基于决策者的犹豫模糊语言信息，根据公式（3.4）与公式（3.5）计算每位专家的犹豫模糊语言决策矩阵的正负理想解。

决策者 E_1：

$$H_1^+ = \{\{s_2, s_3\}, \{s_2, s_3\}, \{s_1, s_2\}, \{s_2\}, \{s_2, s_3\}\}$$

$$H_1^- = \{\{s_0\}, \{s_{-1}, s_0\}, \{s_{-2}, s_{-1}\}, \{s_0\}, \{s_0, s_1\}\}$$

决策者 E_2：

$$H_2^+ = \{\{s_2, s_3\}, \{s_3\}, \{s_1, s_2\}, \{s_2\}, \{s_2, s_3\}\}$$

$$H_2^- = \{\{s_{-2}, s_{-1}\}, \{s_{-1}, s_0\}, \{s_{-2}, s_{-1}\}, \{s_{-1}\}, \{s_{-3}, s_{-2}\}\}$$

决策者 E_3：

$$H_3^+ = \{\{s_2, s_3\}, \{s_3\}, \{s_1\}, \{s_1\}, \{s_2\}\}$$

$$H_3^- = \{\{s_{-1}\}, \{s_{-1}, s_0\}, \{s_{-2}, s_{-1}\}, \{s_{-1}, s_0\}, \{s_{-2}, s_{-1}\}\}$$

决策者 E_4：

$$H_4^+ = \{\{s_3\}, \{s_2\}, \{s_2\}, \{s_2, s_3\}, \{s_2\}\}$$

$$H_4^- = \{\{s_{-1}, s_0\}, \{s_{-1}\}, \{s_{-1}, s_0\}, \{s_{-2}, s_{-1}\}, \{s_0, s_1\}\}$$

决策者 E_5：

$$H_5^+ = \{\{s_1, s_2\}, \{s_3\}, \{s_1, s_2\}, \{s_2\}, \{s_1, s_2\}\}$$

$$H_5^- = \{\{s_{-2}, s_{-1}\}, \{s_{-3}, s_{-2}\}, \{s_{-1}\}, \{s_{-1}, s_0\}, \{s_0, s_1\}\}$$

假设效用函数中的参数值设置为 $\lambda = 0.2$，后悔—欣喜函数中的参数值设置为 $\delta = 0.3$，则每个备选方案的感知效用值可由公式（3.37）计算得出。相应的结果如表 3－11 所示。

表 3－11 相关计算结果

	$\zeta(H_i^k, H_k^+)$	$\zeta(H_i^k, H_k^-)$	$v^+(A_i^k)$	$v^-(A_i^k)$	$R(A_i^k, H_k^+)$	$R(A_i^k, H_k^-)$	U_i^l
H_1^1	0.8265	0.7477	0.9383	0.9066	−0.0187	0.0276	**0.9269**
H_2^1	0.9642	0.6659	0.9867	0.8703	−0.004	0.0382	**0.9456**
H_3^1	0.1009	−0.7080	0.4650	−0.8890	−0.1741	0.4326	**−0.0827**
H_4^1	−0.586	−0.1762	−0.8341	−0.56	−0.7336	0.3737	**−0.877**

	$\zeta(H_i^k,\ H_k^+)$	$\zeta(H_i^k,\ H_k^-)$	$v^+(A_i^k)$	$v^-(A_i^k)$	$R(A_i^k,\ H_k^+)$	$R(A_i^k,\ H_k^-)$	U_i^l
H_1^2	0.7206	0.4924	0.8960	0.7881	−0.0317	0.0616	**0.8570**
H_2^2	0.9089	0.1497	0.9685	0.5298	−0.0095	0.1316	**0.8102**
H_3^2	0.9264	0.0966	0.9750	0.4578	−0.0075	0.1501	**0.7877**
H_4^2	−0.5385	0.6504	−0.8121	0.8656	−0.7223	0.0395	**−0.3146**
H_1^3	0.9768	0.1648	0.9898	0.5482	−0.0031	0.1267	**0.8308**
H_2^3	0.9364	0.2702	0.9740	0.6422	−0.0078	0.1018	**0.8551**
H_3^3	0.5345	0.5976	0.8093	0.8430	−0.0589	0.046	**0.8197**
H_4^3	−0.4167	0.2193	−0.7467	0.6014	−0.6888	0.1127	**−0.3607**
H_1^4	0.1398	0.7585	0.5179	0.9098	−0.1556	0.0267	**0.6494**
H_2^4	0.767	−0.5203	0.9105	−0.8	−0.0272	0.4173	**0.2502**
H_3^4	−0.4385	0.4628	−0.7582	0.7708	−0.6946	0.0664	**−0.3078**
H_4^4	−0.3774	0.9429	−0.7247	0.9802	−0.6777	0.0059	**−0.2082**
H_1^5	−0.9250	0.6742	−0.9618	0.8757	−0.8013	0.0366	**−0.4254**
H_2^5	0.7498	−0.2638	0.9112	−0.6357	−0.027	0.3878	**0.3182**
H_3^5	0.0673	−0.3922	0.4065	−0.7308	−0.1949	0.4050	**−0.0571**
H_4^5	**−0.1833**	**0.5345**	**−0.5656**	**0.8119**	**−0.5995**	**0.0549**	**−0.1492**

　　决策者通过讨论后决定将群体非共识度的阈值设置为：$\overline{NG}=$ 0.45。根据公式（3.38）计算可得，该决策群体的非共识度为 $NG=0.48$。可见，$NG>\overline{NG}$，表明群体未能达成可接受的共识水平。于是，将第 3.3.4 节中的交互性反馈机制应用到决策过程中，以帮助群体达成共识。通过求解模型 3.3.1，可以识别需要专家进行调整的评价信息，如表 3 − 12 所示。

表 3 – 12　　　　　　　　　求解模型 3.3.1 所得的结果

	U_i^l	$\widetilde{U}_i^l$
H_1^5	– 0.4254	0.3022
H_4^5	– 0.1492	– 0.2082

由表 3 – 12 可知，决策者 E_5 需要增加他/她对备选方案 A_1 的感知效用值，同时减少对备选方案 A_4 的感知效用值。由于决策者 E_5 给出的可接受的修改范围值为 $d = s_2$，通过重新考虑其评价信息，决策者 E_5 给出了新的犹豫模糊语言术语集，如下所示：

$$\widetilde{H}_1^5 = \{\{s_1, s_2\}, \{s_{-1}\}, \{s_0\}, \{s_0\}, \{s_1, s_2\}\},$$

$$\widetilde{H}_4^5 = \{\{s_{-1}\}, \{s_{-1}, s_0\}, \{s_0, s_1\}, \{s_{-1}, s_0\}, \{s_1\}\}$$

根据公式（3.38）计算调整后的群体非共识度：

$$NG = \frac{1}{4 \cdot 5 \cdot (5-1)} \sum_{i=1}^{4} \sum_{(k,g) \in K} | U_i^k - U_i^g | = 0.448$$

此时，$NG < \overline{NG}$，表明决策群体已达成可接受的共识水平。

然后，为了不失一般性，本算例将决策者的权重设定为 $w = (1/5, 1/5, 1/5, 1/5, 1/5)^T$，并将所有决策者对方案的感知效用值进行集成得到群体感知效用值，并将群体感知效用值作为依据，对方案进行排序择优。结果如表 3 – 13 所示。

表 3 – 13　决策群体对四个备选方案的感知效用值及最终排序

	A_1	A_2	A_3	A_4	方案排序
$\hat{U}_i$	0.5671	0.7283	0.2294	– 0.3994	$A_2 > A_1 > A_3 > A_4$

由表 3 – 13 可知，通过专家对四个项目的全面评估，恒瑞制

药的项目排在第一位。当投资者在评估药品研发项目时，预期收益和市场需求似乎是他们最看重的两个指标。在本算例中，考虑到癌症是一种非常危险的疾病，且难以治愈，经常会导致死亡，抗肿瘤药物的开发对人类健康具有重要意义，并容易为研发公司来带巨大的收益。因此，尽管恒瑞制药的药品研发项目存在一定的风险，但投资者仍认为它是具有最高预期收益和巨大市场需求的最佳投资选择。

（1）对比分析

为了进一步验证第3.3.4节中基于后悔理论的共识决策方法的优势，我们将其他两种群决策方法应用到此算例中，并对决策结果进行了比较分析。

①与群决策方法（Liao et al.，2020）进行比较。

该群决策方法直接根据备选方案的评价值与正理想解之间的相关性系数获得方案排名，即与正理想解相关性越高，该备选方案的排名越靠前。与各种复杂的集成算子相比，这种方法不仅简化了计算流程，还能提高决策过程的效率。

基于本节算例中决策者的权重向量，可以通过下列公式计算备选方案与正理想解之间的相关性系数：

$$\varsigma(H_i) = \sum_{k=1}^{K} w_k \cdot \zeta(H_i^k, H_k^+)$$

最终的决策结果如表3-14所示。

表3-14　　　　通过该决策方法获得的方案排序

	A_1	A_2	A_3	A_4	方案排序
$\varsigma(H_i)$	0.50	0.95	0.50	-0.73	$A_2 > A_3 = A_1 > A_4$

②与基于前景理论的群决策方法进行比较。

前景理论作为考虑决策者有限理性的决策理论，已受到广泛的关注并被深入地研究。本节将前景理论引入基于犹豫模糊语言术语集的群决策问题中。我们首先定义用于计算每个备选方案的损失—收益值的函数。将犹豫模糊语言决策矩阵的正理想解作为参照点，决策者可能面临的亏损，即负期望值可由以下公式获得：

$$v^-(\zeta) = (\zeta(H_i, H^-))^\alpha$$

将犹豫模糊语言决策矩阵的负理想解作为参照点，决策者可能获得的收益，即正期望值可由以下公式计算：

$$v^+(\zeta) = -\lambda(\zeta(H_i, H^+))^\beta$$

那么，每个备选方案的综合期望值为：

$$V_i = \sum_{k=1}^{K} (v^+(\zeta) \cdot p^+(w_k) + v^-(\zeta) \cdot p^-(w_k))$$

其中，权重函数表示为：

$$p^+(w_k) = \frac{w_k^\gamma}{(w_k^\gamma + (1-w_k)^\gamma)^{1/\gamma}}$$

$$p^-(w_k) = \frac{w_k^\delta}{(w_k^\delta + (1-w_k)^\delta)^{1/\delta}}$$

相关参数值的建议值分别为：$\alpha = 0.88$，$\beta = 2.25$，$\gamma = 0.61$，$\delta = 0.65$（Tversky & Kahneman，1992）。然后，将该方法应用到同一个算例中，得到备选方案的最终排序结果如表 3-15 所示。

表 3-15　通过基于前景理论的群决策方法得到的方案排序

	A_1	A_2	A_3	A_4	方案排序
$\hat{U}_i$	-0.58	0.35	-0.46	-1.79	$A_2 > A_3 > A_1 > A_4$

由表 3 - 14 和表 3 - 15 可知，通过以上两种方法获得的方案排序中，备选方案 A_2 仍然凭借最高的得分值排在第一位，这与基于后悔理论的共识决策方法得到的结果一致。但需要注意的是，虽然备选方案 A_1 和备选方案 A_3 在以上三种结果中的排序不同，但是通过群决策方法（Liao et al. ，2020）及基于前景理论的群决策方法计算的它们的得分值非常接近。显然，第 3.3.4 节中所提出的基于后悔理论的共识决策方法能够更好地反映备选方案之间的差距，从而获得更合理的决策结果。

（2）仿真实验分析

考虑到从单一算例中获得的比较结果可能会容易受到数据随机性的影响，因此我们设计了一个仿真实验来模拟决策过程，从而更加客观地对以上三种方法进行对比分析。由于肯德尔距离能够有效地衡量排序变化产生的成本，因此我们利用它来描述通过以上三种方法获得的最终排名的差异。该仿真实验的步骤简要归纳如下：

步骤 1：确定参与决策的决策者数量 $K = 5$，备选方案的数量 $n = 4$，以及评价属性的数量 $m = 5$。设置可接受的群体非共识度阈值为 $\overline{NG} = 0.5$，风险规避指数为 $\lambda = 0.2$，后悔规避指数为 $\delta = 0.3$。设置前景理论中的参数值为：$\alpha = 0.88$，$\beta = 2.25$，$\gamma = 0.61$，$\delta = 0.65$。

步骤 2：随机生成 K 个犹豫模糊语言决策矩阵，包含 n 行和 m 列。表示 K 个决策者在 m 个属性下对 n 个备选方案的评价值。

步骤 3：分别应用以上三种方法来获取备选方案的最终排序。然后用肯德尔距离来表示每个方案排序之间的差异。

步骤4: 重复以上随机过程1 000次,记录每次方案排序之间的肯德尔距离。

最终的结果如表3-16所示。

表3-16　　　三种方法得到的方案排序之间的肯德尔距离

肯德尔距离	群决策方法(Liao et al., 2020)与第3.3.4节中方法之间	基于前景理论的群决策方法与第3.3.4节中方法之间
0	411	597
1	376	319
2	144	65
其他	69	19

由表3-16我们可以得到以下结论:

第一,两个方案排序之间的肯德尔距离越大,表示通过不同方法获得的方案排序之间的差异就越大。特别地,肯德尔距离等于0表示两个方案排序完全相同;肯德尔距离等于1表示两个方案排序非常相似;而肯德尔距离大于2则表明两个方案排序存在很大差异。显然,在1 000次实验结果中,将通过基于后悔理论的共识决策方法与群决策方法(Liao et al., 2020)得到的结果进行对比,完全相同的排序有411次,占比最高。非常相似的排序有376次。而所获得的结果中差异非常大的排序仅有69次。由于群决策方法(Liao et al., 2020)已被成功应用于实际问题中,因此,能够得到与该方法高度相似的方案排序,侧面证明了基于后悔理论的共识决策方法的有效性。

第二,将基于后悔理论的共识决策方法所得的方案排序分别与群决策方法（Liao et al.，2020）和基于前景理论的群决策方法所得的方案排序进行对比，所得结果的相似度如表 3 – 16 所示。显然，基于后悔理论的共识决策方法与基于前景理论的群决策方法获得的排序之间的相似度高于它与群决策方法（Liao et al.，2020）获得的排序之间的相似度。完全相同的排序占59.70%，非常相似的排序占 31.90%，而完全不同的排序仅占1.90%。这是因为基于后悔理论的共识决策方法和基于前景理论的群决策方法都在考虑了决策者决策过程中的心理行为，这使得它们在处理决策问题时更加理性。但是，基于前景理论的群决策方法中需要确定更多的参数的值，这在一定程度上增加了决策的不确定性和计算的复杂性。

本仿真实验证明了基于后悔理论的共识决策方法在群决策问题中的有效性和适用性。

3.5 本章小结

本章在犹豫模糊语言环境下，研究了考虑决策者心理的语言共识决策模型。首先，定义了一个群体满意度指标来度量群体共识水平，建立了优化模型来辅助反馈机制的识别过程。在此基础上，本书提出了一个信任度引导的反馈式犹豫模糊语言共识模型。其次，将犹豫模糊语言术语集的相关性系数引入效用函数及后悔—欣喜函数，定义了群体非共识度作为共识检验的指标，并建立了充分尊重决策者意愿的交互式反馈机制，在此基础上提出了基于后悔理论的群体共识决策方法。此外，本章设计了仿真实验讨论所构建方法中的相关参数，并验证了方法的有效性。将所提出的方法应用到医疗应急预案选择问题和医疗投资项目选择问题的算例分析，为其在实际中的应用做了铺垫。

总体而言，本章研究了考虑决策者心理的共识决策方法，为犹豫模糊语言偏好信息下的群体共识决策问题提供了一种新的研究思路和方向。

第4章

基于"个体—群体"视角的多属性群体共识决策方法

现实群决策中可能存在专家知识背景相差较大的情况，这意味着决策者将从不同的角度在多个属性下对备选方案进行评判，而这些属性之间可能存在各种各样的关联。针对这一类型的决策问题，大多数方法选择使用层次结构将复杂的决策问题分解成更小、更容易解决的问题，如层次分析法（AHP）、网络分析法（ANP）。但是，由于层次结构的存在，整个决策过程将会包括许多复杂的计算，耗费较多时间。此外，面对复杂繁多的属性，决策者对不同属性关注程度是有差异的。因此，本章提出了一种灵活有效的决策方法，允许决策者在决策过程中建立各自的指标体系来评价备选方案。具体为：①基于专家的语言评价信息，建立犹豫模糊语言环境下的 Simos-Roy-Figueira 法获取属性权重；②借助 ELECTRE Ⅲ 法在处理属性冲突的多属性决策问题方面的优势，直观地得到每一个专家对备选方案的偏好排序；③研究了基于肯德尔距离的共识方法，该方法的核心思想是计算方案排序的最小改变成本，提供了一种较为直接的方法来获得方案的最终排序。

4.1 基 本 概 念

由于在第 3 章中已经介绍过犹豫模糊语言信息的相关概念，因此本章不再赘述。本节将简要介绍 Simos-Roy-Figueira 法的基本流程和 ELECTRE Ⅲ 法的主要思想。

4.1.1 Simos-Roy-Figueira 方法

Simos-Roy-Figueira（SRF）方法（Figueira et al.，2002）通常被应用于 ELECTRE Ⅲ 法中，通过处理决策者提供的间接偏好信息来确定决策问题中评价属性的权重。该方法的步骤简要归纳如下：

步骤 1：决策者需要对属性的重要性进行评估，并根据其重要性将所有属性划分为几个子集，这意味着具有相同重要性的属性在同一个子集内，可以获得相同的权重。

步骤 2：将这些子集按照重要性从低到高排序，记为 L_1，…，L_n。L_1 代表重要性最低的属性子集，L_n 代表重要性最高的属性子集。

步骤 3：允许决策者在任意两个连续的属性子集 L_s 和 L_{s+1} 之间放置一些空白卡，目的是增加这两个子集中的属性之间重要性的差异。两个属性子集之间的空白卡越多，其重要性的差异就越大。

步骤 4：最后要求决策者确定 L_1 与 L_n 的重要性程度之间的比率，再根据这个比率计算属性子集的权重。

4.1.2 ELECTRE Ⅲ 方法

ELECTRE 方法（Roy，1978）是决策领域常用的一类排序方法，包括 ELECTRE Ⅰ、ELECTRE Ⅱ 和 ELECTRE Ⅲ 等。其基本思想是通过构造一系列强弱支配关系来淘汰部分备选方案，从而逐渐缩小方案的选择范围，直到决策者能够挑选出最优方案为止。其中，ELECTRE Ⅲ 方法需要建立阈值函数，利用决策者对方案进行两两比较得出的偏好信息，形成一致性优先度矩阵和非一致性优先度矩阵，并在此基础上进一步构建可信度矩阵，从而计算备选方案的排序。

在 ELECTRE Ⅲ 方法中存在优先级关系 S，表示"至少与＿＿＿一样好"。与任意两个备选方案 A_i 和 A_j，它们之间的优先级关系存在以下四种情形：

情形 1：若 A_iSA_j 成立，而 A_jSA_i 不成立，则方案 A_i 严格地优于方案 A_j。

情形 2：若 A_jSA_i 成立，而 A_iSA_j 不成立，则方案 A_j 严格地优于方案 A_i。

情形 3：若 A_iSA_j 和 A_jSA_i 同时成立，则方案 A_i 不劣于方案 A_j。

情形 4：若 A_iSA_j 不成立，A_jSA_i 也不成立，则方案 A_i 与方案 A_j 不具有可比性。

此外，ELECTRE Ⅲ 方法需要设定三个阈值来进一步讨论备选方案的优先级关系。

①无差异阈值 q_m。若方案 A_i 和方案 A_j 的评价信息之间的差

异小于 q_m，则认为在第 m 个属性下方案 A_i 和方案 A_j 是无差异的。

②偏好阈值 p_m。若方案 A_i 和方案 A_j 的评价信息之间的差异大于 p_m，则认为在第 m 个属性下方案 A_i 是严格优于方案 A_j 的。

③否决阈值 v_m。若方案 A_i 和方案 A_j 的评价信息之间的差异大于 v_m，则认为在第 m 个属性下方案 A_i 不可能优于方案 A_j。

4.2 基于犹豫模糊语言偏好关系的 SRF 权重确定方法

事实上，在实际决策问题中，直接对属性的重要程度进行排序对决策者来说是一种挑战。同时，他们在决定属性子集之间代表重要性差异的空白卡的数量时，也容易在几个值之间犹豫。另外，根据传统 SRF 法确定属性权重时，决策者需要采取好几个步骤，使得这个过程非常烦琐。为了更好地反映决策者的犹豫心理，并让决策者能够更方便地描述对属性重要性的评估，本节建立了一种基于犹豫模糊语言偏好关系的 SRF 权重确定方法（HFL－SRF 法）来获取决策问题中的属性权重。

假设一个决策者需要对属性集合（记为 $C = \{C_j | j = 1, 2, \cdots, m\}$）里的所有属性的重要性进行评估，他/她首先将这些属性划分为若干个子集（记为 $L = \{L_i | i = 1, 2, \cdots, n\}$），同一个子集内的属性具有相同的权重。然后，用犹豫模糊语言偏好关系来表示该决策者的评估信息（记为 $R = (r_{ij})_{n \times n}$），其中 r_{ij} 表示决策者认为属性子集 L_i 比属性子集 L_j 重要的程度。基于此偏好关系，

可以得到若干个属性子集的重要性排序（记为 $L = \{L_{\sigma(s)} | s = 1,$ $2, \cdots, n\}$），表示 $L_{\sigma(s+1)}$ 中的属性比 $L_{\sigma(s)}$ 中的属性更重要。然后，$L_{\sigma(1)}$ 与 $L_{\sigma(n)}$ 之间的重要性比率（记为 e）也由犹豫模糊语言信息表示。

犹豫模糊语言元素所表示的两个连续属性子集之间的偏好度与传统 SRF 法中的空白卡起着相同的作用。为了更加直观地反映决策者的偏好信息，两个连续属性子集的权重（记为 $W = \{w_{L_{\sigma(s)}} | s = 1, 2, \cdots, n\}$）之间的关系需要满足：

$$\begin{cases} w_{L_{\sigma(s+1)}} \geqslant w_{L_{\sigma(s)}} + I(r^+_{\sigma(s+1)\sigma(s)}) \cdot T \\ w_{L_{\sigma(s+1)}} \leqslant w_{L_{\sigma(s)}} + I(r^-_{\sigma(s+1)\sigma(s)}) \cdot T \\ T > 0 \end{cases} \qquad (4.1)$$

其中，T 是一个控制参数，表示一个语言术语代表的重要性程度。

考虑到重要性比率 e 的不确定性，$w_{L_{\sigma(s)}}$，$w_{L_{\sigma(s+1)}}$ 和 e 需要满足以下条件：

$$I(e^-) \leqslant \frac{w_{L_{\sigma(n)}}}{w_{L_{\sigma(1)}}} \leqslant I(e^+)$$

其中，$w_{L_{\sigma(1)}} > 0$，e^+ 和 e^- 分别表示重要性比率 e 的上界和下界。

此外，由于任意属性子集 $L_{\sigma(s)}$ 中可能存在多个重要性相同的属性，因此 $w_{L_{\sigma(s)}}$ 还需要满足：

$$\sum_{s=1}^{m} w_{L_{\sigma(s)}} \cdot num(L_{\sigma(s)}) = 1 \qquad (4.2)$$

其中，$num(L_{\sigma(s)})$ 表示属性子集 $L_{\sigma(s)}$ 中属性的个数。

基于数学规划的相关知识，本节针对以上约束条件构建一个数学规划模型来求解属性的权重。

模型 4.2.1

$$\max \varepsilon$$

$$\text{s. t.} \begin{cases} w_{L_{\sigma(s+1)}} \geq w_{L_{\sigma(s)}} + I(r_{\sigma(s+1)\sigma(s)}^{-}) \cdot T \\ w_{L_{\sigma(s+1)}} \leq w_{L_{\sigma(s)}} + I(r_{\sigma(s+1)\sigma(s)}^{+}) \cdot T \\ T > \varepsilon \\ I(e^{-}) \cdot w_{L_{\sigma(1)}} \leq w_{L_{\sigma(n)}} \\ w_{L_{\sigma(n)}} \leq I(e^{+}) \cdot w_{L_{\sigma(1)}} \\ w_{L_{\sigma(1)}} > 0 \\ \sum_{s=1}^{n} w_{L_{\sigma(s)}} \cdot num(L_{\sigma(s)}) = 1 \\ s = 1, 2, \cdots, m-1 \end{cases}$$

需要注意的是，在基于犹豫模糊语言偏好关系确定属性权重的过程中，控制参数 T 的值代表决策者偏好度的一个标度。例如，如果一个决策者用 $\{s_3\}$ 来表示属性子集 $L_{\sigma(s+1)}$ 优于 $L_{\sigma(s)}$ 的程度，当 T 的值越大时，$L_{\sigma(s+1)}$ 中属性和 $L_{\sigma(s)}$ 中属性的重要性差异越大。

由于模型 4.2.1 中存在的未知参数 T 在属性权重的确定过程中起着重要作用。因此，我们设计仿真实验 4.2.1 来分析当属性数量（记为 m，m 为正整数）变化时，参数 T 的取值情况。

仿真实验 4.2.1 对参数 T 的讨论。

首先，对于一个包含 m 个属性的集合，随机生成一个犹豫模糊语言偏好关系，用于表示决策者对所有属性的重要性进行两两比较后的评价。在此基础上，通过求解模型 4.2.1 来得到 T 的值，重复以上随机过程 1 000 次。令 m 的值从 3 增加到 10，记录不同的属性数量对应的 T 的值，并计算同一个 m 值所对应的 1 000 个 T 值的密度。实验结果如图 4-1 所示。

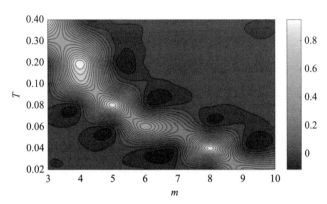

图 4-1 不同的属性数量对应的参数 T 的取值

如图 4-1 中图标所示，不同的颜色代表不同取值的 T 在 1 000 次中所占的比例。很明显，当属性的数量不同时，T 的取值所集中的位置也不同。因此，可以将这 1 000 次随机过程中得到的 T 的算术平均值作为对应属性数量下 T 的建议值。根据实验结果，表 4-1 中列出了不同属性数量所对应的 T 的建议值。

由图 4-1 和表 4-1 可知，随着决策问题中属性数量的增加，T 的取值在不断减小。这表明决策问题包含越少的评价属性，它的属性权重越容易受到参数 T 的取值的影响。

表 4-1   不同属性数量所对应的 T 的建议值

属性数量	T
3	0.133
4	0.657

属性数量	T
5	0.040
6	0.025
7	0.018
8	0.014
9	0.011
10	0.008

本节提出的 HFL – SRF 方法为决策者提供了一种更加直观和便捷的方式来获取属性权重。决策者只需要提供一个犹豫模糊语言偏好关系来表示他们对属性的重要性的评估，而无须再对属性子集进行排名、放置空白卡等。该方法简化了推导属性权重的过程，从而大大提高了决策效率。

4.3 犹豫模糊语言环境下的 ELECTRE Ⅲ 排序方法

为了描述人们在决策过程中思想的不准确性，本节提出了一种基于犹豫模糊语言术语集的 ELECTRE Ⅲ 方法来处理多属性决策问题。

基于 ELECTRE Ⅲ 方法的基本思想，本节定义了一致性指数、非一致性指数、综合一致性指数及可信度指数的概念，为决策者提供有效可靠的排序方法。具体定义如下：

定义 4.3.1 对于属性 C_j 下的任意两个备选方案 A_k 和 A_g，它们之间的一致性指数定义为：

$$\varphi(h_{kj}, h_{gj}) = \max_{s_1 = 1, \cdots, L_1} \min_{s_2 = 1, \cdots, L_2} \varphi(h_{kj}^{\sigma(s_1)}, h_{gj}^{\sigma(s_2)}) \qquad (4.3)$$

其中，

$$\varphi(h_{kj}^{\sigma(s_1)}, h_{gj}^{\sigma(s_2)}) = \begin{cases} 1 & \text{if} \quad I(h_{gj}^{s_2} \ominus h_{kj}^{s_1}) \leqslant I(q_j) \\ 0 & \text{if} \quad I(h_{gj}^{\sigma(s_2)} \ominus h_{kj}^{\sigma(s_1)}) \geqslant I(p_j) \\ \dfrac{I(p_j) - I(h_{gj}^{\sigma(s_2)} \ominus h_{kj}^{\sigma(s_1)})}{I(p_j) - I(q_j)} & \text{otherwise} \end{cases}$$

显然，$\varphi(h_{kj}^{\sigma(s_1)}, h_{gj}^{\sigma(s_2)})$ 的值位于区间 $[0, 1]$，表示对决策者认为在属性 C_j 下的备选方案 A_k 高于 A_g 这一观点的支持度。

定义 4.3.2 对于属性 C_j 下的任意两个备选方案 A_k 和 A_g，非一致性指数定义为：

$$d(h_{kj}, h_{gj}) = \max_{s_1 = 1, \cdots, L_1} \min_{s_2 = 1, \cdots, L_2} d(h_{kj}^{\sigma(s_1)}, h_{gj}^{\sigma(s_2)}) \qquad (4.4)$$

其中，

$$d(h_{kj}^{\sigma(s_1)}, h_{gj}^{\sigma(s_2)}) = \begin{cases} 1 & \text{if} \quad I(h_{gj}^{\sigma(s_2)} \ominus h_{kj}^{\sigma(s_1)}) \geqslant I(v_j) \\ 0 & \text{if} \quad I(h_{gj}^{\sigma(s_2)} \ominus h_{kj}^{\sigma(s_1)}) \leqslant I(p_j) \\ \dfrac{I(h_{gj}^{\sigma(s_2)} \ominus h_{kj}^{\sigma(s_1)}) - I(p_j)}{I(v_j) - I(p_j)} & \text{otherwise} \end{cases}$$

同样，$d(h_{kj}^{\sigma(s_1)}, h_{gj}^{\sigma(s_2)})$ 的值位于区间 $[0, 1]$，表示对决策者认为在属性 C_j 下的备选方案 A_k 优于 A_g 这一观点的反对程度。

然后，根据一致性指数和非一致性指数，进一步定义以下三种优先级关系：

①强优先级关系。

如果 $\varphi(h_{kj}, h_{gj}) - d(h_{kj}, h_{gj}) = 1$，则在属性 C_j 下备选方案

A_k 严格优于 A_g。属性 C_j 被分配到一个强一致性集合 E'_{kg}。

②无优先级关系。

如果 $\varphi(h_{kj}, h_{gj}) - d(h_{kj}, h_{gj}) = 0$，则在属性 C_j 下无法判断备选方案 A_k 和 A_g 的优先级。属性 C_j 被分配到不相关集合 E^0_{kg}。

③弱优先级关系。

如果 $0 < \varphi(h_{kj}, h_{gj}) - d(h_{kj}, h_{gj}) < 1$，则在属性 C_j 下备选方案 A_k 稍微优于 A_g。属性 C_j 被分配到弱一致性集合 E''_{kg}。

定义 4.3.3　在确定了每个属性下备选方案的优先级关系之后，综合一致性指数可以定义为：

$$O(h_k, h_g) = \omega' \times \sum_{j \in E'_{kg}} w_j \cdot \varphi(h_{kj}, h_{gj}) + \omega'' \times \sum_{j \in E''_{kg}} w_j \cdot \varphi(h_{kj}, h_{gj})$$
$$+ \omega^0 \times \sum_{j \in E^0_{kg}} w_j \cdot \varphi(h_{kj}, h_{gj}) \tag{4.5}$$

其中，ω'，ω''，ω^0 分别表示强一致性集合、弱一致性集合及无优先级集合的权重。$O(h_k, h_g)$ 用于验证"在所有属性下进行综合考虑后，备选方案 A_k 至少跟备选方案 A_g 一样好"的假设。

定义 4.3.4　"在所有属性下进行综合考虑后，备选方案 A_k 至少跟备选方案 A_g 一样好"这一假设的可信度指数 γ_{kg} 定义为：

$$\gamma_{kg} = \begin{cases} O(h_k, h_g) & \text{if} \quad \forall_j d(h_{kj}, h_{gj}) \leqslant O(h_k, h_g) \\ O(h_k, h_g) \cdot \prod_{j \in e(A_k, A_g)} \dfrac{1 - d(h_{kj}, h_{gj})}{1 - O(h_k, h_g)} & \text{otherwise} \end{cases}$$
$$\tag{4.6}$$

其中，$e(A_k, A_g)$ 表示满足 $d(h_{kj}, h_{gj}) \geqslant O(h_k, h_g)$ 的属性集合。

然后，根据公式（4.6），构建如下可信度矩阵：

$$Y = \begin{pmatrix} - & \cdots & \gamma_{1g} & \cdots & \gamma_{1(n-1)} & \gamma_{1n} \\ \vdots & \ddots & \vdots & \ddots & \vdots & \vdots \\ \gamma_{k1} & \cdots & \gamma_{kg} & \cdots & \gamma_{k(n-1)} & \gamma_{kn} \\ \vdots & \ddots & \vdots & \ddots & \vdots & \vdots \\ \gamma_{n1} & \cdots & \gamma_{ng} & \cdots & \gamma_{n(n-1)} & - \end{pmatrix}$$

基于该可信度矩阵，可以通过一种蒸馏算法（Kassier, 1983）计算备选方案的最终排序。由于该蒸馏算法需要额外设定几个阈值，增加了计算的难度。因此，为了降低应用该方法的复杂度，本节在此基础上提出一种简化而可靠的分选过程。

将备选方案的得分函数定义为：

$$s(A_k) = \alpha \cdot s^+(A_k) - (1-\alpha) \cdot s^-(A_k) \tag{4.7}$$

其中，α 的取值取决于决策者对待风险的态度。

$$s^+(A_k) = \sum_{g=1, g \neq k}^{n} \gamma_{kg}, \quad s^-(A_k) = \sum_{g=1, g \neq k}^{n} \gamma_{gk}$$

如果 $s(A_k) > s(A_g)$，则备选方案 A_k 在最终排序中相对优于备选方案 A_g。

从以上介绍中可以看出，如何确定合适的阈值对所提出的 ELECTRE Ⅲ 方法具有非常重要的意义。大多数采用 ELECTRE Ⅲ 方法进行决策的研究通常需要决策者直接给出阈值。但是，在许多实际问题中，阈值通常随决策者的风险态度的变化而变化。当备选方案的数量增加时，决策者的风险态度也将随之改变，这将导致阈值发生一些变化。由于存在这些复杂因素，决策者很难为决策问题提供适当的阈值。因此，在下文中，我们尝试根据决策矩阵中的评估结果，给出基于犹豫模糊语言信息的 ELECTRE Ⅲ

方法的三个阈值的确定方法。

①无差异阈值 q_m 定义为：

$$q_j = \beta \cdot (\max_{i=1,\cdots,n} \max_{s=1,\cdots,L} (h_{ij}^{\sigma(s)}) \ominus \min_{i=1,\cdots,n} \max_{s=1,\cdots,L} (h_{ij}^{\sigma(s)})), \ \beta \in [0, 0.5]$$

(4.8)

其中，β 是一个控制参数，它的取值取决于决策者对待风险的态度。一般来说，决策者对于自己给出的评价值之间的差异是敏感的，因此，他们不能接受无差异阈值超过同一个属性下决策者对两个方案评估值的差值的一半。

②根据欧文（Owen，1994）的研究结果，偏好阈值 p_j 最好定义为：

$$p_j = 3 \cdot q_j \qquad (4.9)$$

其中，偏好阈值设定为无差异阈值的三倍这一规则是基于统一的评价信息建立的。

③否决阈值 v_j 定义为：

$$v_j^s = t \cdot (\max_{i=1,\cdots,n} \max_{s=1,\cdots,L} (h_{ij}^{\sigma(s)}) \ominus \min_{i=1,\cdots,n} \min_{s=1,\cdots,L} (h_{ij}^{\sigma(s)})), \ t \in [1, 2]$$

(4.10)

不难发现，通过以上过程得出的阈值比决策者直接给出的阈值更客观合理。利用这些阈值的可靠值，决策者可以通过该 ELECTRE Ⅲ 方法最终获得备选方案的排序。

4.4 基于肯德尔距离的共识过程

在群决策问题中，决策者分别在自己建立的指标体系下通过

第 4.3 节的方法得到备选方案的排序。因此，不同的决策者容易得到不同的排序结果。为了使决策群体对方案的排序达成共识，本节提出了一种基于肯德尔距离的共识过程。

基于距离公式的共识测算方法已经得到了广泛的研究和应用。这类方法通常是计算决策者给出的评价信息之间的距离来比较其相似性。若群体达成可接受的共识水平，则将所有决策者的评价信息集成得到综合评价矩阵，再进一步得到方案的最终排序。但是，面对不同的方案排序结果的共识过程，需要从若干个排序中找到所有决策者相对认同的最优排序，即其他排序可以以最小的改变成本转化为该排序。因此，基于上述距离公式的共识测算方法不适用于这类情形。本节将肯德尔距离引入共识过程，计算方案排序的改变成本。

定义 4.4.1（Zhong et al.，2011） 若 T 是一个有限的方案集合，则 $\mathbb{L}(T)$ 表示 T 中方案的所有可能排序的集合。那么，对于任意两组排序 r_1，$r_2 \in \mathbb{L}(T)$，它们之间的肯德尔距离定义为：

$$K(r_1, r_2) = \#\{(u, v) \in T^2 \mid u \neq v \wedge P_{r_1}(u) < P_{r_1}(v) \wedge P_{r_2}(u) > P_{r_2}(v)\}$$

其中，$P_r(t)$ 表示集合 T 中的方案 t（$t \in T$）在排序 r 中的位置。

本节使用肯德尔距离计算将排序 r_1 转化成排序 r_2 时，排序 r_1 中位置需要改变的最小连续元素的个数。因此，当三个排序的肯德尔距离满足以下条件时，这三个排序之间存在一种三元关系 $\rho = \{(r_1, r_2, r_3) \in \mathbb{L}(T)^3\}$（Zhong et al.，2011）。

$$K(r_1, r_3) = K(r_1, r_2) + K(r_2, r_3) \tag{4.11}$$

这种三元关系保证了排序 r_1 转化为排序 r_2 所需的最小成本不能大于排序 r_1 转化为排序 r_3 所需的最小成本。

例 4.1 若 r_1 和 r_2 是针对方案集合 $T = \{1, 2, 3, 4\}$ 的两组不同排序。令 $r_1 = (1, 2, 3, 4)$，$r_2 = (1, 3, 4, 2)$。通过对比，可以很容易地找到 r_1 和 r_2 之间的逆序数。则根据定义 4.4.1，计算 r_1 和 r_2 之间的肯德尔距离为：

$$K(r_1, r_2) = \#\{(2, 3), (2, 4)\} = 2$$

然后，基于肯德尔距离的定义，我们建立一个基于数学规划模型的共识过程。

假设排序集合 $\mathbb{L}'(T)$ 包含对于备选方案集合 T 的所有可能排序，其中 T 是包含 n 个备选方案的有限集合。排序集合 $\mathbb{L}(T)$ 包含 k 个决策者通过评价备选方案得到的 k 组排序结果。那么，对于所有的 $i \in \{1, \cdots, k\}$，$j \in \{1, \cdots, n!\}$，我们可以定义 $kn!$ 个变量 a_{ij}，a_{ij} 的取值位于区间 $[0, 1]$。$a_{ij} = 0$ 表示排序集合 $\mathbb{L}(T)$ 中的第 i 组排序没有转化为排序集合 $\mathbb{L}'(T)$ 中的第 j 组排序，而 $a_{ij} = 1$ 表示排序集合 $\mathbb{L}(T)$ 中的第 i 组排序转化为排序集合 $\mathbb{L}'(T)$ 中的第 j 组排序。然后，计算排序集合 $\mathbb{L}(T)$ 中的每一组排序分别转化为排序集合 $\mathbb{L}'(T)$ 中的每一组排序时所需的最小改变成本，构建改变成本矩阵 $U = (u_{ij})_{k \times n!}$，其中 $u_{ij} = K(r_i, r_j)$。若排序集合 $\mathbb{L}'(T)$ 中存在某一组排序 r^*，使得排序集合 $\mathbb{L}(T)$ 中的 k 组排序转化为 r^* 时所需改变成本之和最小，则排序 r^* 被称为群体共识排序。最后，我们通过求解以下模型来获得代表所有决策者意见的共识排序：

模型 4.4.1

$$Minimize \sum_{i=1}^{k} \sum_{j=1}^{n!} v_i \cdot (a_{ij} \cdot u_{ij}) \, \text{w. r. t.} \, \{a_{ij}\}_{i,j=1}^{k}$$

$$\text{s. t.} \quad \sum_{j=1}^{n!} a_{ij} = 1,$$

$$\sum_{i=1}^{k} a_{ij} = k,$$

$$a_{ij} \geqslant 0,$$

$$a_{ij} \in Z$$

其中，$v = (v_1, v_2, \cdots, v_k)^T$ $(v_i \in [0, 1])$ 是决策者的权重向量，对于所有的 $i \in \{1, 2, \cdots, k\}$，满足 $\sum_{i=1}^{k} v_i = 1$。

模型 4.4.1 的目的是在排序集合 $\mathbb{L}'(T)$ 中找到一组能被所有决策者接受的共识排序。设置约束条件 $\sum_{j=1}^{n!} a_{ij} = 1$ 是为了保证排序集合 $\mathbb{L}(T)$ 中的每组排序 r_i $(i = 1, 2, \cdots, k)$ 最终只能转化为排序集合 $\mathbb{L}'(T)$ 的其中一组排序。设置约束条件 $\sum_{i=1}^{k} a_{ij} = k$ 是为了保证排序集合 $\mathbb{L}(T)$ 中的 k 组排序都被转化成同一组共识排序。此外，当决策者的权重越大时，他/她的改变成本越高。这意味着权重大的决策者的决策信息更重要，不能轻易改变。

需要注意的是，在模型 4.4.1 中，肯德尔距离被用于计算某一组排序转化为另一组排序的最小改变成本，不受备选方案的特定排序影响。例如，排序 $r_1 = \{a, b, c\}$ 和排序 $r_2 = \{b, c, a\}$ 之间的肯德尔距离与排序 $r_3 = \{a, c, b\}$ 和 $r_4 = \{c, b, a\}$ 之间的肯德尔距离是相等的。也就是说，肯德尔距离能够客观表示两组排序结果之间的差异，且有效地保留了决策者给出的偏好信息。此外，基于肯德尔距离的共识模型为我们提供了一种相对简单的方式来处理复杂的共识过程，它可以充分利用决策者的初始评价信息，而无须调整他们的意见。这有助于快速地找到共识排序，提高决策效率。

4.5 基于"个体—群体"视角的多属性群体共识决策方法

基于上述内容，基于"个体—群体"视角的群体共识决策方法包含两个模块：①计算单个决策者对于备选方案的排序；②找到群体共识排序。具体步骤如下：

步骤 1：明确决策问题，确定参与决策的决策者 $\{E_k \mid k = 1, 2, \cdots, K\}$，确定决策问题中包含的备选方案 $\{A_i \mid i = 1, 2, \cdots, n\}$ 和评价属性 $C = \{C_j \mid j = 1, 2, \cdots, m\}$。

步骤 2：允许决策者从属性集合中选取合适的评价属性，建立单独的评价体系，并给出对属性重要性的评估，用犹豫模糊语言偏好关系表示。

步骤 3：基于决策者给出的犹豫模糊语言偏好关系，通过 4.2 节中介绍的 HFL – SRF 方法计算属性权重。

步骤 4：邀请决策者在独立的评价体系中依据其选取的属性对备选方案进行评价，并用犹豫模糊语言信息表示（记为 h_{ij}，$i = 1, 2, \cdots, n; j = 1, 2, \cdots, m$）。分别构建每位决策者 E_k 的犹豫模糊语言决策矩阵：

$$H^k = (h_{ij}^k)_{n \times m} = \begin{pmatrix} h_{11}^k & h_{12}^k & \cdots & h_{1m}^k \\ h_{21}^k & h_{22}^k & \cdots & h_{2m}^k \\ \vdots & \vdots & \ddots & \vdots \\ h_{n1}^k & h_{n2}^k & \cdots & h_{nm}^k \end{pmatrix}, \ k = 1, 2, \cdots, K$$

步骤5：利用第4.3节中犹豫模糊语言环境下的 ELECTRE Ⅲ 方法计算每位决策者对于备选方案的排序。

步骤6：根据步骤5得到的决策者的排序集合及备选方案的所有可能排序集合，构建最小变化成本矩阵。通过第4.4节中基于肯德尔距离的共识过程得到共识排序，并依据此排序选择最优方案。

以上步骤可归纳为如图4-2所示的流程图。

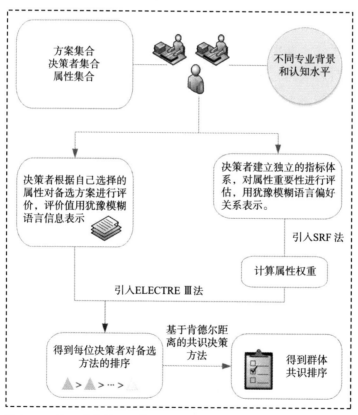

图 4-2　基于"个体—群体"视角的多属性群体共识决策方法流程

4.6 算例分析

4.6.1 基于医患共识的治疗方案选择问题的算例分析

由于过去患者的诊断和治疗完全取决于医生，因此医患关系由医生主导。近年来，随着现代医疗技术的飞速发展，医患之间的矛盾日趋激烈，导致恶性伤害事件频发。由于缺乏全面的沟通，医生和患者之间很难建立信任关系。例如，在治疗过程中，一些患者会选择疗效好却昂贵的药物，而一些患者由于经济原因会选择其他治疗方法。若医生只强调治疗效果，而没有充分考虑患者的需求，使一些患者无法负担高昂的治疗费用，便容易引发医患纠纷。简而言之，医疗管理正因医患关系不和谐而面临巨大的挑战（Honavar，2018）。

由于新发病例和死亡病例均居恶性肿瘤前列，肝癌已成为我国一个重大公共卫生难题。我国日益增长的肝癌发病率对肝癌早期诊断和准确诊疗提出了新挑战。鉴于肝癌诊疗决策中存在诸如患者医疗检查数据不全面不准确、医生诊断信息含糊或不确定、患者与医生交流信息为语言信息等特点。本节将所提出的基于"个体—群体"视角的多属性群体共识决策方法应用到一个基于医患共识的治疗方案选择问题中，为其在医疗管理中的应用做了铺垫。

对于一个早期肝癌患者，在治疗过程中一般存在以下四种治疗方案（Nathan et al.，2013）：

①肝脏切除术（LR）。肝部分切除术作为一种有效的外科治疗方法，是一种潜在的根本治疗方法。术后五年内，患者生存率可达到50%以上。对于肝脏具有良好储备功能的患者，其存活率甚至可以达到70%以上。但是，通过肝脏切除术治愈的患者可能面临癌症复发的高风险。

②肝脏移植（LT）。它可以彻底清除作为肿瘤发生基础的硬化肝脏，并同时治愈门脉高压症。肝脏移植是最佳的治疗方法，术后四年生存率超过85%。然而，肝供体的严重短缺限制了肝脏移植技术的应用。

③射频消融（RFA）。通过物理和化学方法，射频消融的原理是完全破坏肿瘤及其周围组织以达到治疗目的。对于复发性肝癌患者，可以重复射频消融治疗，直到患者的病情得到控制为止，优于肝脏切除术和肝脏移植。

④介入放射治疗（IR）。介入放射治疗程序包括有效的非手术治疗选择，如经动脉化学栓塞（TACE）或乏味栓塞（TAE），这是治疗无法切除的肝癌细胞的最常用方法。

在本算例中，考虑到早期肝癌治疗方案选择的复杂性和困难度，四名分别来自肿瘤外科、肿瘤内科、病理科、放射科的医生受邀参与某个病人的专家会诊。同时，为了在治疗方案的选择上达成医患共识，患者的意见也需要被充分考虑。假设他们的权重向量为 $v = (0.35，0.2，0.15，0.1，0.2)^T$。

以上五位决策者可根据以下决策指标对治疗方案进行评估，如表 4-2 所示。

表 4-2 评价指标集合

指标	描述
部分生命体征（c_1）	该指标用于根据患者当前的身体状况评估治疗方案是否适合患者，包括血小板计数、肿瘤数量和大小等
治疗效果（c_2）	该指标用于评估治疗方案的治疗效果，主要考虑治疗后的存活率
风险（c_3）	每种治疗方案都存在一定的风险，该指标用于评估治疗方案风险的高低
肿瘤类型（c_4）	该指标用于判断肿瘤是否适合做肝脏切除术
肝脏移植等待时间（c_5）	该指标是评估患者是否可以接受肝脏移植的重要标准
复发率（c_6）	该指标代表治疗后肝癌复发的可能性
副作用（c_7）	该指标用于评估介入放射治疗可能产生的副作用
治疗花费（c_8）	该指标是患者考虑进行后续治疗的重要因素
治疗方案的成熟性（c_9）	该指标代表治疗技术的成熟度，对患者的选择具有很大的影响

四位医生和一位患者根据自己的需求分别建立独立的指标体系，并给出如下表示对指标的重要性评估的犹豫模糊语言偏好关系。

肿瘤外科专家选取的评价指标为：部分生命体征（c_1）、治疗效果（c_2）、风险（c_3）、肿瘤类型（c_4）、肝脏移植等待时间（c_5）、复发率（c_6）。该专家对指标重要性的判断如表 4-3 所示。

肿瘤内科专家选取的评价指标为：部分生命体征（c_1）、治疗效果（c_2）、风险（c_3）、复发率（c_6）、副作用（c_7）。该专家对指标重要性的判断如表 4-4 所示。

表4-3　　　　　肿瘤外科专家对评价指标重要性的评估

	c_1	c_2	c_3	c_4	c_5	c_6
c_1	$\{s_0\}$	$\{s_{-1},\ s_0\}$	$\{s_0,\ s_1\}$	$\{s_{-2},\ s_{-1}\}$	$\{s_{-3}\}$	$\{s_0,\ s_1\}$
c_2		$\{s_0\}$	$\{s_2\}$	$\{s_{-1}\}$	$\{s_{-2},\ s_{-1}\}$	$\{s_2\}$
c_3			$\{s_0\}$	$\{s_{-2},\ s_{-1}\}$	$\{s_{-3}\}$	$\{s_0\}$
c_4				$\{s_0\}$	$\{s_{-1}\}$	$\{s_1,\ s_2\}$
c_5					$\{s_0\}$	$\{s_2\}$
c_6						$\{s_0\}$

表4-4　　　　　肿瘤内科专家对评价指标重要性的评估

	c_1	c_2	c_3	c_6	c_7
c_1	$\{s_0\}$	$\{s_{-1}\}$	$\{s_0,\ s_1\}$	$\{s_0,\ s_1,\ s_2\}$	$\{s_0\}$
c_2		$\{s_0\}$	$\{s_2,\ s_3\}$	$\{s_2\}$	$\{s_1\}$
c_3			$\{s_0\}$	$\{s_0,\ s_1\}$	$\{s_{-1},\ s_0\}$
c_6				$\{s_0\}$	$\{s_{-2},\ s_{-1}\}$
c_7					$\{s_0\}$

病理科专家选取的评价指标为：部分生命体征（c_1）、治疗效果（c_2）、风险（c_3）、复发率（c_6）。该专家对指标重要性的判断如表4-5所示。

表4-5　　　　　病理科专家对评价指标重要性的评估

	c_1	c_2	c_3	c_6
c_1	$\{s_0\}$	$\{s_1\}$	$\{s_1,\ s_2\}$	$\{s_2\}$
c_2		$\{s_0\}$	$\{s_0,\ s_1\}$	$\{s_2\}$
c_3			$\{s_0\}$	$\{s_0,\ s_1\}$
c_6				$\{s_0\}$

放射科专家选取的评价指标为：部分生命体征（c_1）、治疗效果（c_2）、风险（c_3）、复发率（c_6）、副作用（c_7）。该专家对指标重要性的判断如表 4 – 6 所示。

表 4 – 6 　　　　　　　放射科专家对评价指标重要性的评估

	c_1	c_2	c_3	c_6	c_7
c_1	$\{s_0\}$	$\{s_{-2}, s_{-1}\}$	$\{s_1\}$	$\{s_1, s_2\}$	$\{s_0\}$
c_2		$\{s_0\}$	$\{s_2, s_3\}$	$\{s_3\}$	$\{s_1, s_2\}$
c_3			$\{s_0\}$	$\{s_0, s_1\}$	$\{s_{-1}, s_0\}$
c_6				$\{s_0\}$	$\{s_{-2}, s_{-1}\}$
c_7					$\{s_0\}$

患者选取的评价指标为：治疗效果（c_2）、风险（c_3）、肝脏移植等待时间（c_5）、复发率（c_6）、治疗花费（c_8）、治疗方案的成熟性（c_9）。患者对指标重要性的判断如表 4 – 7 所示。

表 4 – 7 　　　　　　　患者对评价指标重要性的评估

	c_2	c_3	c_5	c_6	c_8	c_9
c_2	$\{s_0\}$	$\{s_0, s_1\}$	$\{s_{-2}\}$	$\{s_1, s_2\}$	$\{s_0, s_1\}$	$\{s_1, s_2\}$
c_3		$\{s_0\}$	$\{s_{-2}, s_{-1}\}$	$\{s_0\}$	$\{s_1\}$	$\{s_{-1}, s_0\}$
c_5			$\{s_0\}$	$\{s_1, s_2\}$	$\{s_1, s_2\}$	$\{s_3\}$
c_6				$\{s_0\}$	$\{s_1\}$	$\{s_{-1}, s_0\}$
c_8					$\{s_0\}$	$\{s_1, s_2\}$
c_9						$\{s_0\}$

经过所有决策者的讨论之后，将指标集合 $L_{\sigma(1)}$ 和 $L_{\sigma(v)}$ 的重要性比率 e 的值设为：$e = \{s_2, s_3\}$。通过第 4.2 节中提出的 HFL – SRF 方法分别计算每位决策者的属性权重：

$$w^1 = (0.11, 0.12, 0.11, 0.22, 0.33, 0.11)^T,$$

$$w^2 = (0.14, 0.43, 0.14, 0.14, 0.14)^T$$

$$w^3 = (0.5, 0.17, 0.17, 0.16)^T,$$

$$w^4 = (0.22, 0.33, 0.12, 0.11, 0.22)^T$$

$$w^5 = (0.19, 0.14, 0.29, 0.14, 0.10, 0.14)^T$$

然后，决策者在独立的评价体系中依据其选取的属性对治疗方案进行评价（见表 4 – 8 ~ 表 4 – 12）。

表 4 – 8　　　　肿瘤外科专家对四种治疗方案的评价值

	c_1	c_2	c_3	c_4	c_5	c_6
A_1	$\{s_1, s_2\}$	$\{s_2, s_3\}$	$\{s_{-2}, s_{-1}\}$	$\{s_1, s_2\}$	$\{s_2\}$	$\{s_{-3}\}$
A_2	$\{s_2, s_3\}$	$\{s_3\}$	$\{s_{-2}, s_{-1}\}$	$\{s_0\}$	$\{s_{-1}\}$	$\{s_2, s_3\}$
A_3	$\{s_0, s_1, s_2\}$	$\{s_1, s_2\}$	$\{s_1, s_2\}$	$\{s_0\}$	$\{s_1\}$	$\{s_0\}$
A_4	$\{s_0\}$	$\{s_{-1}, s_0\}$	$\{s_1, s_2\}$	$\{s_0\}$	$\{s_{-1}, s_0\}$	$\{s_1, s_2\}$

表 4 – 9　　　　肿瘤内科专家对四种治疗方案的评价值

	c_1	c_2	c_3	c_6	c_7
A_1	$\{s_2, s_3\}$	$\{s_2, s_3\}$	$\{s_2, s_3\}$	$\{s_2, s_3\}$	$\{s_1, s_2\}$
A_2	$\{s_2\}$	$\{s_3\}$	$\{s_{-2}\}$	$\{s_2\}$	$\{s_2, s_3\}$
A_3	$\{s_1, s_2\}$	$\{s_1, s_2\}$	$\{s_{-2}, s_{-1}\}$	$\{s_{-1}\}$	$\{s_0, s_1\}$
A_4	$\{s_{-2}, s_{-1}\}$	$\{s_{-1}, s_0\}$	$\{s_0, s_1\}$	$\{s_{-1}, s_0\}$	$\{s_{-3}, s_{-2}\}$

表 4 - 10 病理科专家对四种治疗方案的评价值

	c_1	c_2	c_3	c_6
A_1	$\{s_1, s_2\}$	$\{s_2, s_3\}$	$\{s_0\}$	$\{s_{-3}, s_{-2}\}$
A_2	$\{s_1\}$	$\{s_3\}$	$\{s_{-1}\}$	$\{s_2\}$
A_3	$\{s_0, s_1\}$	$\{s_1\}$	$\{s_1, s_2\}$	$\{s_0, s_1\}$
A_4	$\{s_{-2}, s_{-1}\}$	$\{s_{-1}, s_0\}$	$\{s_0, s_1\}$	$\{s_{-1}, s_0\}$

表 4 - 11 放射科专家对四种治疗方案的评价值

	c_1	c_2	c_3	c_6	c_7
A_1	$\{s_2, s_3\}$	$\{s_2, s_3\}$	$\{s_{-1}, s_0\}$	$\{s_{-1}, s_0\}$	$\{s_1, s_2\}$
A_2	$\{s_1, s_2\}$	$\{s_3\}$	$\{s_{-2}, s_{-1}\}$	$\{s_{-1}, s_0\}$	$\{s_2\}$
A_3	$\{s_1, s_2\}$	$\{s_1, s_2\}$	$\{s_1\}$	$\{s_1\}$	$\{s_0, s_1\}$
A_4	$\{s_{-2}\}$	$\{s_{-1}, s_0\}$	$\{s_0\}$	$\{s_{-1}, s_0\}$	$\{s_{-3}, s_{-2}, s_{-1}\}$

表 4 - 12 患者对四种治疗方案的评价值

	c_2	c_3	c_5	c_6	c_8	c_9
A_1	$\{s_1, s_2\}$	$\{s_{-1}, s_0\}$	$\{s_1, s_2\}$	$\{s_0, s_1\}$	$\{s_{-2}, s_{-1}\}$	$\{s_2\}$
A_2	$\{s_3\}$	$\{s_2\}$	$\{s_{-1}, s_0\}$	$\{s_2, s_3\}$	$\{s_{-3}\}$	$\{s_0, s_1\}$
A_3	$\{s_0, s_1\}$	$\{s_1\}$	$\{s_2\}$	$\{s_{-3}, s_{-2}\}$	$\{s_{-1}\}$	$\{s_0, s_1\}$
A_4	$\{s_{-1}, s_0\}$	$\{s_{-2}, s_{-1}\}$	$\{s_0\}$	$\{s_{-1}\}$	$\{s_0\}$	$\{s_1, s_2\}$

假设第 4.3 节中公式（4.8）和公式（4.10）所需的控制参数设置为：$\beta = 0.2$，$t = 1.5$。强一致性集合、弱一致性集合、无优先级集合的权重分别为：$\omega' = 0.5$，$\omega'' = 0.3$，$\omega^0 = 0.2$。此外，为了不失一般性，假设相应得分函数中的参数为：$\alpha = 0.5$。

那么，基于以上犹豫模糊语言决策矩阵，根据公式（4.6）构建每个决策者的可信度矩阵：

$$Y_1 = \begin{pmatrix} 1 & 0.81 & 0.81 & 0.78 \\ 0.5 & 1 & 0.56 & 0.89 \\ 0.65 & 0.73 & 1 & 1 \\ 0.30 & 0.77 & 0.55 & 1 \end{pmatrix}, \quad Y_2 = \begin{pmatrix} 0.99 & 0.85 & 0.99 & 0.99 \\ 0.85 & 0.99 & 0.99 & 0.92 \\ 0.55 & 0.33 & 0.99 & 0.87 \\ 0.06 & 0.12 & 0.28 & 0.99 \end{pmatrix},$$

$$Y_3 = \begin{pmatrix} 1 & 0.78 & 0.95 & 1 \\ 0.83 & 1 & 0.83 & 0.94 \\ 0.78 & 0.5 & 1 & 1 \\ 0.26 & 0.15 & 0.22 & 1 \end{pmatrix}, \quad Y_4 = \begin{pmatrix} 1 & 0.82 & 0.77 & 0.91 \\ 0.91 & 1 & 0.77 & 0.88 \\ 0.82 & 0.45 & 1 & 1 \\ 0.15 & 0.21 & 0.02 & 1 \end{pmatrix}$$

$$Y_5 = \begin{pmatrix} 1 & 0.60 & 0.61 & 0.9 \\ 0.54 & 1 & 0.61 & 0.54 \\ 0.66 & 0.62 & 1 & 0.76 \\ 0.41 & 0.53 & 0.51 & 1 \end{pmatrix}$$

然后，通过第 4.3 节中提出的 ELECTRE Ⅲ 方法，计算每位决策者对于治疗方案的得分值以及排序，如表 4 – 13 所示。

表 4 – 13　　　　　　由所构建的方法获得的决策结果

决策者	备选方案得分值	方案排序
D_1	$s(A_1) = 0.95$，$s(A_2) = -0.36$，$s(A_3) = 0.46$，$s(A_4) = -1.05$	$A_1 > A_3 > A_2 > A_4$
D_2	$s(A_1) = 1.37$，$s(A_2) = 1.46$，$s(A_3) = -0.51$，$s(A_4) = -2.32$	$A_2 > A_1 > A_3 > A_4$
D_3	$s(A_1) = 0.86$，$s(A_2) = 1.17$，$s(A_3) = 0.28$，$s(A_4) = -2.31$	$A_2 > A_1 > A_3 > A_4$
D_4	$s(A_1) = 0.62$，$s(A_2) = 1.08$，$s(A_3) = 0.71$，$s(A_4) = -2.4$	$A_2 > A_3 > A_1 > A_4$
D_5	$s(A_1) = 0.51$，$s(A_2) = -0.06$，$s(A_3) = 0.31$，$s(A_4) = -0.76$	$A_1 > A_3 > A_2 > A_4$

基于以上排序结果，通过求解以下模型得到共识排序，并依

据此排序选择最优方案。

$$Minimize \sum_{i=1}^{5} \sum_{j=1}^{24} v_i \cdot (a_{ij} \cdot u_{ij}) \, \text{w.r.t.} \, \{a_{ij}\}_{i,j=1}^{5}$$

$$\text{s. t.} \quad \sum_{j=1}^{24} a_{ij} = 1,$$

$$\sum_{i=1}^{5} a_{ij} = 5,$$

$$a_{ij} \geq 0,$$

$$a_{ij} \in Z$$

最终获得的共识排序为：$A_1 > A_3 > A_2 > A_4$，这意味着目前对于五位决策者来说切除部分肝脏是最优治疗方案。从理论上来说，由于肝脏移植（A_2）具有最高的治愈率，这种治疗方案应该最优。但是，根据专家和患者的评估信息，供体的匮乏和昂贵的治疗费用使得肝脏移植在实际治疗中难以实现。在本算例中，由于肝脏切除技术已经非常成熟且具有令人满意的治疗效果，因此治疗方案 A_1 成为首选。此外，对于该早期肝癌患者来说，治疗效果所占的权重大于治疗费用，部分肝脏切除手术不仅具有理想的治疗效果，还在经济能够负担的范围内。

4.6.2 讨论分析

本节首先设计了一系列实验讨论了方法中的部分参数对决策结果的影响，并总结了一些有意义的结论。其次，通过与现有几种方法的对比，验证第 4.5 节中提出的基于"个体—群体"视角的多属性群体共识决策方法的有效性。

（1）实验 4.6.1：对参数 β 和 t 的讨论

如第 4.3 节所述，在确定无差异阈值和否决阈值的过程中存在两个关键参数 β 和 t。因此，我们设计该实验来讨论这两个参数的变化对决策结果的影响。基于第 4.6.1 小节的算例，首先令 β 的值以步长为 0.1 的规律从 0.1 增加到 0.5，用第 4.3 节提出的 ELECTRE Ⅲ 方法计算每个决策者对四个备选方案的得分值。实验结果如图 4-3 所示。

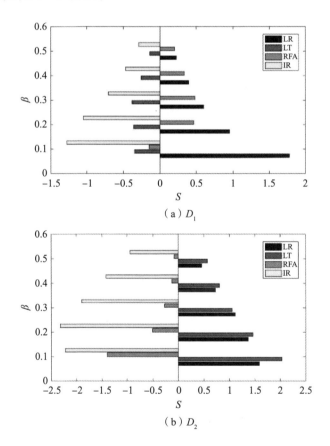

（a）D_1

（b）D_2

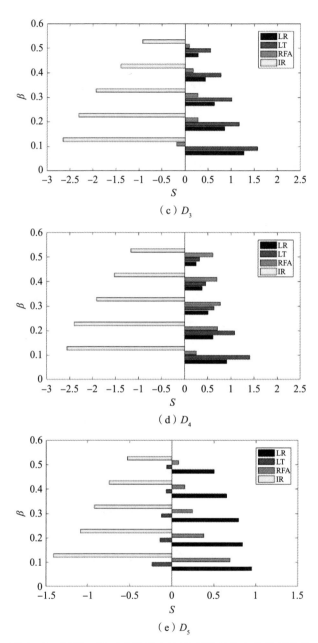

（c）D_3

（d）D_4

（e）D_5

图 4 - 3　不同 β 值对应的每个决策者的备选方案的得分值

由图 4 - 3 可知，对于所有决策者来说，无论 β 的值如何变化，治疗方案 A_1（肝脏切除术）总是能获得一个相对高的得分值，而治疗方案 A_4（介入放射治疗）的得分值总是最低的。从图 4 - 3（a）和图 4 - 3（e）中可以看出，对于肿瘤外科专家和患者来说，肝脏切除术的得分值明显远高于其他方案。而在图 4 - 3（b）~图 4 - 3（d）中，治疗方案 A_1 和 A_2（肝脏移植）的得分值都很接近。此外，当方案的得分值小于 0 时，随着 β 取值的增加，方案的得分值在稳定而显著地增加。然而，当方案的得分值大于 0 时，可以看到相反的趋势，即随着 β 取值的增加，方案的得分值在逐渐减小。因此，所有方案的得分值的差异在 $\beta =$ 0.5 时最小，这表明无差异阈值的增加会导致备选方案之间的差异对决策者来说在减小。

然后，我们令 t 的取值以步长为 0.2 的规律从 1 增加到 2，再用第 4.3 节提出的 ELECTRE Ⅲ 方法计算每个决策者对四个备选方案的得分值。实验结果如图 4 - 4 所示。

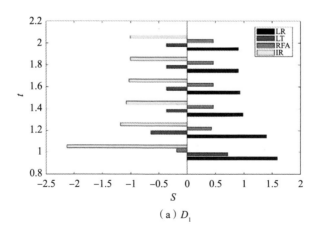

（a）D_1

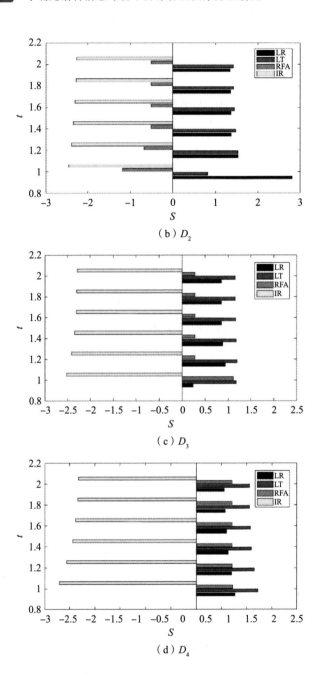

（b）D_2

（c）D_3

（d）D_4

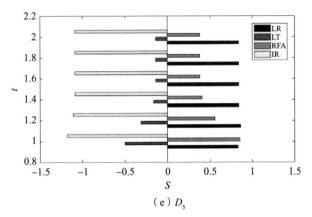

（e）D_5

图 4 - 4　不同 t 值对应的每个决策者的备选方案的得分值

由图 4 - 4 可知，随着参数 t 取值的增加，备选方案的差异也在相对减小。否决阈值越大，表示假设 $A_k SA_g$ 被拒绝的可能性越低。需要注意的是，当 $t \geqslant 1.4$ 时，四个备选方案的得分值趋于稳定，这表明否决阈值对备选方案得分值的影响在 $t \geqslant 1.4$ 后非常有限。也就是说，随着否决阈值的增加，备选方案的得分值会在一定范围内减少。

（2）实验 4.6.2：对属性权重的敏感性分析

属性权重的不同可能会导致决策结果发生很大变化。因此，为了分析属性权重变化对于最终方案排序的影响，我们构建了数学模型 4.6.1。

模型 4.6.1

$$Minimize \sum_{j=1}^{m} |w_j^* - w_j|$$

$$\text{s. t.}\quad s(A^*) - s(A_i) \geqslant 0,$$

$$\sum_{j=1}^{m} w_j^* = 1,$$

$$i = 1, \cdots, n,$$

$$j = 1, \cdots, m$$

其中，w_j^* 表示变化后的属性 C_j 的权重，A^* 表示属性权重发生改变后排在第一的备选方案。

以上模型的目标函数是求通过改变属性权重使某个备选方案排在第一时，属性权重变化的最小值。为了求解模型 4.6.1，令 $w_j^* = w_j + d_j^+ - d_j^-$，其中 d_j^+ 和 d_j^- 分别表示属性权重的增量和减量，且满足 $d_j^+ \geq 0$，$d_j^- \geq 0$。将 $w_j^* = w_j + d_j^+ - d_j^-$ 代入模型 4.6.1 可得：

$$Minimize \sum_{j=1}^{m} \left(d_j^+ + d_j^- \right)$$

$$\text{s. t.} \quad s(A^*) - s(A_i) \geq 0,$$

$$\sum_{j=1}^{m} d_j^+ - \sum_{j=1}^{m} d_j^- = 0,$$

$$d_j^+ \geq 0, \ d_j^- \geq 0,$$

$$i = 1, \cdots, n,$$

$$j = 1, \cdots, m$$

以第 4.6.1 小节算例中患者的评价信息为例，用模型 4.6.1 求解使每个备选方案排在第一时的属性权重。结果如表 4 – 14 所示。

表 4 – 14　　　　　　　　权重的变化

	A_1	A_2	A_3	A_4
w_2^*	0.19	0.19	0.19	无解
w_3^*	0.14	0.21	0.17	无解

续表

	A_1	A_2	A_3	A_4
w_5^*	0.29	0.23	0.29	无解
w_6^*	0.14	0.14	0.14	无解
w_8^*	0.1	0.1	0.1	无解
w_9^*	0.14	0.13	0.11	无解

表 4 – 14 中表示的是使每个治疗方案排在第一，且改变成本最小的属性权重。"无解"意味着对于该患者来说无论属性权重如何变化，治疗方案 A_4（介入放射治疗）都不可能是最优选择。与原始属性权重相比，如果患者愿意承担更大的风险（即属性 C_3 的权重 w_3^* 相对变大），且肝脏移植的等待时间是可以接受的，那么治疗方案 A_2（肝脏移植）有可能代替治疗方案 A_1（肝脏切除术）成为最优选择。同理，如果患者可以降低对治疗技术的成熟度的要求（w_9^*），治疗方案 A_3（射频消融）也可以作为保守治疗的选择。

通过对属性权重的敏感性分析，决策者可以有效地了解权重变化对最终方案排序的影响，并进行一些合理的调整使决策结果更加可靠。

（3）对比分析

目前，已有很多排序规则在群决策问题的共识过程中得到应用，如 Condorcet 规则（Aziz et al.，2017）、Kemeny 最优排序法（Sengupta et al.，2013）、单一可转让投票机制（Aleskerov & Karpov，2013）等。接下来，我们将几种排序规则引入共识过程中计算备选方案的共识排序，与基于肯德尔距离的模型进行对比分析。几种排序规则简要介绍如下：

①Borda 规则（Garcia – Lapresta et al.，2010）。在 Borda 规则中，决策者根据自己的偏好对 n 个备选方案进行评分，评分值在 $[1，n]$ 之间。即排名第一的方案评分为 n，排名第二的方案评分为 $n-1$，而排名最后的方案评分为 1。Borda 规则通过简单地增加不同决策者对备选方案的评分来得到最终的排序。

②计分规则（Buenrostro et al.，2013）。在计分规则中，备选方案 A_i 的得分可由下列公式计算：

$$s(A_i) = \sum_{k=1}^{K} pos_k(A_i)$$

其中，$pos_k(A_i)$ 表示备选方案 A_i 在第 k 个决策者给出的排序中所处的位置。然后，群体可以根据方案的分值来得到共识排序。

③单一可转让投票机制（Aleskerov & Karpov，2013）。这是一种选出多种获胜者的投票机制，根据所有决策者给出的排序，统计排在第一次数最多的方案，然后将它从所有排序中移除。再统计此时排在第一次数最多的方案并移除，直到最后只剩下一个方案。方案移除的顺序即它们在共识排序中的位置。

④Litvak 规则（Litvak，1983）。Litvak 规则用于计算决策者给出的排序之间的不一致程度。若 $l_k(A_i)$ 和 $l_g(A_i)$ 分别代表在排序 r_k 和排序 r_g 中排在方案 A_i 之前的方案个数，则这两组排序之间的距离为：$d(k，g) = \sum_{i=1}^{n} |l_k(A_i) - l_g(A_i)|$，其中 n 代表方案的个数。那么，决策者的共识排序是能使 $\sum_{g=1}^{K} d(k，g)$（$k = 1，\cdots，$

K）的值最小的排序。

⑤Kemeny 最优排序法。在此排序规则中，共识排序可由下列公式得到：

$$l^* = \mathrm{argmin} \sum_{k=1}^{K} v_k \times d(l_g, l_k), \ g = 1, \cdots, K$$

其中，v_k 表示第 k 个决策者的权重，$d(l_g, l_k)$ 表示排序 r_k 和排序 r_g 之间的分歧数，即方案 A_i 在排序 r_k 中排在方案 A_j 之前，而在排序 r_g 中却排在方案 A_j 之后的次数。

将以上排序规则分别应用到第 4.6.1 小节中的治疗方案选择问题的算例，得到治疗方案的最终排序如表 4 – 15 和表 4 – 16 所示。

表 4 – 15　　　　　　　　不同排序规则得到的方案排序

方法	备选方案的得分值				方案排序	运行时间（s）
	A_1	A_2	A_3	A_4		
Borda 规则	16	16	13	5	$A_1 = A_2 > A_3 > A_4$	0.007
计分规则	9	9	12	20	$A_1 = A_2 > A_3 > A_4$	0.005
单一可转让投票机制	2	3	0	0	$A_2 > A_1 > A_3 = A_4$	0.007

表 4 – 16　　　　　　　　不同排序规则得到的方案排序

方法	决策者排序的得分值					方案排序	运行时间（s）
	D_1	D_2	D_3	D_4	D_5		
Litvak 规则	12	10	10	12	12	$A_2 > A_1 > A_3 > A_4$	0.02
Kemeny 最优排序法	1	1.2	1.2	2	1	$A_1 > A_3 > A_2 > A_4$	0.02
基于肯德尔距离的算法	1	1.2	1.2	2	1	$A_1 > A_3 > A_2 > A_4$	0.04

通过表 4 – 15 和表 4 – 16 呈现的决策结果，我们可以得到以下结论：

第一，Borda 规则和计分规则都是从不同排序中方案的位置来计算群体共识排序，而单一可转让投票机制直接选择大多数决策者认为最优的方案。尽管这些方法的逻辑简单，但所得的排序结果常常是不准确的。例如，在第 4.6.1 节的算例中，Borda 规则和计分规则都无法从治疗方案 A_1 和 A_2 中选择最优方案。

第二，Litvak 规则、Kemeny 最优排序法及基于肯德尔距离的算法，都是通过计算决策者的排序之间的距离，从而得到共识排序。但是，相比而言，后两种方法更加合理，因为 Litvak 规则在计算过程中未考虑决策者的权重。然而，Kemeny 最优排序法只强调了决策者给出的排序的一致性。考虑到共识过程中的微小变化可能会影响最终结果，基于肯德尔距离的算法计算决策者给出的排序与所有可能排序之间的距离，然后在所有可能的排序中选择距离最小的排序作为共识排序。

第三，从运行时间可以看出，上述排序规则都是高效的。而后三种方法的耗时稍微长一些是因为其计算过程更加精确。

4.7 本章小结

本章基于"个体—群体"视角构建了一种多属性群体共识决策方法，具体包括基于 HFL – SRF 法的属性权重导出模型、犹豫模糊语言环境下的 ELECTRE Ⅲ 排序方法及基于肯德尔距离的共识决策过程。该方法主要具有以下特性：

第一，考虑到决策者知识背景和认知水平的差异，允许决策

者建立独立的指标体系对备选方案进行评估，为处理属性繁多的
群决策问题提供了一种更灵活的方法。

第二，在犹豫模糊语言环境下建立 ELECTRE Ⅲ 方法来计算
每个决策者对备选方案的排序。在属性权重完全未知的情况下，
基于决策者提供的评价信息，利用 SRF 方法导出属性权重。结果
表明，这两种方法不仅有效，而且大大提高了决策效率。

第三，为了避免共识达成过程中的信息丢失，本章提出了一
种基于肯德尔距离的共识方法来获得群体共识排序。

本章将所提出的方法应用于基于医患共识的早期肝癌患者治
疗方案选择的算例分析。并提供了进一步的分析和讨论，验证了
所提出方法的适用性和有效性。

第5章

基于概率语言偏好关系的
大规模群决策共识模型

面对现代决策环境日益复杂化及决策结果所带来的深远影响，个体或小部分决策者难以满足多样的决策需求、给出可靠的决策结果。为了顺应现代决策问题的变化，越来越多的决策问题需要大量决策者参与其中，因此大规模群决策应运而生，吸引了众多研究者的目光。本章以提出合理且科学的大规模群决策方法为目标，从如何在决策问题中表达主观上的模糊性和犹豫性、如何体现决策者评价信息的不确定性、如何降低大规模群决策的复杂度和提高共识效率、如何识别和管理决策者评价信息等方面入手，研究概率语言偏好环境下大规模群决策共识模型及应用。本章将传统 K 均值聚类算法拓展至概率语言偏好环境下并做出一定的改进，构建基于概率语言偏好关系的大规模群决策共识模型。具体包括：①提出了基于概率语言偏好关系的共识衡量规则；②介绍了共识过程中的反馈机制，包含调整对象的识别规则和调整方向及幅度的建议规则；③引入了达成共识后最优方案的选择方法；④使用 MATLAB 软件模拟实验共识模型中聚类算法并探究模型效率的影响因素。

5.1 基 本 概 念

5.1.1 概率语言术语集

在实际决策问题中，决策者往往倾向使用语言术语给出直观的评价信息。徐泽水等（2020）提出语言术语下标对称的语言术语集 $S = \{s_\alpha | \alpha = -\tau, \cdots, -1, 0, 1, \cdots, \tau\}$，其中算子 s_0 代表无偏好，本书也基于这种形式展开后续研究。考虑决策者对不同语言术语具有一定的倾向性，庞琦（2016）等定义了概率语言术语集。

定义 5.1.1（Pang et al.，2016） 设 $S = \{s_\alpha | \alpha = -\tau, \cdots, -1, 0, 1, \cdots, \tau\}$ 为语言术语集，则概率语言术语集定义为：

$$L(p) = \{L^n(p^n) | L^n \in S, p^n \geq 0, n = 1, 2, \cdots, \#L(p), \sum_{n=1}^{\#L(p)} p^n \leq 1\}$$

$$(5.1)$$

其中，$L^n(p^n)$ 被称作概率语言元素，L^n 表示第 n 个语言术语，其相应的概率值为 p^n，$\#L(p)$ 为 $L(p)$ 中概率语言元素个数。

例 5.1 假设决策者需要对某备选方案集给出评价信息，令语言术语集为：

$S = \{s_{-3} = $非常差$, s_{-2} = $差$, s_{-1} = $较差$, s_0 = $一般$, s_1 = $较好$, s_2 = $好$, s_3 = $非常好$\}$

决策者综合评估后认为某方案表现较好的概率为50%，表现为好的概率是40%，那么该评价信息可以表示为 $L_1(p) = \{s_1(0.5), s_2(0.4)\}$。

由于决策者差异导致所给概率语言评价信息标准不一，为了消除这种影响，在概率语言术语集运算前需要对其进行标准化处理。标准化处理包含概率标准化和长度统一化。

概率标准化即将缺失的概率值平均分配给原始语言术语。

定义 5.1.2（Pang et al.，2016） 令一个概率语言术语集 $L(p)$ 满足 $\sum_{n=1}^{\#L(p)} p^n < 1$，则对应标准化后的概率语言术语集定义为：

$$L^N(p) = \{L^{N(n)}(p^{N(n)}) \mid n = 1, 2, \cdots, \#L(p), \sum_{n=1}^{\#L(p)} p^{N(n)} = 1\}$$

(5.2)

其中，$p^{N(n)} = p^n / \sum_{n=1}^{\#L(p)} p^n$，$n = 1, 2, \cdots, \#L(p)$。

长度统一化即为确保两个不同的概率语言术语集具有相同数量的语言术语，在较短的概率语言术语集中添加概率值为0的语言术语，且令增加的语言术语是该概率语言术语集中语言标度最大的元素。

例 5.2 沿用例 5.1 中给定的语言术语集，假设两个概率语言术语集分别为 $L_1(p) = \{s_{-2}(0.2), s_{-1}(0.3)\}$ 和 $L_2(p) = \{s_{-2}(0.2), s_{-1}(0.4), s_1(0.1)\}$。显然，$L_1(p)$ 和 $L_2(p)$ 概率值之和均小于1且语言术语数量不一。$L_1(p)$ 和 $L_2(p)$ 标准化处

理后分别为 $L_1^N(p) = \{s_{-2}(0.4), s_{-1}(0.6), s_{-1}(0)\}$ 和 $L_2^N(p) = \{s_{-2}(0.29), s_{-1}(0.57), s_1(0.14)\}$。

为了不占用过多篇幅，在此说明文中的运算均使用标准化后的概率语言术语集。

基于同一语言术语集得到标准化后的两个概率语言术语集 $L_1(p)$ 和 $L_2(p)$，其基本运算规则如下：

①$L_1(p) \oplus L_2(p) = \{r_1^{n_1} \oplus r_2^{n_2}(p_1^{n_1}p_2^{n_2}) \mid n_1 = 1, \cdots, \#L_1(p); n_2 = 1, \cdots, \#L_2(p)\}$；

②$\xi L_1(p) = \{\xi r_1^n p_1^n \mid n_1 = 1, \cdots, \#L_1(p)\}$。

若语言标度计算结果 a 不在区间 $[-\tau, \tau]$ 范围内，则引入变换函数（Pang et al.，2016）：当 $s_\alpha > s_\tau$ 时，$f(s_\alpha) = s_\tau$；当 $s_\alpha < s_{-\tau}$ 时，$f(s_\alpha) = s_{-\tau}$。

两个概率语言术语集 $L_1(p)$ 和 $L_2(p)$ 的距离可定义为 $d(L_1(p), L_2(p))$ 且满足：

①$0 \leqslant d(L_1(p), L_2(p)) \leqslant 1$；

②当且仅当 $L_1(p) = L_2(p)$，满足 $d(L_1(p), L_2(p)) = 0$；

③$d(L_1(p), L_2(p)) = d(L_2(p), L_1(p))$。

定义 5.1.3（Pang et al.，2016） 给定两个标准化后的概率语言术语集 $L_1(p)$ 和 $L_2(p)$，$L_1(p)$ 和 $L_2(p)$ 之间的汉明距离定义为：

$$d_h(L_1(p), L_2(p)) = \frac{1}{\#L(p)} \sum_{n=1}^{\#L(p)} d(L_1^n(p_1^n), L_2^n(p_2^n)) \quad (5.3)$$

定义 5.1.4（Pang et al.，2016） 给定两个标准化后的概率语言术语集 $L_1(p)$ 和 $L_2(p)$，$L_1(p)$ 和 $L_2(p)$ 之间的欧几里得距

离定义为：

$$d_e(L_1(p), L_2(p)) = \sqrt{\frac{1}{\#L(p)} \sum_{n=1}^{\#L(p)} (d(L_1^n(p_1^n), L_2^n(p_2^n)))^2}$$

$$(5.4)$$

庞琦等（2016）提出概率语言加权平均算子集成评估信息，并利用概率语言术语集的期望（得分）和方差（偏离度）进行方案的排序和选取。

定义 5.1.5（Pang et al.，2016） 设有 m 个标准化后的概率语言术语集，其中 $w = (w_1, w_2, \cdots, w_m)^T$ 为 $L_k(p)$（$k = 1, 2, \cdots, m$）的权重向量，且满足 $w_k \geq 0$（$k = 1, 2, \cdots, m$），$\sum_{k=1}^{m} w_k = 1$，概率语言加权平均算子（PLWA）定义如下：

$$PLWA(L_1(p), L_2(p), \cdots, L_m(p)) = \bigoplus_{k=1}^{m} w_k L_k(p)$$
$$= w_1 L_1(p) \oplus w_2 L_2(p) \oplus \cdots \oplus w_m L_m(p)$$
$$= \bigcup_{r_1^n \in L_1(p)} \{w_1 r_1^n p_1^n\} \oplus \bigcup_{r_2^n \in L_2(p)} \{w_2 r_2^n p_2^n\} \oplus \cdots \oplus \bigcup_{r_m^n \in L_m(p)} \{w_m r_m^n p_m^n\}$$

$$(5.5)$$

定义 5.1.6（Pang et al.，2016） 设 $L(p)$ 为标准化后的概率语言术语集，其期望可定义为：

$$E(L(p)) = s_\sigma \tag{5.6}$$

其中，$\sigma = \sum_{n=1}^{\#L(p)} r^n p^n / \sum_{n=1}^{\#L(p)} p^n$，$r^n$ 表示语言术语 L^n 的下标。

定义 5.1.7（Pang et al.，2016） 设 $L(p)$ 为标准化后的概率语言术语集，其方差可定义为：

$$\alpha = \frac{1}{\sum_{n=1}^{\#L(p)} p^n} \left(\sum_{n=1}^{\#L(p)} (p^n(r^n - \sigma))^2 \right)^{\frac{1}{2}} \tag{5.7}$$

其中，r^n 表示语言术语 L^n 的下标。

5.1.2 概率语言偏好关系

偏好关系是决策者通过方案之间两两对比后所给出的一种评价信息，张译心等（2016）基于概率语言术语集提出概率语言偏好关系。

定义 5.1.8（Zhang et al.，2016） 给定一方案集 $X = \{x_i \mid i = 1，2，\cdots，m\}$，针对该方案集的概率语言偏好关系为矩阵 $B = (b(p)_{ij}^k)_{m \times m} \subset X \times X$，其中 $b(p)_{ij}^k$ 表示方案 x_i 对方案 x_j 的偏好程度且对于 b_{ij}^k（$i < j$），$i，j = 1，2，\cdots，m$ 而言，它应满足以下特征：

①$p_{ij}^n = p_{ji}^n$，$b_{ij}^n = neg(b_{ji}^n)$，$b(p)_{ii} = \{s_0(1)\} = \{s_0\}$，$\# b(p)_{ij} = \# b(p)_{ji}$；

②若 $i \leqslant j$，则 $b_{ij}^n p_{ij}^n \leqslant b_{ij}^{n+1} p_{ij}^{n+1}$；反之 $b_{ij}^n p_{ij}^n \geqslant b_{ij}^{n+1} p_{ij}^{n+1}$。

概率语言偏好矩阵中若每个概率语言元素都经过标准化处理，那么这个概率语言偏好矩阵可以被认为是标准化的概率语言偏好矩阵。同样地，下文中所提及的概率语言偏好矩阵均是标准化的概率语言偏好矩阵。

定义 5.1.9（Zhang et al.，2016） 给定任意两个标准化后的概率语言偏好矩阵 $B_1 = (L_{ij}(p)_1)_{n \times n}$ 和 $B_2 = (L_{ij}(p)_2)_{n \times n}$，则 B_1 和 B_2 间距离定义为：

$$d(B_1，B_2) = \sqrt{\frac{2}{n(n-1)} \sum_{j=i+1}^{n} \sum_{i}^{n-1} \left[d_h(L_{ij}(p)_1，L_{ij}(p)_2) \right]^2}$$

$$(5.8)$$

5.2 层次概率 K 均值聚类算法

在大规模群决策的研究中，学者已经提出了一些有效的聚类算法，如研究现状中提到的基于个人语义的聚类算法、模糊 C 均值聚类算法、基于方案排序的聚类方法和等价聚类方法等。由于层次概率 K 均值聚类算法简洁高效，在大规模群决策中常使用这种无监督算法对决策者进行划分。本章将层次概率 K 均值聚类算法拓展至概率语言偏好关系的语言环境下，考虑传统 K 均值聚类算法对于初始聚类中心选择的敏感性，本研究利用层次概率 K 均值聚类算法确定初始聚类中心。

（1）确定初始聚类中心

本节通过层次聚类算法确定初始聚类中心，假设 m 个决策者基于特定语言术语集给出概率语言偏好矩阵，经过标准化得到 $B = \{B^t \mid t = 1, \cdots, m\}$，设 K（$K \geq 2$）个类组。具体步骤归纳如下：

步骤 1：将每个概率语言偏好矩阵视作独立类。根据汉明距离公式计算每对类别（B^u，B^v）距离，如公式（5.9）所示：

$$d_h(b_{ij}^u(p), b_{ij}^v(p)) = \frac{1}{\#b(p)} \sum_{n=1}^{\#b(p)} d(b_{ij}^{un}(p_{ij}^{un}), b_{ij}^{vn}(p_{ij}^{vn}))$$

$$(5.9)$$

其中，元素 $b_{ij}^u(p)$ 和元素 $b_{ij}^v(p)$ 分别代表矩阵 $B^u = (b_{ij}^u)_{n \times n}$，$i$，$j = 1, 2, \cdots, n$ 和矩阵 $B^v = (b_{ij}^v)_{n \times n}$，$i$，$j = 1, 2, \cdots, n$，$1 \leq u$，

$v \leqslant m$ 的概率语言元素。随后，构建类之间概率语言偏好关系的距离矩阵 $D_h = (d_{uv})_{m \times m}$。在 $D_h = (d_{uv})_{m \times m}$ 中找到最小距离 $d_h(B^s, B^q) = \min\limits_{1 \leqslant u,v(u \neq v) \leqslant m} d_h(B^u, B^v)$，将 B^u 和 B^v 合并成一个新类组 B^{sq}。利用概率语言加权平均算子公式（5.5）获得类组 B^{sq} 的初始聚类中心。

步骤 2：根据上述汉明距离公式（5.9）计算新的类组 B^{sq} 和其他类之间的距离，更新基于概率语言偏好关系的距离矩阵。

步骤 3：重复步骤 1 和步骤 2，直至获得 K 个聚类和 K 个聚类中心。

（2）层次概率 K 均值聚类算法

通过欧几里得距离公式计算各概率语言偏好矩阵与聚类中心之间的距离，该距离在迭代过程中不断减小直至保持稳定。假设有 m 个标准化后的概率语言偏好矩阵 $B = \{B^t | t = 1, \cdots, m\}$，聚类数 K（$K \geqslant 2$）以及上述小节得到的初始类和初始聚类中心 $C = \{C^s | s = 1, \cdots, K\}$（$K \geqslant 2$）。层次概率 K 均值聚类算法具体步骤总结如下：

步骤 1：计算每个概率语言偏好矩阵与各聚类中心距离，将 B^t 分配至最近中心所在类中。根据欧几里得距离计算方法得到 B^t 至聚类中心 $C = \{C^s | s = 1, \cdots, K\}$ 距离，具体计算公式如式（5.10）所示。

$$d_e(b_{ij}^t(p), c_{ij}^s(p)) = \sqrt{\frac{1}{\#b(p)} \sum_{n=1}^{\#b(p)} (d(b_{ij}^{tn}(p_{ij}^{tn}), c_{ij}^{sn}(p_{ij}^{sn})))^2}$$

$$(5.10)$$

利用计算后的距离构建欧几里得距离矩阵 $D_e = (d)_{m \times m}$，在矩阵

D_e 选取最小距离并将偏好矩阵归到该聚类中心所在的类中，即如果 $d(B^t, C^s) = \min\{d_e(B^t, C^s)\}$，则 B^t 属于聚类中心 C^s 所在类。

步骤2：根据概率语言加权平均算子重新计算并更新新类的中心。

步骤3：重复步骤1和步骤2，直至聚类中心保持稳定，即在下次迭代过程中概率语言偏好矩阵集和各聚类中心距离保持不变。

根据上述算法，将大量决策者划分为 K 个集群，各集群包含评价相似的决策者，从而简化大规模群体决策中存在的复杂计算。

之后，我们需要通过集成各集群中所有的概率语言偏好关系矩阵来构建各类的集成概率语言偏好矩阵。大多数的研究中会直接使用聚类中心来表示意见相似的决策者们的偏好信息，虽然该方法避免再次计算，但采用聚类中心来代表某类的偏好信息不仅会造成大量原始信息的丢失，还会出现语言术语集外的下标元素从而带来复杂运算。所以，本章在充分考虑决策者原始偏好信息的情况下，采用下列集成各类中所有偏好矩阵的方法来形成类的偏好信息矩阵，方便后续矩阵计算。

假设决策者们针对一系列方案集 $X = \{x_i | i = 1, \cdots, n\}$ 给出概率语言偏好关系形式的评价，随后这群决策者通过层次概率K均值聚类算法被分类。含 t 位决策者的第 s 类 C^s 表示为 $C^s = \{e_t^s | t = 1, \cdots, \#e\}$，$B(b_{ij}^{st}(p))_{n \times n}$ 表示在第 s 类中第 t 位决策者给出的概率语言偏好矩阵。类 C^s 的集成概率语言偏好矩阵 $CH^s =$

$(h_{ij}^s)_{n \times n}$ 由公式（5.11）计算得到。

$$h_{ij}^s = \frac{1}{t} \overset{t}{\underset{u=1}{\bigoplus}} b_{ij}^{su}(p) \qquad (5.11)$$

例 5.3　若给定两个经过标准化后的概率语言术语集 $b_1(p) = \{s_{-2}(0.3)，s_{-1}(0.7)\}$ 及 $b_2(p) = \{s_{-2}(0.15)，s_{-1}(0.3)，s_0(0.1)，s_1(0.4)s_2(0.05)\}$，则根据公式（5.11），计算集成概率语言术语集为：

$b_1(p) \bigoplus b_2(p)$

$= \dfrac{1}{2}\{s_{-2}(0.15+0.3)，s_{-1}(0.3+0.7)，s_0(0.1)，s_1(0.4)s_2(0.05)\}$

$= \{s_{-2}(0.225)，s_{-1}(0.5)，s_0(0.05)，s_1(0.2)s_2(0.025)\}$

5.3　基于概率语言偏好关系的共识过程

5.3.1　共识衡量阶段

共识衡量阶段作为大规模群决策中不可或缺的一部分，其目的是利用一些特定的指标和参数来判断决策者们在当前是否达成共识。本节提出基于各类之间的相似度衡量群体共识水平。

令 C^u 和 C^v 代表两组类，$CH^u = (h_{ij}^u)_{n \times n}$ 和 $CH^v = (h_{ij}^v)_{n \times n}$ 分别代表这两组类的集成概率语言偏好关系矩阵。那么，二者的相似矩阵可表示为：

$$SM^{uv} = \begin{bmatrix} - & \cdots & sm_{1n}^{uv} \\ \vdots & \ddots & \vdots \\ sm_{n1}^{uv} & \cdots & - \end{bmatrix} \tag{5.12}$$

矩阵中的相似元素可由公式（5.13）计算得到：

$$sm_{ij}^{uv} = 1 - d(h_{ij}^u, h_{ij}^v) = 1 - \frac{1}{\#h_{ij}} \sum_{n=1}^{\#h_{ij}} d(h_{ij}^{u(n)}(p_{ij}^{u(n)}), h_{ij}^{v(n)}(p_{ij}^{v(n)}))$$

$$\tag{5.13}$$

其中，sm_{ij}^{uv} 代表类 C^u 和类 C^v 在方案 i 与方案 j 之间的概率语言偏好关系的相似度。在数学上，相似矩阵的表现形式可以看作是对称矩阵，所以为了避免重复计算，将相似矩阵写作上三角矩阵，即只考虑主对角线往上部分的数据。在得到相似矩阵后，通过公式（5.14）得到两个子类之间共识水平。

$$SGSI^{uv} = \frac{\sum_{i=1}^{n} \sum_{j=1, i \neq j}^{n} sm_{ij}^{uv}}{n \times (n-1)} \tag{5.14}$$

随后，由以下公式定义计算总体的共识程度，即 $\overline{SGSI}$：

$$\overline{SGSI} = \frac{2}{K(K-1)} \sum_{u=1}^{K-1} \sum_{v=u+1}^{K} SGSI^{uv} \tag{5.15}$$

显然，$\overline{SGSI} \in [0, 1]$，当前 $\overline{SGSI}$ 值越小，也就意味着决策者之间所达到的共识水平越低。

考虑决策者后续为实现群体共识而需要识别共识程度较低的偏好信息，我们在此处引入 sm_{ij}^u［公式（5.16）］表示类 C^u 与其他类对于方案 i 与方案 j 偏好关系的相似水平及 sa_i^u［公式（5.17）］表示类 C^u 中方案 i 与其余方案间偏好关系的相似水平。具体计算公式如下：

$$sm_{ij}^{u} = \frac{1}{K-1} \sum_{v=1, u \neq v}^{K} sm_{ij}^{uv} \tag{5.16}$$

$$sa_{i}^{u} = \frac{\sum_{j=1, i \neq j}^{n} sm_{ij}^{u}}{n-1} \tag{5.17}$$

通常情况下,不同决策者具有的背景和经验有所差异,所以他们主观刻画的概率语言偏好信息也有所差异。本章将评价信息相近的决策者划分为同一类,将产生含有相同或不同决策者数量的类,那么各类对群体共识水平的影响也不尽相同。本章依据每个子类的规模赋予类权重。假设有 K 个子类,$\#e^{u}$ 代表第 u 类中的专家个数。第 u 类的权重计算公式如下:

$$w^{u} = \frac{\#e^{u}}{\sum_{u=1}^{K} \#e^{u}} \tag{5.18}$$

5.3.2 反馈机制

大规模的群决策问题中的共识达成过程是一个反复协商的过程,需要不断调整决策者们的评价信息直至群体达成共识。在这阶段需要一个主持人在其中进行引导、协调,主持人的选择可由决策者们敲定。为了保障最终的决策质量,要求主持人客观、公正、无偏向,并且需要主持人具有良好沟通能力,有助于决策者接受调整意见。选定主持人后,决策者们需要确定基于具体决策问题的可接受的共识水平阈值。主持人比较当前真实共识水平和共识阈值,如果决策者们需要进行讨论并调整他们的概率语言偏好关系,调整需适当且正向。主持人应给出决策者可接受的调整幅度，且保证调整后的群体共识水平更接近阈值；相反，如果真实共识水平达到共识阈值，即表明主持人认定决策者们已经达成了共识，将进入选择决策方案的阶段。为显著且合理地提高共识达成过程的效率，本节提出了基于以下四个步骤的反馈机制：识别需要修改的偏好关系值、确定调整方向、确定调整值、决策者依据主持人提供的方向和建议修改偏好信息。

（1）识别规则

基于共识衡量阶段所提出的共识度概念，本章采用以下三个规则来识别需要调整的决策者的概率语言偏好信息。

①识别出需要修改其概率语言偏好关系的类。首先，找到共识水平 $SGSI$ 小于阈值 λ 并且共识水平最小的两个类。其次，分别计算这两个类与其他类的相似度，总相似度最小的类被认定为共识程度最低的类，即需要调整概率语言偏好关系的类（本章每次修改的过程中只有一个类会被选中）。

②识别出该类中需要修改的概率语言偏好关系的所属方案。为了避免偏好信息一次性修改过多，决策者不易接受从而拒绝合作，所以本章考虑决策者调整意愿，在选择调整对象时选择与群体共识偏差最大的方案进行调整。基于公式（5.17），利用公式（5.19）在被选择的类中识别出最需要修改的偏好关系的所属方案。

$$\bar{X} = \left\{ x_i \mid \min_i \{ sa_i \mid sa_i < \lambda, \ i = 1, \ 2, \ \cdots, \ n \} \right\} \quad (5.19)$$

③识别出所属该方案中具体需要修改的概率语言偏好值。进一步识别调整对象并使修改意见尽可能被决策者们接受，这部分仅识别共识水平小于阈值的偏好信息。具体识别规则如下：

$$h_{ij} = \{(i, j) \mid x_i \in \bar{X} \wedge sm_{ij} < \lambda, \ i \neq j\} \qquad (5.20)$$

接下来，通过一个例子来清晰地展示整个识别过程。

例 5.4 现有一个决策问题，备选方案有 $\{x_1, x_2, x_3, x_4, x_5\}$，为保证最终决策质量邀请 20 名决策者提供意见并要求评价信息为概率语言偏好关系的形式。随后根据他们的概率语言偏好信息将这些决策者划分至 5 类 $\{C^1, C^2, C^3, C^4, C^5\}$，获得群体此时共识水平 $SGSI$，确定并未达到事先设定的共识阈值，故进入反馈识别阶段。假设 $SGSI_{23}$ 为最小共识值，此时需要比较 $\sum\limits_{j \neq 2,3}^{5} SGSI_{2j}$ 和 $\sum\limits_{j \neq 2,3}^{5} SGSI_{3j}$ 值的大小。如果 $\sum\limits_{j \neq 2,3}^{5} SGSI_{2j} < \sum\limits_{j \neq 2,3}^{5} SGSI_{3j}$，那么确定 C^2 为需要调整的类，反之则选择类 C^3。若基于识别规则 [公式 (5.19)] 比较 sa_i^u 后选择 x_3，那么将 sm_{31}，sm_{32}，sm_{34} 和 sm_{35} 与共识阈值 λ 作比较。如果仅 $sm_{34} < \lambda$，则表明 h_{34} 为所需修改的元素。基于以上分析，主持人在当前识别阶段应建议 C^2 中的决策者调整方案 3 和方案 4 之间的偏好关系信息。

（2）建议规则

本章为了提高群体的共识水平并降低沟通成本，提出调整概率语言偏好关系的建议规则，主要包括调整幅度和调整方向。在阐述建议规则前，我们首先计算除选定需要修改的类外的集成概率语言偏好关系，记为 $CH^G = (h_{ij}^G)_{n \times n}$，设 C^v 为识别规则中所选中需调整的对象，集成概率语言偏好关系中的矩阵元素由公式 (5.21) 获得。

$$h_{ij}^G = \bigoplus_{u=1, u \neq v}^{K} (w^u h_{ij}^u) = \bigcup_{r_q^u \in L_q^u} \sum_{u=1, u \neq v}^{K} w^u r_{ij}^u \qquad (5.21)$$

其中，w 代表各类的权重向量，w^u 代表类 C^u 的权重。

随后，将偏离程度较大的类的偏好信息向群体集成的评价信息靠近，所以通过结合集成概率语言偏好矩阵 CH^G 和 C^v 的概率语言偏好矩阵生成偏好信息的调整建议值。引入调整参数 ρ（$0 < \rho < 1$），决策者们根据当下决策问题的紧急情况确定，也同时考虑不同决策者的调整意愿，设定可接受的调整参数。调整建议值的计算方法见公式（5.22），其中 h_{ij}^v 和 h_{ij}^G 表示在相应偏好矩阵中方案 i 和方案 j 的概率语言偏好元素。

$$\tau_{ij} = \rho h_{ij}^v + (1 - \rho) h_{ij}^G \qquad (5.22)$$

通常，在决策问题未实现共识的情况下，决策者们不仅会经过反复多轮的沟通，而且由于彼此思考的方式不同和对决策问题的理解不一，这些沟通也往往很难切中要害，给出最直观的修改建议。所以本章提出的调整模式对不满足共识阈值并且对整体共识水平贡献最低的概率语言偏好关系的修改提供了精确的方向和参考值，提高了共识达成过程的效率。同时，在传统达成共识的过程中出于认知能力和一些心理因素的原因，个别决策者可能不愿意采用主持人提供的建议值。本章由决策者们共同商议调整参数的方式会大大提高决策者的修改意愿，降低不必要的沟通成本。

偏好信息的调整方向是基于集成概率语言偏好矩阵 CH^G 的得分和偏好矩阵 C^v 的得分比较判断。概率语言偏好矩阵的得分由期望计算可得，见公式（5.6）。若 $E(C^v) < E(CH^G)$，那么 C^v 中的决策者应该增加需要修改的偏好值；反之若 $E(C^v) > E(CH^G)$，则减小需要修改的偏好值。通过提出的反馈机制，决策者们经过多次修改，最终将会达成共识。

本章提出的反馈机制由作为交互调节者的主持人引导，根据调整推荐值和调整方向修改偏好信息，比传统辅助决策的自动化决策系统更合理、更易于接受。然而，在某些情况下，小组内的决策者可能拒绝合作，这意味着他们不愿调整他们的评价或者不遵循主持人的建议，反向调整其评价信息。面对这种状况，一些反馈机制会将那些固执的决策者排除在决策过程之外，或者移除尚未达成共识的评价信息。根据这些机制，选定的类将拒绝修改意见的决策者排除在外，其余决策者提供重新考虑后的偏好值。

5.3.3 最优方案选择阶段

一旦群体达成了共识，将会进入最优方案的选择阶段。在这个阶段首先集成决策者的偏好信息，再根据概率语言加权平均算子 ［公式 （5.5）］，得到各方案的综合评估信息，记为 PV_i，$i =$ 1，2，…，n。随后，各方案 PV_i 的分数由公式（5.6）和公式（5.7）得到。

备选方案优先级排序规则如下：①如果 $E(PV_i) > E(PV_j)$，则备选方案 x_i 优先于备选方案 x_j；②如果 $E(PV_i) < E(PV_j)$，则备选方案 x_j 优先于备选方案 x_i；③如果 $E(PV_i) = E(PV_j)$，则需要比较偏离程度，具体由公式（5.7）得到：①如果 $\alpha(PV_i) > \alpha(PV_j)$，则备选方案 x_j 优先于备选方案 x_i；②如果 $\alpha(PV_i) < \alpha(PV_j)$，则备选方案 x_i 优先于备选方案 x_j；③如果 $\alpha(PV_i) = \alpha(PV_j)$，则可选方案 x_i 和可选方案 x_j 都是最佳解决方案。

5.4 仿真实验与对比分析

5.4.1 层次概率 K 均值聚类算法对比分析

利用 MATLAB 软件模拟仿真验证层次概率 K 均值聚类算法的优越性和有效性。

首先，为了论证所提算法的优越性，对比分析传统的 K 均值聚类算法与本书提出的层次概率 K 均值聚类算法。基于概率语言偏好关系下的传统 K 均值聚类算法从决策者提供的原始评价信息中随机选取初始聚类中心，得到每个偏好矩阵与初始聚类中心之间的距离，并根据这些距离划分，不断迭代使每类内部的距离尽可能地缩小，各类之间的距离尽可能地扩大。本章所提出的层次概率 K 均值聚类算法优化了传统 K 均值聚类算法初始聚类中心的选择，利用层次概率 K 均值聚类方法确定初始聚类中心。接下来通过 MATLAB 随机生成 20 个初始概率语言偏好关系矩阵，令聚类数 $K = 5$，将以上两种聚类算法模拟运行四次，结果如表 5 - 1 所示。

由表 5 - 1 可以看出，每次实验中传统 K 均值聚类算法随机确定的初始聚类中心不同，造成最终的聚类结果也不同。而层次概率 K 均值聚类算法在四次实验中得到的聚类结果相同。也就是说，本研究所提出的层次概率 K 均值聚类算法克服了传统 K 均值聚类算法对初始聚类中心选择的不确定性，验证了所提算法的可靠性。

表 5 – 1 　　　　　基于不同聚类算法的聚类结果

聚类算法	实验次数	初始聚类中心	迭代次数	聚类结果
层次概率 K 均值	1 ~ 4	{2, 5, 7, 14} {1, 8, 16, 19} {3, 4, 6, 10, 13, 20} {9, 12, 15, 17} {11, 18}	1	{2, 5, 7} {1, 8, 16, 17, 19, 20} {3, 4, 6, 13} {9, 12, 15} {10, 11, 14, 18}
传统 K 均值	1	{3} {12} {14} {15} {20}	6	{4, 7, 16, 18, 20} {5, 10, 15} {2, 19} {1, 3, 6, 8, 9, 11, 13} {12, 14, 17}
	2	{1} {2} {7} {9} {11}	6	{4} {7, 18} {3} {1, 2, 5, 6, 8, 10, 11, 15, 19, 20} {9, 12, 13, 14, 16, 17}
	3	{4} {8} {10} {13} {17}	6	{12, 14, 17} {10} {1, 3, 6, 7, 9, 11, 13, 15, 16, 18} {5, 8, 19} {2, 4, 20}
	4	{5} {6} {16} {18} {19}	7	{17, 19} {5, 8, 10} {15} {9, 12, 13, 16} {1, 2, 3, 4, 6, 7, 11, 14, 18, 20}

为了进一步验证所提算法的稳定性，我们探究了在两种聚类算法下迭代次数与聚类数量的关系。实验改变聚类数（聚类数由 5 个递增至 10 个），观察两种算法所需的迭代次数，模拟 500 次后得到平均迭代次数，如图 5 – 1 所示。

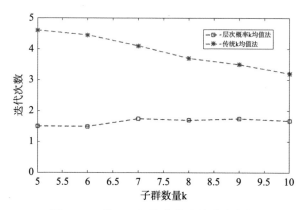

图 5-1 基于不同聚类算法的迭代次数

从图 5-1 可以看出，传统 K 均值聚类算法的迭代次数随着所需聚类数量的增加而减少，而层次概率 K 均值聚类算法的迭代次数基本保持稳定。同时，在给定 20 个偏好矩阵的聚类实验中，传统 K 均值聚类算法的迭代次数为 3~5 次，层次概率 K 均值聚类算法的迭代次数为 1~2 次，明显小于传统 K 均值聚类算法。

基于以上分析，传统的 K 均值聚类算法与层次概率 K 均值聚类算法相比较不仅能提供更准确、更可靠的聚类结果，而且可以保证聚类过程的高效及稳定。

5.4.2 共识达成效率实验分析

如前所言，调整参数反映了决策者们愿意接受推荐值的程度，值越大，说明所选类中的决策者在迭代中越不愿意过多修改自己的观点。为了探究调整参数对共识过程的影响，我们在模拟实验中设定可接受的共识阈值 $\lambda = 0.9$，所需的聚类数 $K = 5$，最

大迭代轮数 $\delta = 100$。调整参数 ρ 从 0.1 增加到 0.9。利用随机生成 20 个初始概率语言偏好关系模拟共识模型 500 次，最终平均迭代次数如图 5 - 2 所示。

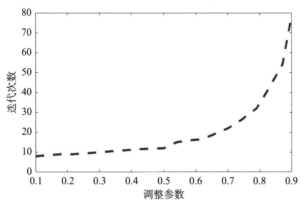

图 5 - 2　基于不同调整参数的迭代次数

由图 5 - 2 可知，随着调整参数的增加，评价信息达成共识所需的迭代次数也随之增加。而且，随着调整参数增大，曲线走势逐渐呈凹函数趋势，说明迭代次数的增长速度也随着调整参数的增大而加快。

从以上模拟分析来看，调整参数对共识达成过程的效率有较大影响。当调整参数值减小时，修改建议值向群体集成偏好信息靠拢，迭代次数明显减少。因此，对于颇为紧急的大规模群决策问题，决策者应采用较小的调整参数；反之，对于需要充分考虑决策者初始评价信息的决策问题，应考虑采用较大的调整参数。

5.5 算 例 分 析

在社会经济飞速发展的背景下，消费者在满足了衣食住行的物质需求的基础上越来越注重精神上的享受，休闲旅游逐渐成为备受大家喜爱的一种娱乐方式。其中，乡村旅游以实现远离城市的喧嚣、享受淳朴的宁静吸引着消费者的目光。中国社科院舆情实验室 2016 年发布的报告称全年乡村旅游人次占全国旅游者的三分之一，同时预测未来十年依旧保持较高的增长速度，这也印证了乡村旅游成为现代人追求环保、健康、自由生活的一种新途径。现代乡村旅游往往凭借自身特色的民风民俗、秀美的自然风光、便利的交通条件、特色产业等优势，开发出多元化的旅游方式吸引游客刺激消费，这一形式也将会为当地的传统经济注入新活力。通过带动县、乡及其周边地区消费和旅游市场，为当地创造大量就业机会，激发当地农民环保的自觉性，也为实现农民走向现代化提供有效路径。例如，江西婺源依托生态与文化资源，着力打造特色乡村旅游品牌，所带来的经济效益显著，2014 年婺源县综合收入 65 亿元，同比增长 27%，旅游产业占全县 GDP 比重达 48%。四川成都三圣花乡也通过大力发展乡村旅游，开发不同种类旅游景点达 30 多处，是乡村旅游带动农民致富的典型案例。由此可见，乡村旅游对地区而言，在拉动消费、扩大内需、带动就业、增加收入等方面都发挥着重要作用。

顺应当下旅游热潮，同时为促进当地的经济发展和实现乡村振兴，A市准备在当地选择合适的开发模式引入投资商共同打造高品质乡村旅游项目。目前有四个方案 $\{x_1, x_2, x_3, x_4\}$ 脱颖而出：

①依托自然景观和田园风光为主题的观光型乡村旅游 x_1；

②将乡村旅游结合农业、林业、渔业，开发相应的旅游娱乐项目的农庄或农场型旅游 x_2；

③依靠以乡村民风、民情及传统文化为主题的具有区域特色的乡村旅游 x_3；

④集疗养、娱乐、运动健身于一体的康乐型乡村旅游 x_4。

为选择最佳的开发模式，现在邀请20位决策者从地理位置、基建情况、气候环境、人文特色、开发环节、营销广告、项目所带来持续收益等多方面综合评估以上四个备选方案。在该案例中，邀请富有经验的20名决策者并基于语言术语集 $S = \{s_{-2} =$ 差，$s_{-1} = $ 较差，$s_0 = $ 一般，$s_1 = $ 较好，$s_2 = $ 好$\}$ 给出概率语言偏好关系形式的评价信息。表5-2为20位决策者对备选方案基于概率语言偏好关系的评价信息。

表5-2　　20位决策者基于概率语言偏好关系的评价信息

决策者	方案	x_1	x_2	x_3	x_4
B_1	x_1	$\{S_0(1)\}$	$\{S_1(1)\}$	$\{S_0(0.8)\}$	$\{S_0(0.7)\}$
	x_2		$\{S_0(1)\}$	$\{S_{-1}(0.9), S_0(0.1)\}$	$\{S_{-2}(0.6)\}$
	x_3			$\{S_0(1)\}$	$\{S_0(0.8), S_1(0.2)\}$
	x_4				$\{S_0(1)\}$

续表

决策者	方案	x_1	x_2	x_3	x_4
B_2	x_1	$\{S_0(1)\}$	$\{S_2(0.7)\}$	$\{S_{-1}(0.6)\}$	$\{S_{-2}(0.9)\}$
	x_2		$\{S_0(1)\}$	$\{S_2(0.8)\}$	$\{S_1(0.2),\ S_2(0.4)\}$
	x_3			$\{S_0(1)\}$	$\{S_1(0.6),\ S_2(0.3)\}$
	x_4				$\{S_0(1)\}$
B_3	x_1	$\{S_0(1)\}$	$\{S_{-2}(0.8)\}$	$\{S_{-1}(1)\}$	$\{S_{-2}(0.1),\ S_{-1}(0.6)\}$
	x_2		$\{S_0(1)\}$	$\{S_1(0.5)\}$	$\{S_0(1)\}$
	x_3			$\{S_0(1)\}$	$\{S_{-2}(1)\}$
	x_4				$\{S_0(1)\}$
B_4	x_1	$\{S_0(1)\}$	$\{S_{-1}(0.5),\ S_0(0.2)\}$	$\{S_0(0.6)\}$	$\{S_{-1}(0.5),\ S_0(0.1)\}$
	x_2		$\{S_0(1)\}$	$\{S_1(0.8)\}$	$\{S_2(1)\}$
	x_3			$\{S_0(1)\}$	$\{S_1(1)\}$
	x_4				$\{S_0(1)\}$
B_5	x_1	$\{S_0(1)\}$	$\{S_0(0.8)\}$	$\{S_2(0.6)\}$	$\{S_{-2}(0.7),\ S_{-1}(0.2)\}$
	x_2		$\{S_0(1)\}$	$\{S_0(0.8)\}$	$\{S_{-2}(0.5)\}$
	x_3			$\{S_0(1)\}$	$\{S_2(0.5)\}$
	x_4				$\{S_0(1)\}$
B_6	x_1	$\{S_0(1)\}$	$\{S_1(0.3),\ S_2(0.2)\}$	$\{S_{-2}(0.3),\ S_{-1}(0.4)\}$	$\{S_{-1}(0.9)\}$
	x_2		$\{S_0(1)\}$	$\{S_{-1}(0.7)\}$	$\{S_{-2}(0.9)\}$
	x_3			$\{S_0(1)\}$	$\{S_{-1}(0.8)\}$
	x_4				$\{S_0(1)\}$
B_7	x_1	$\{S_0(1)\}$	$\{S_{-1}(0.6)\}$	$\{S_{-1}(0.5)\}$	$\{S_{-1}(1)\}$
	x_2		$\{S_0(1)\}$	$\{S_1(1)\}$	$\{S_2(0.6)\}$
	x_3			$\{S_0(1)\}$	$\{S_2(0.6)\}$
	x_4				$\{S_0(1)\}$
B_8	x_1	$\{S_0(1)\}$	$\{S_{-1}(0.5)\}$	$\{S_1(0.3),\ S_2(0.2)\}$	$\{S_0(0.7),\ S_1(0.3)\}$
	x_2		$\{S_0(1)\}$	$\{S_0(0.6),\ S_1(0.3)\}$	$\{S_{-2}(0.9)\}$
	x_3			$\{S_0(1)\}$	$\{S_2(0.9)\}$
	x_4				$\{S_0(1)\}$

续表

决策者	方案	x_1	x_2	x_3	x_4
B_9	x_1	$\{S_0(1)\}$	$\{S_0(0.2), S_1(0.3)\}$	$\{S_{-1}(0.4), S_0(0.1)\}$	$\{S_2(1)\}$
	x_2		$\{S_0(1)\}$	$\{S_0(0.1), S_1(0.8)\}$	$\{S_{-2}(1)\}$
	x_3			$\{S_0(1)\}$	$\{S_1(1)\}$
	x_4				$\{S_0(1)\}$
B_{10}	x_1	$\{S_0(1)\}$	$\{S_1(0.9)\}$	$\{S_{-2}(0.4), S_{-1}(0.4)\}$	$\{S_0(1)\}$
	x_2		$\{S_0(1)\}$	$\{S_{-1}(0.5), S_0(0.5)\}$	$\{S_1(0.8)\}$
	x_3			$\{S_0(1)\}$	$\{S_{-1}(0.6), S_0(0.4)\}$
	x_4				$\{S_0(1)\}$
B_{11}	x_1	$\{S_0(1)\}$	$\{S_{-2}(0.6), S_{-1}(0.4)\}$	$\{S_2(0.6)\}$	$\{S_{-1}(1)\}$
	x_2		$\{S_0(1)\}$	$\{S_2(0.8)\}$	$\{S_{-2}(0.1), S_{-1}(0.7)\}$
	x_3			$\{S_0(1)\}$	$\{S_1(0.2), S_2(0.3)\}$
	x_4				$\{S_0(1)\}$
B_{12}	x_1	$\{S_0(1)\}$	$\{S_{-2}(0.9)\}$	$\{S_1(0.4), S_2(0.6)\}$	$\{S_{-2}(0.6)\}$
	x_2		$\{S_0(1)\}$	$\{S_{-1}(0.8)\}$	$\{S_2(0.5)\}$
	x_3			$\{S_0(1)\}$	$\{S_0(0.9)\}$
	x_4				$\{S_0(1)\}$
B_{13}	x_1	$\{S_0(1)\}$	$\{S_1(0.5), S_2(0.2)\}$	$\{S_1(0.5), S_2(0.2)\}$	$\{S_1(0.5)\}$
	x_2		$\{S_0(1)\}$	$\{S_{-1}(0.4), S_0(0.5)\}$	$\{S_0(1)\}$
	x_3			$\{S_0(1)\}$	$\{S_{-2}(0.5)\}$
	x_4				$\{S_0(1)\}$
B_{14}	x_1	$\{S_0(1)\}$	$\{S_0(1)\}$	$\{S_{-1}(0.5)\}$	$\{S_{-2}(0.7), S_{-1}(0.3)\}$
	x_2		$\{S_0(1)\}$	$\{S_{-1}(0.1), S_0(0.4)\}$	$\{S_0(1)\}$
	x_3			$\{S_0(1)\}$	$\{S_{-2}(0.4), S_{-1}(0.4)\}$
	x_4				$\{S_0(1)\}$
B_{15}	x_1	$\{S_0(1)\}$	$\{S_{-1}(1)\}$	$\{S_1(0.7), S_2(0.1)\}$	$\{S_{-1}(0.6), S_0(0.1)\}$
	x_2		$\{S_0(1)\}$	$\{S_{-1}(0.4), S_0(0.5)\}$	$\{S_2(1)\}$
	x_3			$\{S_0(1)\}$	$\{S_1(1)\}$
	x_4				$\{S_0(1)\}$

续表

决策者 方案		x_1	x_2	x_3	x_4
B_{16}	x_1	$\{S_0(1)\}$	$\{S_{-2}(0.9), S_{-1}(0.1)\}$	$\{S_2(0.9)\}$	$\{S_{-1}(0.6)\}$
	x_2		$\{S_0(1)\}$	$\{S_0(0.7), S_1(0.1)\}$	$\{S_{-2}(0.4), S_{-1}(0.4)\}$
	x_3			$\{S_0(1)\}$	$\{S_{-2}(0.8)\}$
	x_4				$\{S_0(1)\}$
B_{17}	x_1	$\{S_0(1)\}$	$\{S_2(1)\}$	$\{S_1(0.5)\}$	$\{S_{-2}(0.8)\}$
	x_2		$\{S_0(1)\}$	$\{S_0(0.6)\}$	$\{S_{-1}(0.6), S_0(0.1)\}$
	x_3			$\{S_0(1)\}$	$\{S_{-2}(0.6), S_{-1}(0.4)\}$
	x_4				$\{S_0(1)\}$
B_{18}	x_1	$\{S_0(1)\}$	$\{S_{-2}(0.6)\}$	$\{S_{-1}(0.6)\}$	$\{S_{-2}(0.1), S_{-1}(0.7)\}$
	x_2		$\{S_0(1)\}$	$\{S_0(0.3), S_1(0.7)\}$	$\{S_{-2}(1)\}$
	x_3			$\{S_0(1)\}$	$\{S_{-1}(0.3), S_0(0.6)\}$
	x_4				$\{S_0(1)\}$
B_{19}	x_1	$\{S_0(1)\}$	$\{S_{-2}(1)\}$	$\{S_2(1)\}$	$\{S_{-2}(0.4), S_{-1}(0.6)\}$
	x_2		$\{S_0(1)\}$	$\{S_{-2}(0.7)\}$	$\{S_{-2}(0.1), S_{-1}(0.4)\}$
	x_3			$\{S_0(1)\}$	$\{S_{-1}(0.9)\}$
	x_4				$\{S_0(1)\}$
B_{20}	x_1	$\{S_0(1)\}$	$\{S_1(0.6)\}$	$\{S_1(0.5), S_2(0.3)\}$	$\{S_0(1)\}$
	x_2		$\{S_0(1)\}$	$\{S_0(0.8)\}$	$\{S_1(0.8)\}$
	x_3			$\{S_0(1)\}$	$\{S_{-1}(0.5), S_0(0.3)\}$
	x_4				$\{S_0(1)\}$

利用本章提出的模型对该乡村旅游项目决策问题进行求解。

步骤1：根据概率语言偏好关系将20名决策者划分为五个意见相似的小组 C^i（$i=1, 2, 3, 4, 5$）。首先利用第5.2节中给出的层次概率 K 均值聚类算法确定五个初始小组和初始聚类中心，再利用层次概率 K 均值聚类算法得到最终分组 $C^1=\{e_1\}$，

$C^2 = \{e_9\}$，$C^3 = \{e_{10}, e_{20}\}$，$C^4 = \{e_4, e_7, e_{12}, e_{15}\}$，$C^5 = \{e_2, e_3, e_5, e_6, e_8, e_{11}, e_{13}, e_{14}, e_{16}, e_{17}, e_{18}, e_{19}\}$ 并依据组内人数确定不同小组权重。

步骤2：利用第5.2节中公式（5.11）获得聚类后五个群组的集成概率语言偏好矩阵 CH^i（$i=1, 2, 3, 4, 5$）。表5-3为小组组内概率评价信息集成后的群组概率语言偏好矩阵。

表5-3　群组概率评价信息集成后的群组概率语言偏好矩阵

群组	方案	x_1	x_2	x_3	x_4
CH^1	x_1	$\{S_0(1)\}$	$\{S_2(1)\}$	$\{S_{-1}(1)\}$	$\{S_{-2}(1)\}$
	x_2		$\{S_0(1)\}$	$\{S_2(1)\}$	$\{S_1(0.33), S_2(0.67)\}$
	x_3			$\{S_0(1)\}$	$\{S_1(0.67), S_2(0.33)\}$
	x_4				$\{S_0(1)\}$
CH^2	x_1	$\{S_0(1)\}$	$\{S_0(0.4), S_1(0.6)\}$	$\{S_{-1}(0.8), S_0(0.2)\}$	$\{S_2(1)\}$
	x_2		$\{S_0(1)\}$	$\{S_0(0.11), S_1(0.89)\}$	$\{S_2(1)\}$
	x_3			$\{S_0(1)\}$	$\{S_1(1)\}$
	x_4				$\{S_0(1)\}$
CH^3	x_1	$\{S_0(1)\}$	$\{S_1(1)\}$	$\{S_{-2}(0.25), S_{-1}(0.25), S_1(0.31), S_2(0.19)\}$	$\{S_0(1)\}$
	x_2		$\{S_0(1)\}$	$\{S_{-1}(0.25), S_0(0.75)\}$	$\{S_1(1)\}$
	x_3			$\{S_0(1)\}$	$\{S_{-1}(0.61), S_0(0.39)\}$
	x_4				$\{S_0(1)\}$
CH^4	x_1	$\{S_0(1)\}$	$\{S_{-2}(0.25), S_{-1}(0.68), S_0(0.07)\}$	$\{S_{-1}(0.25), S_0(0.25), S_1(0.32), S_2(0.18)\}$	$\{S_{-2}(0.25), S_{-1}(0.68), S_0(0.07)\}$
	x_2		$\{S_0(1)\}$	$\{S_{-1}(0.36), S_0(0.14), S_1(0.5)\}$	$\{S_2(1)\}$
	x_3			$\{S_0(1)\}$	$\{S_0(0.25), S_1(0.5), S_2(0.25)\}$
	x_4				$\{S_0(1)\}$

续表

群组	方案	x_1	x_2	x_3	x_4
CH^5	x_1	$\{S_0(1)\}$	$\{S_{-2}(0.37),\ S_{-1}(0.13),\ S_0(0.17),\ S_1(0.19),\ S_2(0.14)\}$	$\{S_{-2}(0.04),\ S_{-1}(0.3),\ S_0(0.08),\ S_1(0.19),\ S_2(0.39)\}$	$\{S_{-2}(0.26),\ S_{-1}(0.49),\ S_0(0.14),\ S_1(0.11)\}$
	x_2		$\{S_0(1)\}$	$\{S_{-2}(0.08),\ S_{-1}(0.21),\ S_0(0.45),\ S_1(0.18),\ S_2(0.08)\}$	$\{S_{-2}(0.49),\ S_{-1}(0.25),\ S_0(0.26)\}$
	x_3			$\{S_0(1)\}$	$\{S_{-2}(0.34),\ S_{-1}(0.27),\ S_0(0.12),\ S_1(0.05),\ S_2(0.22)\}$
	x_4				$\{S_0(1)\}$

步骤 3：利用公式（5.12）和公式（5.13）构建小组间的相似矩阵，表 5 - 4 为各小组之间概率语言偏好关系的相似程度。基于公式（5.14）获得小组间相似度，计算结果如表 5 - 5 所示。随后用公式（5.15）将小组间相似度集合得到群体总体共识度 $\overline{SGSI}=0.64$，很明显当前群体共识水平低于群体针对该案例所确定的共识阈值 $\lambda=0.9$。因此，将进入第 5.3.2 节所提出的反馈机制，通过调整评价信息不断迭代来协助群体实现共识。

表 5 - 4 　　　　　　　　　　群组间相似矩阵

相似矩阵	方案	x_1	x_2	x_3	x_4
SM^{12}	x_1	1	0.35	0.92	0
	x_2		1	0.18	0.50
	x_3			1	0.71
	x_4				1

续表

相似矩阵	方案	x_1	x_2	x_3	x_4
SM^{13}	x_1	1	0.75	0.80	0.5
	x_2		1	0.29	0.41
	x_3			1	0.74
	x_4				1
SM^{14}	x_1	1	0.41	0.81	0.9
	x_2		1	0.43	0.29
	x_3			1	0.74
	x_4				1
SM^{15}	x_1	1	0.54	0.78	0.92
	x_2		1	0.54	0.62
	x_3			1	0.73
	x_4				1
SM^{23}	x_1	1	0.5	0.82	0.5
	x_2		1	0.8	0.25
	x_3			1	0.56
	x_4				1
SM^{24}	x_1	1	0.8	0.83	0.41
	x_2		1	0.59	0
	x_3			1	0.56
	x_4				1
SM^{25}	x_1	1	0.77	0.8	0.49
	x_2		1	0.7	0.91
	x_3			1	0.65
	x_4				1
SM^{34}	x_1	1	0.56	0.96	0.69
	x_2		1	0.72	0.75
	x_3			1	0.82
	x_4				1

续表

相似矩阵	方案	x_1	x_2	x_3	x_4
SM^{35}	x_1	1	0.65	0.8	0.73
	x_2		1	0.8	0.56
	x_3			1	0.86
	x_4				1
SM^{45}	x_1	1	0.89	0.8	0.95
	x_2		1	0.89	0.42
	x_3			1	0.8
	x_4				1

表 5 – 5   群组相似度计算结果

	CH^1	CH^2	CH^3	CH^4	CH^5
CH^1	1	0.44	0.58	0.60	0.68
CH^2		1	0.57	0.53	0.72
CH^3			1	0.75	0.74
CH^4				1	0.79
CH^5					1

步骤 4：根据第 5.3.2 节中提出的识别规则从而确定在第 1 轮迭代中 C^2 对群体共识贡献最低，因而选择 C^2 调整其概率语言偏好关系。根据识别规则（2）和规则（3）选择概率语言偏好矩阵中 h_{14}、h_{24} 与 h_{34} 为需要修改的元素。采用第 5.3.2 节中的建议规则，令调整参数 $\rho = 0.5$，确定三个元素调整建议值如表 5 – 6 所示。

表 5 - 6　　　　　　　　初始及需调整的概率语言偏好信息

	h_{14}	h_{24}	h_{34}
初始值	$\{S_2(1)\}$	$\{S_2(1)\}$	$\{S_1(1)\}$
调整值	$\{S_{-2}(0.14),\ S_{-1}(0.22),$ $S_0(0.11),\ S_1(0.03),$ $S_2(0.5)\}$	$\{S_{-2}(0.65),\ S_{-1}(0.08),$ $S_0(0.09),\ S_1(0.06),$ $S_2(0.12)\}$	$\{S_{-2}(0.1),\ S_{-1}(0.12),$ $S_0(0.09),\ S_1(0.59),$ $S_2(0.1)\}$

步骤 5：C^2 中仅有决策者 e_9 且 e_9 同意调整并接受主持人给出的评价信息调整值。经过调整后重复步骤 2 和步骤 3 得到此时群体共识水平 $\overline{SGSI} = 0.70$。

显然，此时共识水平仍然不满足该案例的共识需求。此时，需要反复进行迭代计算重复步骤 2 ~ 步骤 5，直至群体共识水平达到共识阈值。该案例应用此模型最终经过 11 次调整迭代实现了群体共识，由于篇幅有限，在这里我们只介绍第 1 轮的详细流程和达成共识时的最终结果。经过第 11 轮评价信息的调整后，我们得到 $\overline{SGSI} = 0.9005 > \lambda$，这表明在这轮迭代中 20 位决策者达成了共识，可以终止达成共识过程。

步骤 6：群体达成共识后，集成群体偏好信息矩阵如表 5 - 7 所示。

表 5 -7　　　　　　　　达成共识后群体偏好信息

方案	x_1	x_2	x_3	x_4
x_1	$\{S_0(1)\}$	$\{S_{-2}(0.33),\ S_{-1}(0.19),$ $S_0(0.15),\ S_1(0.2),$ $S_2(0.13)\}$	$\{S_{-2}(0.04),\ S_{-1}(0.34),$ $S_0(0.11),\ S_1(0.21),$ $S_2(0.3)\}$	$\{S_{-2}(0.27),\ S_{-1}(0.46),$ $S_0(0.17),\ .S_1(0.08),$ $S_2(0.02)\}$

续表

方案	x_1	x_2	x_3	x_4
x_2		$\{S_0(1)\}$	$\{S_{-2}(0.06),\ S_{-1}(0.23),$ $S_0(0.4),\ S_1(0.23),$ $S_2(0.08)\}$	$\{S_{-2}(0.43),\ S_{-1}(0.22),$ $S_0(0.22),\ S_1(0.04),$ $S_2(0.09)\}$
x_3			$\{S_0(1)\}$	$\{S_{-2}(0.26),\ S_{-1}(0.24),$ $S_0(0.15),\ S_1(0.15),$ $S_2(0.2)\}$
x_4				$\{S_0(1)\}$

步骤 7：利用第 5.3.3 节所提出最优方案比较方法得到备选方案的得分值。表 5 – 8 为方案 $\{x_1,\ x_2,\ x_3,\ x_4\}$ 的得分值。

表 5 – 8 达成共识后方案比较

方案	x_1	x_2	x_3	x_4
得分值	$S_{-0.043}$	$S_{-0.021}$	$S_{-0.033}$	$S_{0.097}$

因此，最终群体达成共识后得到四个方案的排序为 $x_4 > x_2 > x_3 > x_1$，表明在该乡村旅游项目的方案选择问题中，方案 x_4 为最优方案。A 市依托乡村附近便利的交通，更适合打造集疗养、娱乐、运动健身于一体的乡村度假村。

5.6 本章小结

本章构建的基于概率语言偏好关系的大规模群决策共识模

型，主要由四个阶段构成：①提出层次概率 K 均值聚类算法，将大规模群体决策转化成群决策；②提出共识衡量规则，判断群体是否达成共识；③建立识别与建议规则，提高群体共识水平；④达成共识后最优方案的选择方法。本章利用模拟仿真实验验证共识模型的合理性和优越性，并对影响共识效率的因素进行分析，通过乡村旅游开发模式选择问题说明所提出模型的可行性。

第6章

基于情感分析的区间二型模糊 IRPA 方法

　　随着全球人口老龄化形势日益严峻，对养老产业的需求正迅速增长。互联网技术的飞速发展，不仅带来了网络在线评论数量的爆炸式增长，也极大提升了这些评论在决策过程中的参考价值。在这样的背景下，养老服务的在线评论已成为老年人及其家庭在选择养老服务时不可或缺的信息渠道。因此，研究基于在线评论的养老院评估与选择机制，不仅具有现实意义，而且对于满足日益增长的养老服务需求具有深远的影响。本章构建了一个养老院服务评价指标体系，并引入了一种新的基于在线评论的多属性决策模型来对养老院进行排序。具体包括：①利用隐含狄利克雷分布（LDA）主题建模方法提取了养老院评价标准；②利用自然语言情感分析技术计算在线评论中关于各评价标准的情感分数，并将其转换为区间二型模糊数；③提出了一种基于参考点的IRPA（区间参考点法）方法来支持决策过程；④以英国养老院评论网站上选择养老院问题为例，验证所提出决策方法的可靠性。

6.1 基 本 概 念

6.1.1 养老机构服务的相关研究

随着现代科学技术进步，医疗水平提高，人类寿命得以延长，这种人口转变的结果表现为人口老龄化，导致人们对老年护理服务的需求不断增加。社会养老服务体系的发展已成为世界各国研究的热点。现阶段，机构养老模式为现代养老主流模式，养老院在解决老年护理问题方面发挥着重要作用（Ren，2023）。养老需求群体在决策之前需要评估养老院的服务质量。目前，对于养老机构的研究往往基于内容和应用范围不同对养老服务满意度的评估工具开展研究（Chen et al.，2023）。然而，这些满意度调查工具并不能纳入大多数养老者的意见，这可能会影响养老院服务满意度调查的评估质量（Zhu et al.，2024）。

现代互联网的全面普及和快速发展，人们可以更容易地在在线平台上使用在线评论表达自己的观点和消费体验。它是企业了解用户需求、获取产品设计理念和提高产品质量的重要数据来源（Dahooie et al.，2021）。在线评论数据能够帮助消费者在进行产品或服务的购买时更多地了解目标商品、服务的真实价值。通过大数据分析技术可以挖掘出在线评论数据中有价值的信息，从而影响消费者的决策（Hsu et al.，2017）。目前，国际上有很多主流的养老院在线评论网站，如 Trustpilot（https：//uk. trustpilot. com）、Ageadvisor（https：//www. agedadvisor. nz），以及（https：//www. carehome. co. uk）等，国内的养老院在线评论网站现正处于发展阶段，全国范围内的评论网站有大众点评网（https：//www. dianping. com）、携程（https：//www. ctrip. com）等；地区范围内有北京养老服务网（https：//www. beijingweilao. cn）、浙江老年服务网（https：//www. zjlnfw. com）等。随着养老院在线评论网站的发展，能在一定程度上缓解养老机构与养老需求者的信息不对等程度，在线评论提供的信息在养老机构选择中将发挥越来越关键的作用。

在养老机构的抉择过程中，养老需求者一般会考量备选养老机构方案的不同决策评价属性，例如养老院的管理水准、基础设施配备、服务人员素养等，接着结合自身需求状况，综合做出养老机构的选择决定。这种借助已有属性评价信息，通过特定方式对备选方案进行排序并择优选取的决策，属于多属性决策。所以，养老机构的选择问题是典型的多属性决策问题。在此决策问题里，与养老院相关的评价属性为多种定性指标，具有较强的不确定性与模糊性。由此可见，在挖掘养老院评价属性的同时，构建基于在线评论的养老机构评估体系，并在此基础上建立决策模型以辅助养老需求者做出最优决策，成为一项至关重要的研究课题。

现阶段有关养机构服务的研究大致从三个角度进行。①促进医疗卫生服务和养老服务系统的整合（Gandarillas et al.，2018；Lindner – Rabl et al.，2022；Carney et al.，2023）；②致力于社区综合养老护理服务的研究（Riccò et al.，2024；Wang et al.，2024；Xia et al.，2024）；③改善单一养老服务机构（即养老院）所提供的护理服务（Hu et al.，2024）。已有研究发现了关于护理服务质量的定义维度，并提出了一个整合养老者和养老机构双方观点的多维理论模型（Aase et al.，2021）。一些研究还根据养老者的需求、健康状况和经济能力建立了完整的评价指标体系（Hu et al.，2022）。通过查阅有关养老护理服务行业的文献，我们发现：大多数研究主要关注养老金模式的发展，与解决老年护理问题相关性不大（Baurin et al.，2023；Jarner et al.，2024）；一部分研究调查了养老者对养老院的满意程度（Lou et al.，2022），然而这些研究仅限于所选研究案例中的少数居民，其所使用的问卷调查方法没有考虑养老者入住感受评价中的语言模糊性和不确定性；大多数关于养老院的研究都没有提供决策方法来帮助潜在养老需求者对备选养老院进行评估并做出最佳选择。

6.1.2　基于在线评论多属性决策方法

现代互联网上存在大量的在线评论数据，对于消费者来说是进行购买决策的重要信息资源，对电子商务（Yang et al.，2022；Sudirjo et al.，2023）、旅游业（Ji et al.，2023；Kwak et al.，2023）、医疗保健（Gongora – Salazar et al.，2023；Bani – Doumi et al.，2024）等行业都有重大影响。基于在线评论的多属性决策方法已经得到了广泛的应用与研究，研究过程主要使用情感分析技术来探索在线评论中评估者对商品属性的情感倾向和情感强度（Li et al.，2023；Ke et al.，2024）。此过程将在线评论中的评价信息刻画为数字信息，如概率语言信息（Liu et al.，2019）、直觉犹豫模糊信息（Zhang et al.，2020b）、对数球面犹豫模糊信息（Khan et al.，2021）等，随后将分析结果与多属性决策方法相结合来开发决策模型框架，以获得方案最终排名。例如，张洞等（2020）设计出一种可以有效利用直觉犹豫模糊信息的决策算法，并根据在线评论对产品进行排名；阿尔沙姆西等（Alshamsi et al.，2023）将在线评论与 WSM、WPM、AHP 等多属性决策模型相结合，提出了一套远程学习评价体系。表 6-1 展示了基于在线评论多属性决策方法的文献概要。

表 6-1　　　　　基于在线评论的多属性决策方法综述

文献	多属性决策方法	情感倾向			案例	数值类型
		积极	中性	消极		
Hu et al.，2018	VIKOR	√	√	√	医疗	直觉模糊集
Yu et al.，2018	VIKOR	√	√	√	酒店	语义评价
Ahani et al.，2019	TOPSIS	√	√	√	酒店	模糊数
Zhang et al.，2020b	TODIM；PROMETHEE II	√		√	手机	直觉模糊集
Zhang et al.，2020a	前景理论	√	√	√	酒店	二元语义
Luo et al.，2021	IDOCRIW-COCOSO	√	√	√	旅游	概率语言术语集
Eshkevari et al.，2022	ABSA-BWM	√	√	√	酒店	评分
Alshamsi et al.，2023	WSM；WPM；AHP	-	-	-	远程学习	Likert 量表
Yang et al.，2023	IFINWIBM 算子	√	√	√	汽车	直觉模糊集
Yang et al.，2024	ELECTRE-I	√	√	√	汽车	犹豫模糊集
Shu et al.，2024	2LOWA；IW	√	√	√	餐厅	二元语义

从表 6-1 可以看出，大多数决策方法模型都应用于一般线性关系问题中，在处理语言内容的转换时，较小程度上解决了语言表达的模糊性问题。但是，对于养老者来说，居住在养老院不仅需要日常护理，还需要特殊的医疗服务，如疾病治疗和健康检查等。因此，在养老院的评论中，有许多与老年护理相关的特殊语言表达。在众多的决策方法中，综合参考点法（IRPA）使用与决策方案和评估标准相关的定量数据及非线性满意度函数，具有对权重变化敏感、允许参考集变化的特点，使其在考虑方案参考集时更加合理和高效。同时，IRPA 方法还能非线性地评估参考集的正负距离。通过这种方式，IRPA 方法可用于不包含线性关系的领域，如营销、职业选择、机械设备、财务管理等。在这种方法中，决策者可以根据自己的目的、需求和偏好确定参考集。此外，IRPA 方法在计算步骤方面与其他方法相似，易于应用和理解（ÖZÇİL et al.，2023）。

6.1.3　二型模糊数

由于人类的思维和情感本质上具有模糊性，许多在线评论的语言表达是模糊和模棱两可的，从而导致在线评论信息的评价质量参差不齐（Li et al.，2023）。扎德于 1965 年引入了模糊集理论来处理现实世界中决策问题评估表达的不确定性和模糊性，提出了二型模糊集（T2Fs）的定义，能够更深层次地表达不确定性，大大提高了对客观世界不确定性的刻画能力。此外，孟德尔和约翰于 2002 年建立了区间二型模糊集（IT2-FNs）的表达式

（Mendel & John，2002），作为二型模糊数（T2 – FNs）的扩展，区间二型模糊数（IT2 – FNs）能够有效表示更深层次的模糊性，并且计算操作更加简单。因此，本研究认为 IT2 – FNs 是能够表达在线评论中模糊信息的有效工具。

随着对二型模糊集相关定义的深入研究，孟德尔和约翰于 2002 年定义了目前应用得最广泛的二型模糊集表达式。

定义 6.1.1（Mendel et al.，2002） 定义论域 X 上有一个二型模糊集 $\tilde{A}$ 为：

$$\tilde{A} = \{((x, u), \mu_{\tilde{A}}(x, u)) \mid \forall x \in X, \ \forall u \in J_x \subseteq [0, 1]\}$$

$$(6.1)$$

其中，$\mu_{\tilde{A}}(x, u)$ 表示 $\tilde{A}$ 的隶属度函数，且满足 $J_x \subseteq [0, 1]$，$0 \leqslant \mu_{\tilde{A}}(x, u) \leqslant 1$；$x$ 为主要变量，u 表示 x 的隶属度函数，$\mu_{\tilde{A}}(x, u)$ 表示 u 的次隶属度函数。且有如下等价形式：

$$\tilde{A} = \int_{x \in X} \int_{u \in J_x} \mu_{\tilde{A}}(x, u)/(x, u); \ J_x \subseteq [0, 1] \quad (6.2)$$

其中，$\iint$ 表示 x 和 u 的并集，在离散论域的情况下，$\int$ 用 $\sum$ 来代替。

2008 年区间梯形二型模糊数的概念被提出（见定义 6.1.2）。

定义 6.1.2（Lee et al.，2008） 区间二型模糊数的一个特殊形式是区间梯形二型模糊数。当区间二型模糊数的上、下界隶属函数为梯形模糊数时，该模糊数则称为区间梯形二型模糊数，即：

$$\tilde{A}_i = [A_i^U, A_i^L] = [(a_{i1}^U, a_{i2}^U, a_{i3}^U, a_{i4}^U; H_1(A_i^U), H_2(A_i^U)),$$

$$(a_{i1}^L, a_{i2}^L, a_{i3}^L, a_{i4}^L; H_1(A_i^L), H_2(A_i^L))] \quad (6.3)$$

A_i^U 和 A_i^L 分别表示区间二型模糊集 $\tilde{A}_i$ 的上、下界隶属函数。

$H_j(A_i^U)$ 和 $H_j(A_i^L)$ 分别表示 A_i^U，A_i^L 中的第 $j+1$ 个元素；其中，$0 \leqslant a_{i1}^U \leqslant a_{i2}^U \leqslant a_{i3}^U \leqslant a_{i4}^U \leqslant 1$，$0 \leqslant H_1(A_i^U) \leqslant H_2(A_i^U) \leqslant 1$，$0 \leqslant a_{i1}^L \leqslant a_{i2}^L \leqslant a_{i3}^L \leqslant a_{i4}^L \leqslant 1$，$0 \leqslant H_1(A_i^L) \leqslant H_2(A_i^L) \leqslant 1$。

同时，本书还需要回顾区间梯形二型模糊数的各类运算规则和期望值计算。

定义 6.1.3（Chen et al.，2010）　设 $\widetilde{A}_1$ 和 $\widetilde{A}_2$ 分别为两个区间梯形二型模糊数：

$$\widetilde{A}_1 = (A_1^U, A_1^L) = ((a_{11}^U, a_{12}^U, a_{13}^U, a_{14}^U; H_1(A_1^U), H_2(A_1^U)),$$
$$(a_{11}^L, a_{12}^L, a_{13}^L, a_{14}^L; H_1(A_1^L), H_2(A_1^L)))$$

$$\widetilde{A}_2 = (A_2^U, A_2^L) = ((a_{21}^U, a_{22}^U, a_{23}^U, a_{24}^U; H_1(A_2^U), H_2(A_2^U)),$$
$$(a_{21}^L, a_{22}^L, a_{23}^L, a_{24}^L; H_1(A_2^L), H_2(A_2^L)))$$

定义 $\widetilde{A}_1$ 和 $\widetilde{A}_2$ 的加法运算如下：

$$\widetilde{A}_1 + \widetilde{A}_2 = (A_1^U, A_1^L) + (A_2^U, A_2^L)$$

$$= \begin{pmatrix} \begin{pmatrix} (a_{11}^U + a_{21}^U), (a_{12}^U + a_{22}^U), (a_{13}^U + a_{23}^U), (a_{14}^U + a_{24}^U); \\ \min(H_1(A_1^U), H_1(A_2^U)) \end{pmatrix}, \\ \min(H_2(A_1^U), H_2(A_2^U)), \\ \begin{pmatrix} (a_{11}^L + a_{21}^L), (a_{12}^L + a_{22}^L), (a_{13}^L + a_{23}^L), (a_{14}^L + a_{24}^L); \\ \min(H_1(A_1^L), H_1(A_2^L)) \end{pmatrix}, \\ \min(H_2(A_1^L), H_2(A_2^L)) \end{pmatrix} \quad (6.4)$$

定义 $\widetilde{A}_1$ 和 $\widetilde{A}_2$ 的数乘运算如下：

$$k\widetilde{A}_1 = \begin{pmatrix} (k \times a_{11}^U, k \times a_{12}^U, k \times a_{13}^U, k \times a_{14}^U; H_1(A_1^U), H_2(A_1^U)), \\ (k \times a_{11}^L, k \times a_{12}^L, k \times a_{13}^L, k \times a_{14}^L; H_1(A_1^L), H_2(A_1^L)) \end{pmatrix}$$

$$(6.5)$$

$$\frac{\tilde{A}_1}{k} = \begin{pmatrix} \left(\frac{1}{k} \times a_{11}^U, \ \frac{1}{k} \times a_{12}^U, \ \frac{1}{k} \times a_{13}^U, \ \frac{1}{k} \times a_{14}^U; \ H_1(A_1^U), \ H_2(A_1^U) \right), \\ \left(\frac{1}{k} \times a_{11}^L, \ \frac{1}{k} \times a_{12}^L, \ \frac{1}{k} \times a_{13}^L, \ \frac{1}{k} \times a_{14}^L; \ H_1(A_1^L), \ H_2(A_1^L) \right) \end{pmatrix}$$

$$(6.6)$$

定义 6.1.4（Hu et al.，2013） 设 $\tilde{A}_1$ 和 $\tilde{A}_2$ 分别为两个区间梯形二型模糊数：

$\tilde{A}_1 = (A_1^U, \ A_1^L) = ((a_{11}^U, \ a_{12}^U, \ a_{13}^U, \ a_{14}^U; \ H_1(A_1^U), \ H_2(A_1^U)),$
$(a_{11}^L, \ a_{12}^L, \ a_{13}^L, \ a_{14}^L; \ H_1(A_1^L), \ H_2(A_1^L)))$

$\tilde{A}_2 = (A_2^U, \ A_2^L) = ((a_{21}^U, \ a_{22}^U, \ a_{23}^U, \ a_{24}^U; \ H_1(A_2^U), \ H_2(A_2^U)),$
$(a_{21}^L, \ a_{22}^L, \ a_{23}^L, \ a_{24}^L; \ H_1(A_2^L), \ H_2(A_2^L)))$

$\tilde{A}_1$ 和 $\tilde{A}_2$ 之间的汉明距离为：

$$d(\tilde{A}_1, \ \tilde{A}_2) = \frac{1}{8}(d_1 + d_2) \tag{6.7}$$

其中，

$$d_1 = |a_{11}^U - a_{21}^U| + |a_{12}^U \times H_1(A_1^U) - a_{22}^U \times H_1(A_2^U)|$$
$$+ |a_{13}^U \times H_2(A_1^U) - a_{23}^U \times H_2(A_2^U)| + |a_{14}^U - a_{24}^U| \tag{6.8}$$

$$d_2 = |a_{11}^L - a_{21}^L| + |a_{12}^L \times H_1(A_1^L) - a_{22}^L \times H_1(A_2^L)|$$
$$+ |a_{13}^L \times H_2(A_1^L) - a_{23}^L \times H_2(A_2^L)| + |a_{14}^L - a_{24}^L| \tag{6.9}$$

当 $A^L = A^U$，$H_1(A^U) = H_2(A^U) = H_1(A^L) = H_2(A^L) = 1$ 时，IT2FNs 退化为梯形模糊数，且 $\tilde{A}_1 = (a_{11}^U, \ a_{12}^U, \ a_{13}^U, \ a_{14}^U)$，$\tilde{A}_2 = (a_{21}^U, \ a_{22}^U, \ a_{23}^U, \ a_{24}^U)$。同时，

$$d(\tilde{A}_1, \ \tilde{A}_2) = \frac{1}{4}(|a_{11}^U - a_{21}^U| + |a_{12}^U - a_{22}^U| + |a_{13}^U - a_{23}^U| + |a_{14}^U - a_{24}^U|)$$

$$(6.10)$$

$$\tilde{A}_1^{\gamma} = \left(\begin{array}{l} ((a_{11}^U)^{\gamma}, (a_{12}^U)^{\gamma}, (a_{13}^U)^{\gamma}, (a_{14}^U)^{\gamma}; (H_1(A_1^U))^{\gamma}, (H_2(A_1^U))^{\gamma}), \\ ((a_{11}^L)^{\gamma}, (a_{12}^L)^{\gamma}, (a_{13}^L)^{\gamma}, (a_{14}^L)^{\gamma}; (H_1(A_1^L))^{\gamma}, (H_2(A_1^L))^{\gamma}) \end{array} \right)$$

$$(6.11)$$

$\tilde{A}_i$ 的期望值计算如下：

$$E(\tilde{A}_i) = \frac{1}{2}\left(\frac{1}{4}\sum_{j=1}^{4}(a_{ij}^U + a_{ij}^L) \right) \times \frac{1}{4}(H_1(A_i^U) + H_1(A_i^L)$$

$$+ H_2(A_i^U) + H_2(A_i^L)) \qquad (6.12)$$

当且仅当 $\tilde{A}_1 > \tilde{A}_2$ 时，有 $E(\tilde{A}_1) > E(\tilde{A}_2)$。

6.2　基于在线评论的区间二型模糊数 IRPA 方法

　　基于上述讨论，本章的目的是构造一个由在线评论驱动的多属性决策模型，探究影响养老需求者选择养老院的因素，并将此模型应用在养老院的决策评估中。为实现这一目标，本书利用自然语言处理技术分析养老院的在线评论，并通过主题提取模型补充评估标准，完善养老院评估指标体系。具体来说，将在线评论中的自然语言信息转化为 IT2FNs，引入 IRPA 方法，开发出一种新的决策方法，对养老院进行比较和排名，以期获得更好的决策结果。

　　基于在线评论情感分析的 IRPA 多属性决策方法集成了主题聚类分析技术、文本情感分析技术和 IRPA 方法。对养老院决策问题，设有 m 个备选养老机构方案 $Z = \{Z_i \mid i = 1, 2, \cdots, m\}$，其中 Z_i 表示第 i 个养老院；有 n 个决策准则 $C = \{C_1, C_2, \cdots,$

C_u，…，C_j}，其中 $u = 1$，2，3，…，v，$j = v$，$v + 1$，$v + 2$，…，n，C_u 代表养老院在线评论网站中星级评价包含的评价准则，C_j 是通过主题聚类技术提取的补充评价准则。

首先，本方法需要从相关网站获取在线评论数据并进行预处理，包括星级评价和文字评论。其次，基于 LDA 主题建模方法，从预处理的文本评论中提取影响养老院的评价准则。将这些准则与网站上的现有准则进行比较，补充和完善养老院的评价指标体系。再次，在补充的评价准则下对评论数据进行情感分析，并计算情感得分，将其转化为 IT2FNs，并作为相应评价准则的评估值，构建混合决策矩阵。最后，开发出一个综合评估模型来对养老院进行评估和排名。此方法的构建过程如图 6 – 1 所示。

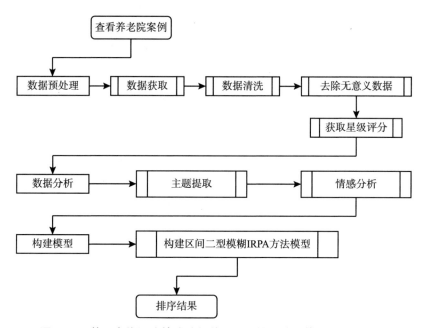

图 6 – 1　基于在线评论情感分析的 IRPA 的属性决策方法技术线路

6.2.1 数据准备

(1) 数据获取及预处理

本书在数据采集时，获取的数据字段主要包括评论者姓名、提交评论的日期、评论者与养老居住者的关系、评论星级评分和评论文本等。

在数据预处理部分，从数据收集中获取文本数据和数字数据，并删除无价值或低价值的数据（如无意义的单词、停用词、文本评论中的重复部分、符号等）。经过预处理后的文本数据将被进一步分解为离散的短句，同时进行文本标记化。

(2) 准则提取及情感分析

本书使用 LDA 主题提取模型进行养老院评价准则提取。LDA（latent dirichlet allocation）是一种文档主题提取模型，也称为三层贝叶斯概率模型，包含单词、主题和文档的三层结构。其被广泛使用，对长文本具有良好的表达能力（Osmani et al.，2020）。提取评论文本主题的过程涉及使用 Python Genism 包中提供的 LDA 模型函数（Yu et al.，2023）。随后，在模型分析阶段可以生成相应数量的潜在主题。该阶段的主要过程如图 6-2 所示。

在情感分析过程中，首先需要为每个评论文本分配一个 ID 号。其次，根据标点符号将评论分为多个短句，同时确保每个分段短句的 ID 与原始评论保持一致。最后，使用 Python 和自然语言处理工具包 NLTK（natural language toolkit）对评论短句进行自然语言处理和文本分析，量化文本的情感取向。其中，NLTK 工具包中包含了一个名为 NLTK_sentiment_vader 的情绪分析器模块。该模块能够识别给定文本或句子中情绪的极性分类，将其分为积极、中性或消极，以及生成复合指标用于表示情感复杂性。本书通过获取每个备选养老院方案在线评论中与各种评价准则相关的每个短句的情感得分，将这些短句的平均情感得分作为最终情感值，表示补充评价准则 C_j 中解决方案 Z_i 的情感倾向得分，并在此基础上构建混合决策矩阵。该过程如图 6-3 所示。

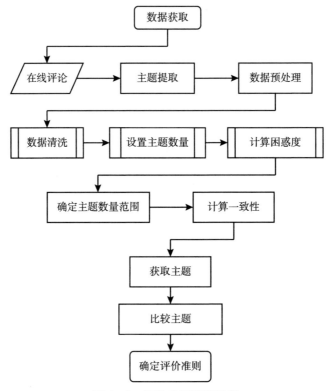

图 6-2 评价准则获取流程

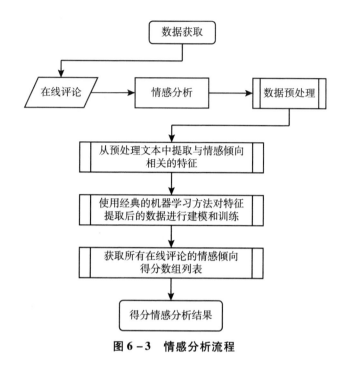

图 6 - 3　情感分析流程

6.2.2　区间二型模糊数 IRPA 方法

　　基于仅包含七个语言评价的"语言评价量集及其相应的 IT2 - FNs 对应表"（Wang et al.，2012），本书构建了一个包含 11 个语言评价尺度的 IT2 - FNs 对应表（见表 6 - 2），可以获取更准确、粒度更细的情感得分 IT2 - FNs。

表 6 - 2　　　　语言评价量集及其相应的 IT2 - FNs 对应表

语言标度	IT2 - FNs
特别不好	$((0, 0, 0, 0.1; 1, 1), (0, 0, 0, 0.05; 0.95, 0.95))$
非常不好	$((0, 0.1, 0.1, 0.2; 1, 1), (0.05, 0.1, 0.1, 0.15; 0.95, 0.95))$

续表

语言标度	IT2 – FNs
不好	$((0.1, 0.2, 0.2, 0.3; 1, 1), (0.15, 0.2, 0.2, 0.25; 0.95, 0.95))$
不太好	$((0.2, 0.3, 0.3, 0.4; 1, 1), (0.25, 0.3, 0.3, 0.35; 0.95, 0.95))$
有点不好	$((0.3, 0.4, 0.4, 0.5; 1, 1), (0.35, 0.4, 0.4, 0.45; 0.95, 0.95))$
一般	$((0.4, 0.5, 0.5, 0.6; 1, 1), (0.45, 0.5, 0.5, 0.55; 0.95, 0.95))$
有点好	$((0.5, 0.6, 0.6, 0.7; 1, 1), (0.55, 0.6, 0.6, 0.65; 0.95, 0.95))$
还好	$((0.6, 0.7, 0.7, 0.8; 1, 1), (0.65, 0.7, 0.7, 0.75; 0.95, 0.95))$
好	$((0.7, 0.8, 0.8, 0.9; 1, 1), (0.75, 0.8, 0.8, 0.85; 0.95, 0.95))$
非常好	$((0.8, 0.9, 0.9, 1; 1, 1), (0.85, 0.9, 0.9, 0.95; 0.95, 0.95))$
特别好	$((0.9, 1, 1, 1; 1, 1), (0.95, 1, 1, 1; 0.95, 0.95))$

基于在线评论情感分析的区间二型模糊数 IRPA 方法的决策步骤如下：

步骤 1： $\left[Neg_{ij}^{qp}, Neu_{ij}^{qp}, Pos_{ij}^{qp}\right]$ 表示备选方案 Z_i 在评价准则 C_j 下的情感倾向得分。其中，$q = 1, 2, 3, \cdots, k$，k 表示备选方案 Z_i 在评价准则 C_j 下的评论文本数量，$p = 1, 2, 3, \cdots, t$，t 表示备选方案 Z_i 在评价准则 C_j 下的短句文本数量。且 $Neg_{ij}^{qp} + Neu_{ij}^{qp} + Pos_{ij}^{qp} = 1$。

情感分数数组 $\left[Neg_{ij}^{q}, Neu_{ij}^{q}, Pos_{ij}^{q}\right]$ 通过以下公式得到：

$$\left[Neg_{ij}^{q}, Neu_{ij}^{q}, Pos_{ij}^{q}\right] = \left[\frac{1}{t} \times \sum_{p=1}^{t} Neg_{ij}^{qp}, \frac{1}{t} \times \sum_{p=1}^{t} Neu_{ij}^{qp}, \frac{1}{t} \times \sum_{p=1}^{t} Pos_{ij}^{qp}\right]$$

$$(6.13)$$

然后，将评论者的情感得分汇总，以获得备选方案 Z_i 在评价准则 C_j 下的综合情绪得分：

$$\left[Neg_{ij},\ Neu_{ij},\ Pos_{ij} \right] = \left[\frac{1}{k} \times \sum_{q=1}^{k} Neg_{ij}^{q},\ \frac{1}{k} \times \sum_{q=1}^{k} Neu_{ij}^{q},\ \frac{1}{k} \times \sum_{q=1}^{k} Pos_{ij}^{q} \right]$$

(6.14)

步骤 2： 根据评论者对各方案在各评价准则下给出的情感得分，利用表 6 – 2 将其转化为区间梯形二型模糊数，构造出决策方法的初始混合矩阵 $A = (s_{iu},\ \widetilde{A}_{ij})_{m \times n}$，$s_{iu}$ 表示方案 Z_i 在准则 C_u 上的在线评论网站星级综合评分，$\widetilde{A}_{ij}$ 表示方案 Z_i 在准则 C_j 上的评价值。

$$A = \begin{pmatrix} s_{11} & \cdots & \widetilde{A}_{1n} \\ \vdots & \ddots & \vdots \\ s_{m1} & \cdots & \widetilde{A}_{mn} \end{pmatrix};$$

$$i = 1,\ 2,\ 3,\ \cdots,\ m,\ u = 1,\ 2,\ 3,\ \cdots,\ v,$$
$$j = v,\ v+1,\ v+2,\ \cdots,\ n \qquad (6.15)$$

$$\widetilde{A}_{ij} = \left[A_{ij}^{U},\ A_{ij}^{L} \right] = \left[\left(a_{1ij}^{U},\ a_{2ij}^{U},\ a_{3ij}^{U},\ a_{4ij}^{U};\ H_1(A_{ij}^{U}),\ H_2(A_{ij}^{U}) \right), \right.$$
$$\left. \left(a_{1ij}^{L},\ a_{2ij}^{L},\ a_{3ij}^{L},\ a_{4ij}^{L};\ H_1(A_{ij}^{L}),\ H_2(A_{ij}^{L}) \right) \right] \qquad (6.16)$$

步骤 3： 确定参考点并构建 RP 混合矩阵 $RP = (srp_u,\ \widetilde{rp}_j)_{1 \times n}$，$u = 1,\ 2,\ 3 \cdots,\ v,\ j = v,\ v+1,\ v+2,\ \cdots,\ n。$

$$\widetilde{rp}_j = \left[rp_j^{U},\ rp_j^{L} \right] = \left[\begin{array}{l} \left(rp_{1j}^{U},\ rp_{2j}^{U},\ rp_{3j}^{U},\ rp_{4j}^{U};\ H_1(RP_j^{U}),\ H_2(RP_j^{U}) \right), \\ \left(rp_{1j}^{L},\ rp_{2j}^{L},\ rp_{3j}^{L},\ rp_{4j}^{L};\ H_1(RP_j^{L}),\ H_2(RP_j^{L}) \right) \end{array} \right]$$

(6.17)

使用各准则下的评价平均值作为参考点时，srp_u 和 $\widetilde{rp}_j$ 的值计算如下：

$$srp_u = \frac{1}{m} \sum_{i=1}^{m} s_{iu};\ i = 1,\ 2,\ 3,\ \cdots,\ m,\ u = 1,\ 2,\ 3,\ \cdots,\ v$$

(6.18)

$$\widetilde{rp}_j^{Avg} = \begin{bmatrix} \begin{pmatrix} \dfrac{1}{m}\sum\limits_{i=1}^{m}a_{1ij}^U, & \dfrac{1}{m}\sum\limits_{i=1}^{m}a_{2ij}^U, & \dfrac{1}{m}\sum\limits_{i=1}^{m}a_{3ij}^U, & \dfrac{1}{m}\sum\limits_{i=1}^{m}a_{4ij}^U; \\ \min((H_1(A_{1j}^U)),\ \cdots,\ (H_1(A_{mj}^U))), \\ \min((H_2(A_{1j}^U)),\ \cdots,\ (H_2(A_{mj}^U))) \end{pmatrix}, \\ \begin{pmatrix} \dfrac{1}{m}\sum\limits_{i=1}^{m}a_{1ij}^L, & \dfrac{1}{m}\sum\limits_{i=1}^{m}a_{2ij}^L, & \dfrac{1}{m}\sum\limits_{i=1}^{m}a_{3ij}^L, & \dfrac{1}{m}\sum\limits_{i=1}^{m}a_{4ij}^L; \\ \min((H_1(A_{1j}^L)),\ \cdots,\ (H_1(A_{mj}^L))), \\ \min((H_2(A_{1j}^L)),\ \cdots,\ (H_2(A_{mj}^L))) \end{pmatrix} \end{bmatrix}$$

$$(6.19)$$

步骤 4: 考虑到原始 IRPA 方法根据评价值和参考点之间的差值对备选方案进行排序,遵循这一思路,本章提出的方法将使用星级评分的差值和 IT2 – FNs 评价值之间的汉明距离进行差异计算:设有两个向量 $\vec{D} = \overrightarrow{\widetilde{A}_{ij},\ \widetilde{rp}_j}$ 和 $\vec{D} = \overrightarrow{\widetilde{rp}_j,\ \widetilde{A}_{ij}}$,其中,$\|\vec{D}\| = d(\widetilde{A}_{ij}, \widetilde{rp}_j)$,$\|\vec{D}\| = d(\widetilde{rp}_j, \widetilde{A}_{ij})$,然后,计算差异值 s_{ij} 和 srp_j,获得混合矩阵 $D = (sd_{iu},\ d_{ij})_{m\times n}$,其中:

$$D = \begin{pmatrix} sd_{11} & \cdots & d_{1n} \\ \vdots & \ddots & \vdots \\ sd_{m1} & \cdots & d_{mn} \end{pmatrix};$$

$$i = 1,\ 2,\ 3,\ \cdots,\ m,\ u = 1,\ 2,\ 3,\ \cdots,\ v,$$

$$j = v,\ v+1,\ v+2,\ \cdots,\ n \qquad (6.20)$$

$$sd_{iu} = s_{iu} - srp_u \qquad (6.21)$$

$$d_{ij} = \vec{D} = \vec{D} = \frac{1}{8}(\,|d_{ij}'| + |d_{ij}''|\,) \qquad (6.22)$$

$$d_{ij}' = (a_{1ij}^U - rp_{1j}^U) + (a_{2ij}^U \times H_1(A_{ij}^U) - rp_{2j}^U \times H_1(RP_j^U))$$

$$+ \left(a_{3ij}^{U} \times H_2(A_{ij}^{U}) - rp_{3j}^{U} \times H_2(RP_j^{U}) \right) + \left(a_{4ij}^{U} - rp_{4j}^{U} \right) \quad (6.23)$$

$$d_{ij}'' = \left(a_{1ij}^{L} - rp_{1j}^{L} \right) + \left(a_{2ij}^{L} \times H_1(A_{ij}^{L}) - rp_{2j}^{L} \times H_1(RP_j^{L}) \right)$$

$$+ \left(a_{3ij}^{L} \times H_2(A_{ij}^{L}) - rp_{3j}^{L} \times H_2(RP_j^{L}) \right) + \left(a_{4ij}^{L} - rp_{4j}^{L} \right) \quad (6.24)$$

步骤 5：构造正差异矩阵 DF^{+}、负差异矩阵 DF^{-}，考虑到养老院的评价准则都是利润准则，构造如下矩阵：

$$DF^{+} = \begin{pmatrix} sdf_{11}^{+} & \cdots & \widetilde{df}_{1n}^{+} \\ \vdots & \ddots & \vdots \\ sdf_{m1}^{+} & \cdots & \widetilde{df}_{mn}^{+} \end{pmatrix};$$

$$i = 1, 2, 3, \cdots, m, \ u = 1, 2, 3, \cdots, v,$$

$$j = v, \ v+1, \ v+2, \cdots, n \quad (6.25)$$

$$DF^{-} = \begin{pmatrix} sdf_{11}^{-} & \cdots & \widetilde{df}_{1n}^{-} \\ \vdots & \ddots & \vdots \\ sdf_{m1}^{-} & \cdots & \widetilde{df}_{mn}^{-} \end{pmatrix};$$

$$i = 1, 2, 3, \cdots, m, \ u = 1, 2, 3, \cdots, v,$$

$$j = v, \ v+1, \ v+2, \cdots, n$$

$$\widetilde{df}_{ij} = [df_{ij}^{U}, \ df_{ij}^{L}] = \begin{bmatrix} (df_{1ij}^{U}, \ df_{2ij}^{U}, \ df_{3ij}^{U}, \ df_{4ij}^{U}; \ H_1(DF_{ij}^{U}), \ H_2(DF_{ij}^{U})), \\ (df_{1ij}^{L}, \ df_{2ij}^{L}, \ df_{3ij}^{L}, \ df_{4ij}^{L}; \ H_1(DF_{ij}^{L}), \ H_2(DF_{ij}^{L})) \end{bmatrix}$$

$$(6.26)$$

其中，sdf_{iu}^{+} 和 sdf_{iu}^{-} 的值计算如下：

$$sdf_{iu}^{+} = \begin{cases} \dfrac{sd_{iu}}{srp_u}, & sd_{iu} > 0 \\ 0, & sd_{iu} \leqslant 0 \end{cases} \quad (6.27)$$

$$sdf_{iu}^{-} = \begin{cases} \left| \dfrac{sd_{iu}}{srp_u} \right|, & sd_{iu} < 0 \\[2mm] 0, & sd_{iu} \geq 0 \end{cases} \qquad (6.28)$$

$$\widetilde{df}_{ij}^{+} = \begin{cases} \text{collapsed to } 0, & \widetilde{df}_{ij} \leq 0 \\[2mm] \left[\begin{array}{l} \left(\begin{array}{l} ((rp_{1j}^{U})^{-1} \times d_{ij}), \ ((rp_{2j}^{U})^{-1} \times d_{ij}), \\ ((rp_{3j}^{U})^{-1} \times d_{ij}), \ ((rp_{4j}^{U})^{-1} \times d_{ij}); \\ H_1(RP_j^{U})^{-1}, \ H_2(RP_j^{U})^{-1} \end{array} \right), \\[6mm] \left(\begin{array}{l} ((rp_{1j}^{L})^{-1} \times d_{ij}), \ ((rp_{2j}^{L})^{-1} \times d_{ij}), \\ ((rp_{3j}^{L})^{-1} \times d_{ij}), \ ((rp_{4j}^{L})^{-1} \times d_{ij}); \\ H_1(RP_j^{L})^{-1}, \ H_2(RP_j^{L})^{-1} \end{array} \right) \end{array} \right], & \widetilde{df}_{ij} > 0 \end{cases}$$

$$(6.29)$$

$$\widetilde{df}_{ij}^{-} = \begin{cases} \text{collapsed to } 0, & \widetilde{df}_{ij} \geq 0 \\[2mm] \left[\begin{array}{l} \left(\begin{array}{l} ((rp_{1j}^{U})^{-1} \times d_{ij}), \ ((rp_{2j}^{U})^{-1} \times d_{ij}), \\ ((rp_{3j}^{U})^{-1} \times d_{ij}), \ ((rp_{4j}^{U})^{-1} \times d_{ij}); \\ H_1(RP_j^{U})^{-1}, \ H_2(RP_j^{U})^{-1} \end{array} \right), \\[6mm] \left(\begin{array}{l} ((rp_{1j}^{L})^{-1} \times d_{ij}), \ ((rp_{2j}^{L})^{-1} \times d_{ij}), \\ ((rp_{3j}^{L})^{-1} \times d_{ij}), \ ((rp_{4j}^{L})^{-1} \times d_{ij}); \\ H_1(RP_j^{L})^{-1}, \ H_2(RP_j^{L})^{-1} \end{array} \right) \end{array} \right], & \widetilde{df}_{ij} < 0 \end{cases}$$

$$(6.30)$$

当 d'_{ij} 和 d''_{ij} 都大于 0 时，$\widetilde{df}_{ij} > 0$，当 d'_{ij} 和 d''_{ij} 都小于 0 时，$\widetilde{df}_{ij} < 0$，当 d'_{ij} 和 d''_{ij} 都等于 0 时，$\widetilde{df}_{ij} = 0$。

步骤 6：为消除正负差异混合矩阵中元素不同维度差异的影响，使元素具有可比性，构造标准化正负差分矩阵 NDF^+、NDF^-：

$$NDF^+ = \begin{pmatrix} nsdf_{11}^+ & \cdots & ndf_{1n}^+ \\ \vdots & \ddots & \vdots \\ nsdf_{m1}^+ & \cdots & ndf_{mn}^+ \end{pmatrix} \qquad (6.31)$$

$$NDF^- = \begin{pmatrix} nsdf_{11}^- & \cdots & ndf_{1n}^- \\ \vdots & \ddots & \vdots \\ nsdf_{m1}^- & \cdots & ndf_{mn}^- \end{pmatrix} \qquad (6.32)$$

其中，$nsdf_{iu}^+ = \dfrac{sdf_{iu}^+}{\sqrt{\sum\limits_{i=1}^m (sdf_{iu}^+)^2}}$，$nsdf_{iu}^- = \dfrac{sdf_{iu}^-}{\sqrt{\sum\limits_{i=1}^m (sdf_{iu}^-)^2}}$。

$$RV(\tilde{df}_{ij}) = \left[\frac{\left(\dfrac{(df_{1ij}^U + df_{4ij}^U)}{2} + \dfrac{(H_1(DF_{ij}^U) + H_2(DF_{ij}^U) + H_1(DF_{ij}^L) + H_2(DF_{ij}^L))}{4} \right) \times}{8} \frac{(df_{1ij}^U + df_{2ij}^U + df_{3ij}^U + df_{4ij}^U + df_{1ij}^L + df_{2ij}^L + df_{3ij}^L + df_{4ij}^L)}{} \right]$$

$$(6.33)$$

其中，$ndf_{ij} = \dfrac{RV(\tilde{df}_{ij})}{\sqrt{\sum\limits_{i=1}^m (RV(\tilde{df}_{ij}))^2}}$。

步骤 7：构造加权正负差异矩阵 WDF^+、WDF^-。

设 $\omega = \{\omega_u, \omega_j\}$；$u = 1, 2, \cdots, v$；$j = v+1, v+2, \cdots, n$ 为各评价准则的权重集合，且 $\omega_u > 0$，$\omega_j > 0$，$\sum\limits_{u=1}^v \omega_u + \sum\limits_{j=v}^n \omega_j = 1$。

各准则的权重值取决于各准则的评论短句文本数量在各方案评论文本中的所占比例。

$$WDF^{+} = \begin{pmatrix} \omega nsdf_{11}^{+} & \cdots & \omega ndf_{1n}^{+} \\ \vdots & \ddots & \vdots \\ \omega nsdf_{m1}^{+} & \cdots & \omega ndf_{mn}^{+} \end{pmatrix};$$

$$i = 1, 2, 3, \cdots, m, \ u = 1, 2, 3, \cdots, v,$$

$$j = v, \ v+1, \ v+2, \cdots, n \qquad (6.34)$$

$$WDF^{-} = \begin{pmatrix} \omega nsdf_{11}^{-} & \cdots & \omega ndf_{1n}^{-} \\ \vdots & \ddots & \vdots \\ \omega nsdf_{m1}^{-} & \cdots & \omega ndf_{mn}^{-} \end{pmatrix};$$

$$i = 1, 2, 3, \cdots, m, \ u = 1, 2, 3, \cdots, v,$$

$$j = v, \ v+1, \ v+2, \cdots, n \qquad (6.35)$$

其中，$\omega nsdf_{iu}^{+} = (\omega_u \times nsdf_{iu}^{+})^{(1-\omega_u)}$，$\omega nsdf_{iu}^{-} = (\omega_u \times nsdf_{iu}^{-})^{(1-\omega_u)}$，$\omega ndf_{ij}^{+} = (\omega_j \times ndf_{ij}^{+})^{(1-\omega_j)}$，$\omega ndf_{ij}^{-} = (\omega_j \times ndf_{ij}^{-})^{(1-\omega_j)}$。

步骤 8：计算正负距离矩阵 PD 和 ND。

$$PD = \begin{pmatrix} pd_1 \\ pd_2 \\ \vdots \\ pd_m \end{pmatrix}; \ i = 1, 2, 3, \cdots, m \qquad (6.36)$$

$$ND = \begin{pmatrix} nd_1 \\ nd_2 \\ \vdots \\ nd_m \end{pmatrix}; \ i = 1, 2, 3, \cdots, m \qquad (6.37)$$

其中，$pd_i = \sum_{u=1}^{v} \omega nsdf_{iu}^+ + \sum_{j=v}^{n} \omega ndf_{ij}^+$，$nd_i = \sum_{u=1}^{v} \omega nsdf_{iu}^- + \sum_{j=v}^{n} \omega ndf_{ij}^-$。

步骤 9：获得各方案排序值 SV。

$$SV = \begin{pmatrix} sv_1 \\ sv_2 \\ \vdots \\ sv_m \end{pmatrix}; \quad i = 1，2，3，\cdots，m \qquad (6.38)$$

其中，$sv_i = \dfrac{pd_i - nd_i}{2}$。

步骤 10：通过比较各方案排序值的大小获取方案排名。

6.3　算　例　分　析

6.3.1　基于在线评论的养老院选择问题

本章主要针对养老院的选择问题，从英国养老院在线评论网站（https：//www. carehome. co. uk/）筛选不同养老院的在线评论。该评论网站涵盖了英国本土 16 831 家疗养院，每年访问量超过 1 600 万人次，有 269 526 篇养老院评论。

在查看了该网站在 2023 年推荐的前 20 个养老院后，我们选择了五个获得网站年度团体奖的养老院作为研究的备选方案，即：

Z_1：*Care Homes Owned by Akari Care Ltd*

Z_2: *Care Homes Owned by Aria Care*

Z_3: *Care Homes Owned by Excelcare Holdings*

Z_4: *Care Homes Owned by Four Seasons Healthcare*

Z_5: *Care Homes Owned by Kingsley Healthcare Group*

对数据进行清理后,从五个不同的养老院组中总共获得了
10 457 条数据。每个养老院在数据清理后的文本评论数量为
1 115、2 244、1 911、3 843 和 1 344。为了有效地从养老院在线
评论中获得聚类主题。首先,需要使用 Python 工具计算该模型的
困惑度来确定主题的数量。困惑可以定义为训练模型在为文档分
配主题时表现出的不确定性程度(Hasan et al.,2021)。模型的
困惑度计算结果如图 6 - 4 所示。

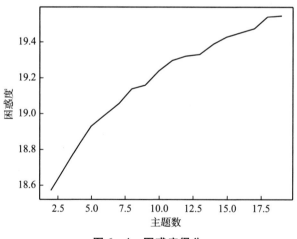

图 6 - 4 困惑度得分

当使用困惑度来评估语言模型时,如果有许多主题和大量文
本时,生成的模型通常会溢出。此时,需要注意困惑度增长最慢

的主题数量。从图 6 – 5 中可以看出，当主题数量在 7 ~ 9 的范围
内时，困惑度得分显示出最缓慢的上升趋势。随后，需要评估主
题数为 1 ~ 9 范围内主题数量的一致性得分。一致性得分越高说
明主题分类的可解释性越高。相关结果如图 6 – 5 所示。

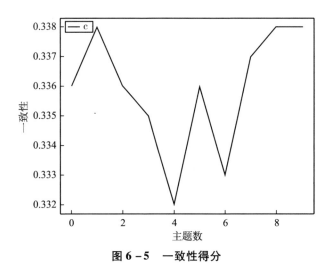

图 6 – 5　一致性得分

从图 6 – 5 可以看出，与其他分类相比，八个主题分类的一
致性得分更高。因此，将养老院在线评论的主题数量设定为 8，
作为主题模型训练期间使用的 LDA 主题模型聚类数量的输入
参数。

表 6 – 3 显示了 LDA 主题提取模型产生的主题聚类结果及与
八个不同分类主题相关的词汇表。每个分类根据其各自的词汇特
征按顺序命名。这八个分类是："hardware facilities（硬件设
施）"，"business management（商业管理）""service software（服
务态度）""home atmosphere（居住氛围）""life services（生活服

务）""medical care（医疗护理）""cultural and entertainment（文化娱乐）""spiritual comfort（精神慰藉）"。

表 6 – 3   主题词汇

序号	主题名称	主题词汇
1	商业管理	经理 + 公司 + 信息 + 福利 + 评估 + 员工 + 建议 + 信任 + 处理 + 管理
2	文化娱乐	派对 + 活动 + 快乐 + 生日 + 晴朗 + 社交 + 丰富 + 圣诞 + 活动 + 友好
3	医疗护理	安全 + 家庭 + 护理 + 始终 + 居民 + 支持 + 大流行 + 良好 + 护士 + 健康
4	居住氛围	信任 + 家庭 + 健康 + 帮助 + 关怀 + 快乐 + 家庭 + 真实 + 见证 + 经历
5	生活服务	食物 + 员工 + 工作 + 服装 + 进餐 + 适当 + 改进 + 相关 + 沟通 + 有益
6	精神慰藉	快乐 + 任何事物 + 派对 + 晴朗 + 多样 + 友好 + 感受 + 家庭 + 卓越 + 经历
7	硬件设施	房屋 + 房间 + 花园 + 公园 + 环境 + 景观 + 全景 + 表达 + 设施 + 床
8	服务态度	员工 + 食物 + 住宿 + 气味 + 餐饮 + 膳食 + 住房 + 餐饮 + 沟通 + 居民

在与网站上已有的评价指标进行比较后，使用自然语言分析技术提取的"居住氛围"和"医疗护理"两个评价属性用来补充本文提出的方法的评价指标体系。因此，本书的研究案例有 13 个评价准则：①硬件设施（C1）；②生活照护（C2）；③清洁服务（C3）；④尊重服务（C4）；⑤饮食（C5）；⑥职工（C6）；⑦活动（C7）；⑧管理（C8）；⑨安全（C9）；⑩房间（C10）；⑪性价比（C11）；⑫居住氛围（C12）；⑬医疗护理（C13）。

在本研究案例收集到的在线评论中，每个备选养老院下与每个准则相关的短句频率如图 6 – 6 所示。

通过该频率计算各评价准则权重如下：

$$\omega = \begin{cases} \omega_1 = 0.038 , \ \omega_2 = 0.04 , \ \omega_3 = 0.045 , \ \omega_4 = 0.041 , \\ \omega_5 = 0.04 , \ \omega_6 = 0.203 , \ \omega_7 = 0.044 , \ \omega_8 = 0.112 , \\ \omega_9 = 0.122 , \ \omega_{10} = 0.108 , \ \omega_{11} = 0.038 , \ \omega_{12} = 0.044 , \\ \omega_{13} = 0.125 \end{cases}$$

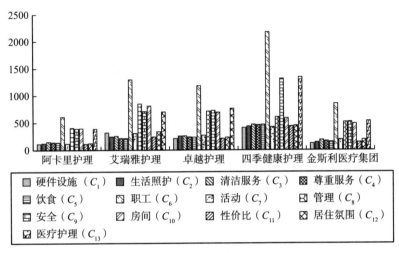

图 6-6　备选方案下各评价准则的提及频率

　　本研究中提供的准则权重是根据在线评论文本中与准则相关的评论数量计算所得。但现实生活中在选择养老院的问题上，养老需求者也可以根据自己的偏好直接提供准则权重，或者邀请专家提供更专业的准则权重。英国养老院在线评论网站根据现有的评估标准为评论者提供养老院星级评分系统，并在网站评论中发布。它为潜在养老者提供了一个简单有效的指标。因此，本研究通过获取网站上现有评价准则下在线评论中对于每个备选方案养老院的星级评分，并取平均值作为决策值。此外，对于使用 LDA 主题提取模型从在线评论中提取的评价准则，需要对评论文本进行情感分析，获取关于这些准则的综合情感得分数组列表。

在语言环境中，消极的语言评价比积极的更有意义。特别是在在线评论中，负面评价往往比中性和正面评价更可靠。经过语义分析和专家评估，在"居住氛围"和"医疗护理"两个准则下获得的决策信息如表6–4所示。

表6–4 语言评价信息

	C_{12}	C_{13}
Z_1	HG	G
Z_2	HP	HG
Z_3	G	G
Z_4	MG	MG
Z_5	MG	G

利用表6–2，将表6–4转换为区间梯形二型模糊数，创建混合决策矩阵 $A = (s_{iu}, \tilde{A}_{ij})_{5 \times 13}$。

应用区间二型模糊数 IRPA 方法，利用混合决策矩阵来计算备选方案的排名。本案例将参考点设置为平均值参考点，并通过步骤3构建混合平均 RP 矩阵。按照步骤4计算差异矩阵 $D = (sd_{iu}, d_{ij})_{5 \times 13}$，随后通过步骤5计算正差异矩阵 DF^+ 和负差异矩阵 DF^-。然后，在步骤6中计算标准化的正负差异矩阵 NDF^+ 和 NDF^-，使用前一节中获取的权重值按照步骤7计算加权正差异矩阵 WDF^+ 和加权负差分矩阵 WDF^-。在步骤8中计算正距离矩阵 PD 和负距离矩阵 ND。最后，使用 pd_i 和 nd_i 的值，按照步骤9计算每个养老院的排序值，并根据排序值确定相应的排名。各养老院的评价排序计算结果如下：

$$SV = \begin{pmatrix} -0.322 \\ -0.192 \\ 0.422 \\ -0.149 \\ 0.229 \end{pmatrix}$$

根据排序值对方案进行优势度排序：$Z_3 > Z_5 > Z_4 > Z_2 > Z_1$，因此，在本算例中，排名最靠前的养老院为 Z_1：卓越养老院。

6.3.2 对比分析

综合参考点法（IRPA）的基础是参考集的设立。在该方法中，决策者可以根据自己的目标、要求和偏好确定他们考虑的标准参考集。在本研究算例中，将每个备选方案的平均参考点（值）设置为参考集。考虑使用决策矩阵中与每个属性对应的最大值和最小值作为参考点（值）来确定养老院分组的排序问题时，计算决策矩阵中 IT2 – FNs 元素的期望值来确定决策元素的大小顺序，从而确定最大值和最小值。其方案优势度排序结果如表 6 – 5 所示。

表 6 – 5　　　　　　　不同参考点设置的方案排序结果

参考点（值）	排序
IRPA（平均值）	$Z_3 > Z_5 > Z_4 > Z_2 > Z_1$
IRPA（最小值）	$Z_3 > Z_5 > Z_4 > Z_1 > Z_2$
IRPA（最大值）	$Z_3 > Z_5 > Z_4 > Z_2 > Z_1$

表 6 - 5 所示的结果表明，参考点的变化对最终排名结果的影响较小。IRPA 方法的主要特点是它允许参考集的变化，类似于非线性满意度函数，在此方法中，可以在最大值与最小值之间确定备选解决方案的参考集。如果与参考集的正差增加，满意度水平将作为非线性函数增加，这将更加适用于现实生活中的非线性问题。本章的研究方法也包括这一特点，养老院选择案例的结果集在面对参考变化时的小幅变化表明了该研究方法与原始方法的兼容性。同时，间接证明了本研究所提出方法的有效性。

在将语言转换为 IT2 - FNs 的多属性决策方法研究中，钟等（Zhong et al.，2017）提出了一种基于 ELECTRE - I（Elimination Et Choice Translating Reality）的方法，用于解决区间二型模糊集环境下的多属性群决策问题，并将其应用于供应商选择和医疗废物资源管理问题。陈等（Chen et al.，2014）首次将 TOPSIS 方法扩展到区间二型模糊环境中，并提出了区间二型灰色 TOPSIS 方法。有学者（Wang et al.，2012）利用区间二型模糊加权平均算子研究了区间二型模糊环境下的多属性群决策问题。本研究使用以上方法对养老院案例进行排名，将以上方法得到的结果与本研究提出的方法进行比较，得到的决策结果如表 6 - 6 所示。

表 6 - 6 　　　　　　　　　　比较分析结果

方法	排序结果
IT2 FNs - TOPSIS（逼近理想解排序法）	$Z_3 > Z_5 > Z_1 > Z_4 > Z_2$
IT2 FNs - WAAO（加权算术平均算子）	$Z_5 > Z_3 > Z_4 > Z_1 > Z_2$
IT2 FNs - ELECTRE - I（现实译法 I）	$Z_3 > Z_5 > Z_4 > Z_2 > Z_1$
IT2 FNs - IRPA（平均）	$Z_3 > Z_5 > Z_4 > Z_2 > Z_1$

　　根据表 6 - 6 中的结果，在 IT2 - FNs 环境中，不同的多属性决策方法生成了不同的排名。其中，方法 1、方法 3 和方法 4 均将方案 3 视为最优解，而方法 2 将方案 5 列为最佳选择。由于本研究提出的方法可以在 IT2 - FNs 环境中产生与大多数方法相似的最优结果，因此可以验证本研究提出方法的有效性和合理性。排序结果的细微差异可能是由于第二种方法中使用了区间二型模糊加权平均算子，这不适合本研究提出的混合矩阵。本书的方法使用一致性和不一致性指标来确定方案之间的排名，而不是使用聚合运算符来聚合决策矩阵。本书的方法能够比较每种准则下的方案性能，其结果越详细，养老者就越能深入了解养老院的照护表现。

　　除了从养老院评论网站中选择现有的评估准则作为决策准则外，本书还使用 LDA 主题提取模型从文本评论中提取了另外两个决策准则。为了分析这两个准则对备选方案排名结果的影响，我们首先使用原始的 IRPA 方法计算了在线评论网站上 11 个现有评估标准下的决策绩效值，并获得了备选方案的排名。将结果与本章提出的方法进行比较。此外，我们还将本章提出方法获得的排名结果与在线评论网站上提供的养老院的综合评论得分结果进行了比较，结果如图 6 - 7 所示。

　　从图 6 - 7 中可以看出，在线评论网站生成的排名为 $Z_3 > Z_5 > Z_2 > Z_4 > Z_1$，原始 IRPA 方法生成的排名为 $Z_3 > Z_5 > Z_4 > Z_1 > Z_2$。与这两个排序结果相比，本研究提出的方法确定的最优和次优方案一致。但其他方案的排名位置各不相同。与网站上的评分机制不同，本文方法通过自然语言处理技术提取了两个未包含在网站评论系统中但在文本评论中多次出现的评价准则。此外，在提取的准则下，使用文本评论的情感分析获得决策值，其中包含的决策信息比网站打分更多（Darko et al.，2023）。在现实生活中，评论者会通过语言表达他们在体验某个产品或服务后的感受，这些内容将包括不同的情感倾向，当评论者给出星级评价时，他们通常会根据模糊的感觉来确定一个粗略的范围。现有的研究侧重于使用评价打分作为产品评价的决策值（Nunkoo et al.，2020），而有一些研究侧重于如何通过在线评论文本对方案进行排名，用以支持消费者的购买决策（Zhang et al.，2022；Romadhoni et al.，2023）。因此，在本章提出的方法中，将星级评价和语言文本评论一起作为决策信息，为评估养老院的决策选择的有效性提供了足够的信息。

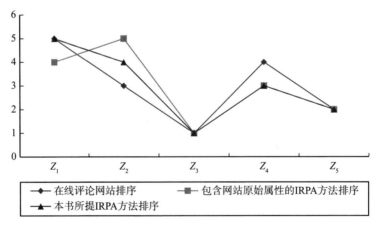

图 6 - 7   结果对比

为了评估在本研究案例中实行评价指标体系的有效性，通过改变补充评价准则的决策性能值并密切观察由此产生的排名结果来进行分析。在此过程中，随机生成 100 个不同的方案属性权重值。而且，始终将原始网站评价准则的权重值之和保持在 0.831，将补充评价准则的权重值之和保持在 0.169。这些值与本研究计算过程中使用的各个原始属性权重值一致。变化结果如图 6 - 8 所示。

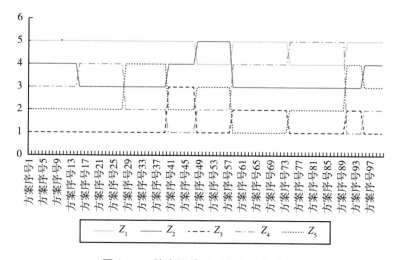

图 6 - 8　补充评价准则的有效性分析

从图 6 - 8 中可以观察到 LDA 主题提取模型提取的补充属性对本研究提出方法的排名结果有显著影响。这意味着"居住氛围"和"医疗护理"这两个补充评价准则对养老院的照护服务具有评价意义。这也表明，这两个评价指标是养老需求者所关注的问题，也是养老院运营商提高服务绩效值得考虑的两个指标。

6.4　本　章　小　结

本章提出了一种多准则决策方法模型，用于对养老院进行评估和排序。本章提出的决策模型包括以下几个阶段：第一，使用软件从相关网站搜集关于养老院的在线评论。第二，使用 LDA 主题提取模型从预处理的文本评论中提取评价准则，并将其与网站上的现有评价准则进行比较，以补充养老院服务的评价指标体系。第三，使用 NLTK 情感分析工具，得到补充评价准则下在线评论的情感得分，然后将综合情感得分转换为 IT2－FNs 并构建混合决策矩阵。第四，使用 Python 工具计算在线评论短句中每个评价准则的评论频率，得到各准则的权重值。第五，将混合矩阵应用到 IRPA 方法，对所选的备选养老院方案进行排序。

本章研究的核心创新点总结如下：①本研究提出了一种新的评价方法——基于混合矩阵的 IRPA 方法，该方法可以将大量在线评论客观地转化为 IT2－FNs，以减少在线评论中语言的歧义和不确定性。②本研究基于 LDA 主题提取模型，补充了养老院的评价指标体系，使养老院经营者能够全面了解养老需求者的关注点，提高养老服务绩效。③本研究为 IT2－FNs 的转换机制提供了语言量表，可以将评论更加准确地转换为 IT2－FNs，以避免在线评论文本的复杂性和模糊性。④通过整合在线评论、IT2－FNs 理论和 IRPA 方法，本章的研究为养老院的评估和决策提供了一个完整的解决方案。同时，本章研究开发的不确定性评估模型不仅适用于养老院的选择，而且具有一定的灵活性，可以应用于其他服务评估领域，如网上购物和网上预订服务。然而，也存在一些局限性。首先，当使用情感分析技术时，如果评论文本描述养老院中的客观事物时，如"房间里有轮椅"及其他没有情感表达的陈述，情感分析无法确定此类文本的情感倾向，但这句话正常表达具有一定的积极意义。此外，不同个人的语言表达习惯、不同地区的语言和文化差异等可能会导致情感分析信息的缺失。在未来的研究中，应使用更先进的语言处理技术进行数据处理。其次，为了保证计算的正确性，本章提出的决策方法在标准化之前统一了决策矩阵的数值类型。然而，数字类型转换执行得越晚，丢失的信息就越少。因此，可以改进该方法的数值型转换方法，以降低信息丢失的程度。

第7章

在线评论驱动的多属性
双边匹配决策方法

  互联网的发展使得在线评论为各类产品、服务的评价提供了新的视角，且在线评论具有数据量大、内容真实、易获取等特点，适合作为决策参考意见的数据来源。本章从消费者与服务供应方的双向关系视角出发，研究不同需求类型消费者与服务供应方之间的双边匹配决策问题。以不同需求类型消费者及服务供应方作为决策主体，双方主体互为决策对象。首先，利用自然语言处理技术挖掘在线评论蕴含的消费者需求类型，并将属性评价信息的情感得分转化为概率语言术语集。同时分析供应方与不同需求类型消费者之间的服务能力契合度。以提供双方主体满意度矩阵元素。为满足双边匹配决策过程中双方主体的满意度和公平性，提出了在线评论驱动的多属性双边匹配决策方法。本章详细阐述了该方法的具体步骤。

7.1　基本概念

7.1.1　基于在线评论的自然语言处理方法

通过在线评论获取情感倾向是研究用户对产品、服务需求状态的重要途径。基于在线评论文本进行情感分析的方法大致有三大类。第一类是基于词典的情感分析，此方法主要是通过搜索到评论中的情感词汇和对应的程度词，考虑文本中的词汇词性和语义结构来计算情感得分（Shi et al.，2015）。研究者还可以通过增加所研究领域的专业情感词汇来构建专属于该领域的情感词典，根据此专业领域的情感词典可构造出一种结合该领域情感词典和该领域注意力机制的文本细粒度情感分析模型来为不同实体获取重要的情感信息（祝清麟等，2022）。第二类是基于机器学习的情感分析，包含以下几类模式：①从给定的训练数据集中学习一个函数，再对新的输入进行预测的监督机器学习（Zhang et al.，2019a）；②通过寻找输入数据之间的关联进行建模的无监督机器学习（Huang et al.，2022）；③介于监督机器学习和无监督机器学习之间，允许样本部分标记、部分错误标记或者被粗粒度标记的弱监督机器学习（Lee et al.，2017）。第三类是基于深度学习的情感分析，主要包含使用卷积神经网络（convolutional neural network，CNN）和循环神经网络（recurrent neural networks，RNN）这两种深度学习算法的情感分析技术。依靠卷积神经网络来抽取特征向量，再通过对研究内容进行重构来进行领域自适应，能够使其优化评论情感分类（洪文兴等，2019）。采用深度学习算法中的循环神经网络用于情感分类，并采用注意力机制对词特征进行选择加权，能够增强循环神经网络分类的准确率，提高对评论文本进行情感分析的性能（周湘贞等，2023）。但是深度学习算法的实现难度较大，训练数据需求量大，而且算法的有效性很大程度上依赖于需要进行大量测试才能更好地实现的数据集特征的多样性（Vo，2022）。

在线评论不仅表达了消费者对产品或服务的评价，而且在一定程度上反映了与消费者自身相匹配产品、服务特征的需求和偏好，利用自然语言处理技术对评论文本进行需求分析，挖掘偏好特征逐渐成为行业发展创新的关键。大多数研究（尤天慧等，2023；Lee et al.，2021；Yu et al.，2023）利用潜在狄利克雷分配（LDA）主题聚类模型对文本评论进行聚类分析，聚类的结果是整个文本内容从不同角度的主题分布，从而得到评论者对产品、服务进行评价时最关注的主题维度，提取决策评估属性指标。除此之外，有的学者还会考虑产品场景及相关属性配置的研究，以及产品使用场景等问题，设计了基于词的 Tf – LSTM 特定场景下的用户需求识别模型，为企业了解用户需求及改进产品提供了明确方向。纪雪等（2020）采用 hLDA 层次主题模型聚类方法，从文本评论数据中挖掘得到具有一定层次结构的评论主题层次树，提出了一种考虑层次性的在线评论挖掘及用户需求获取方法。在有效的需求分析后，将评论者角度的需求语言转化为行业角度的创新语言，能够实现以需求为导向的产品开发（张国方等，2021），可帮助企业准确把握产品开发方向，提高产品竞争力。

7.1.2　双边匹配决策方法

基于语言信息的多属性决策方法中，现有的研究学者们大多将语言型多属性决策方法应用于产品方案选择（龚艳冰等，2024）、路径评估优化（猴迅杰等，2024）、企业人才选拔问题（李慧，2023）等方面，而在利用多属性双边匹配模型解决决策问题的研究中，有学者将其应用于退役士兵就业引导问题（吴健等，2024）、平台配置策略问题（赵道致等，2024），或是汽车充电引导问题（苏粟等，2024）。

在养老服务决策方案的研究领域，大多数是利用多属性决策模型针对几所特定的案例养老院（Wang et al.，2023）或是养老院选址（Lee et al.，2019）做出比较排序，以期选出最优方案。张炳江（2016）提出了一种基于累积前景理论的区间数多属性决策方法，依据前景值大小排序得到老年公寓的最优决策方案。或者是利用供需匹配模型为老年群体匹配不同的养老服务方案，张语轩等（2024）学者针对智慧养老服务中供需双方评价信息的表达存在不确定性和模糊性及供需不匹配的问题，提出了一种基于多源数据的模块化双边匹配决策方法。对于老年人对养老服务的不同需求和养老服务机构之间匹配问题的研究还较少。同时，在此类方法中，并未考虑到养老需求者的需求差异性。根据以上分析，挖掘在线评论中隐含的需求信息和养老服务提供信息以提高养老服务匹配的准确性和效率，是值得继续探讨的问题。

在双边匹配问题中，设双方主体集合分别为 $\alpha = \{\alpha_1, \alpha_2, \cdots, \alpha_m\}$ 和 $\beta = \{\beta_1, \beta_2, \cdots, \beta_n\}$。其中，$\alpha_i$ 表示 α 中的第 i 个主体，β_j 表示 β 中的第 j 个主体，且 $i \in M$，$M = \{1, 2, \cdots, m\}$；$j \in N$，$N = \{1, 2, \cdots, n\}$。

定义 7.1.1（Echenique，2008） 设双边主体集合的映射 η：$\alpha \cup \beta \rightarrow \alpha \cup \beta$ 对任意 $\alpha_i \in \alpha$，$\beta_j \in \beta$ 满足以下条件：（1）$\eta(\alpha_i) \in \beta \cup \{\alpha_i\}$；（2）$\eta(\beta_j) \in \alpha \cup \{\alpha_i\}$；（3）$\eta(\alpha_i) = \beta_j$ 当且仅当 $\eta(\beta_j) = \alpha_i$；（4）若 $\eta(\alpha_i) = \beta_j$，则 $\eta(\alpha_i) \neq \beta_k$，$k \neq j$；则称 η 为双边匹配。其中，$\eta(\alpha_i) = \beta_j$ 表示 α_i 与 β_j 在 η 中匹配，$\eta(\alpha_i) = \alpha_i$ 与 $\eta(\beta_j) = \beta_j$ 则表示 α_i 与 β_j 在 η 中未匹配。

双边匹配满足匹配性的基础上，需要考虑匹配稳定性，稳定匹配条件如下：

定义 7.1.2（Gale，2001） 在双边匹配中，设 d_{ij}^{α} 表示主体元素 α_i 对 β_j 的满意程度，d_{ij}^{β} 表示主体元素 β_j 对 α_i 的满意程度，若出现下列情况之一，则该双边匹配不具有稳定性。

（1）$\exists \alpha_i, \alpha_p \in \alpha$；$\exists \beta_j, \beta_q \in \beta$ 使得 $\eta(\alpha_i) = \beta_q$，$\eta(\beta_j) = \alpha_p$ 且 $d_{ij}^{\alpha} > d_{iq}^{\alpha}$，$d_{ij}^{\beta} > d_{pj}^{\beta}$；

（2）$\exists \alpha_i \in \alpha$；$\exists \beta_j, \beta_q \in \beta$ 使得 $\eta(\alpha_i) = \beta_q$，$\eta(\beta_j) = \beta_j$ 且 $d_{ij}^{\alpha} > d_{iq}^{\alpha}$。

定义 7.1.3（Zhang et al.，2019b） 在双边匹配模型中，假设 x_{ij} 为 $0-1$ 变量，且 $x_{ij} = 1$ 时表示主体元素 α_i 与 β_j 相匹配，$x_{ij} = 0$ 时表示主体元素 α_i 与 β_j 不匹配，则稳定的双边匹配可以描述为：

$$x_{ij} + \sum_{d_{iq}^{\alpha} > d_{ij}^{\alpha}} x_{iq} + \sum_{d_{pj}^{\beta} > d_{ij}^{\beta}} x_{pj} \geq 1 , i \in M , j \in N \qquad (7.1)$$

7.1.3 语言术语集

（1）等价变换函数

定义 7.1.4（Gou et al. , 2017） 设 $S = \{ S_{\alpha} \mid \alpha = -\tau, \cdots, -1, 0, 1, \cdots, \tau \}$ 为一个语言术语集（LTS），$h_S = \{ S_{\alpha} \mid \alpha \in [-\tau, \tau] \}$ 为一个犹豫模糊语言术语集（HFLE），$h_{\gamma} = \{ \gamma \mid \gamma \in [0, 1] \}$ 为一个犹豫模糊集（HFE）；然后，语言变量 S_{α} 和隶属度 γ 可以通过等价变换函数 g 和 g^{-1} 相互转换：

$$g : [-\tau, \tau] \rightarrow [0, 1], g(s_{\alpha}) = \frac{\alpha}{2\tau} + \frac{1}{2} = \gamma$$

$$g : [-\tau, \tau] \rightarrow [0, 1], g(h_S) = \left\{ g(s_{\alpha}) = \frac{\alpha}{2\tau} + \frac{1}{2} \,\middle|\, \alpha \in [-\tau, \tau] \right\} = h_{\gamma}$$

$$g^{-1} : [0, 1] \rightarrow [-\tau, \tau], g^{-1}(\gamma) = s_{(2\gamma-1)\tau} = s_{\alpha}$$

$$g^{-1} : [0, 1] \rightarrow [-\tau, \tau], g^{-1}(h_{\gamma}) = \{ g^{-1}(\gamma) = s_{(2\gamma-1)\tau} \mid \gamma \in [0, 1] \} = h_S$$

（2）概率语言术语集

定义 7.1.5（Pang et al. , 2016） 设 $S = \{ S_{\alpha} \mid \alpha = -\tau, \cdots, -1, 0, 1, \cdots, \tau \}$ 为一个语言术语集（LTS），则概率语言术语集（PLTS）可以定义为：

$$L(p) = \{ L^{(k)}(p^{(k)}) \mid L^{(k)} \in S, p^{(k)} \geq 0, k = 1, 2, \cdots, \#L(p),$$

$$\sum_{k=1}^{\#L(p)} p^{(k)} \leqslant 1 \}$$

其中，$L^{(k)}(p^{(k)})$ 表示与概率 $p^{(k)}$ 相关的语言术语 $L^{(k)}$，$\#L(p)$ 表示语言术语集 $L(p)$ 中的语义数量。

定义 7.1.6（Zhang et al.，2024b） 设 $L(p)$，$L_1(p)$ 和 $L_2(p)$ 是语言术语集 S 上的三个概率语言术语集，λ 为一个正数。有以下运算规则：

$$L_1(p) \oplus L_2(p) = \bigcup_{\eta_1^{(k)} \in g(L_1(p)), \eta_2^{(k)} \in g(L_2(p))} \{g^{-1}(\max\{\eta_1^{(k)}, \eta_2^{(k)}\})(p^{(k)})\},$$

$$k = 1, 2, \cdots, \#L_1(p) = \#L_2(p) \tag{7.2}$$

$$\lambda L(p) = \bigcup_{\eta^{(k)} \in g(L(p))} \left\{g^{-1}\left(1 - \left(\frac{1-\eta^{(k)}}{1+\eta^{(k)}}\right)^{\lambda}\right)(p^{(k)})\right\},$$

$$k = 1, 2, \cdots, \#L(p) \tag{7.3}$$

其中，g 和 g^{-1} 为等价变换函数，$p^{(k)}$ 为语言概率。

定义 7.1.7（Zhang et al.，2024b） 设 $L_i(p) = \{L_i^{(k)}(p_i^{(k)})$ $k = 1, 2, \cdots, \#L_i(p)\}$，$i = 1, 2, \cdots, n$，为 n 个概率语言术语集（PLTSs），概率语言加权平均（PLWA）算子计算如下：

$$PLWA(L_1(p), L_2(p), \cdots, L_n(p))$$

$$= \omega_1 L_1(p) \oplus \omega_2 L_2(p), \cdots, \oplus \omega_n L_n(p)$$

$$= \bigcup_{\eta_1^{(k)} \in g(L_1(p))} g^{-1}\left(1 - \left(\frac{1-\eta_1^{(k)}}{1+\eta_1^{(k)}}\right)^{\omega_1}\right) p_1^{(k)} \oplus$$

$$\bigcup_{\eta_2^{(k)} \in g(L_2(p))} g^{-1}\left(1 - \left(\frac{1-\eta_2^{(k)}}{1+\eta_2^{(k)}}\right)^{\omega_2}\right) p_2^{(k)} \oplus \cdots \oplus \tag{7.4}$$

$$\bigcup_{\eta_n^{(k)} \in g(L_n(p))} g^{-1}\left(1 - \left(\frac{1-\eta_n^{(k)}}{1+\eta_n^{(k)}}\right)^{\omega_n}\right) p_n^{(k)}$$

其中，$\omega = (\omega_1, \omega_2, \cdots, \omega_n)^T$ 为概率语言术语集 $L_i(p)$ 的权重

向量且 $\omega_i \geq 0$，$\sum\limits_{i=1}^{n} \omega_i = 1$。

定义 7.1.8（Zhang et al.，2024b）设 $L(p) = \{L^{(k)}(p^{(k)}) \mid k = 1, 2, \cdots, \#L(p)\}$ 是在 LTS $S = \{S_\alpha \mid \alpha = -\tau, \cdots, -1, 0, 1, \cdots, \tau\}$ 上的一个 PLTS，满意度函数 $s_1(L(p))$ 定义如下：

$$s_1(L(p)) = \sum_{k=1}^{\#L(p)} \left(\frac{r^{(k)} + \tau}{2\tau}\right)^\theta p^{(k)} \tag{7.5}$$

其中，$r^{(k)}$ 为 $L^{(k)}$ 的上标，θ（$\theta > 0$）表示主体对于满意度的敏感度。有研究（Zhang et al.，2023）指出，当 $\theta = 0.88$ 时，其取值与人的心理行为最为接近。

7.2 基于主体满意度的双边匹配决策方法

本章将语言决策试验和评估实验室（DEMATEL）方法的属性权重计算方法引入双边匹配决策（TSDM）问题中，并将基于在线评论数据的两个匹配主体的评估信息转换为双方满意度。在此基础上，通过考虑语言环境下匹配解决方案的满意度和公平性，提出了一种针对养老院和养老需求者的 TSDM 方法。

7.2.1 问题描述

设 $D = \{d_i\}_{1 \times m} = \{d_1, d_2, \cdots, d_m\}$；$i = 1, 2, \cdots, m$ 和 $S = \{s_j\}_{1 \times n} = \{s_1, s_2, \cdots, s_n\}$；$j = 1, 2, \cdots, n$，分别表示养老需求者主体集合和养老院主体集合。其中，d_i 表示养老需求者主体集

合 D 中的第 i 个养老院主体元素，s_j 表示养老院主体集合 S 中的第 j 个主体元素。

集合 $A = \{a_u\}_{1 \times s} = \{a_1, a_2, \cdots, a_s\}$；$u = 1, 2, \cdots, s$ 表示养老需求者主体 d_i 对养老院主体 s_j 的评价属性集合，a_u 是属性集合 A 中的第 u 个评价属性。其对应的属性权重集合为 $\omega^A = \{\omega_u^A\}_{1 \times s} = (\omega_1^A, \omega_2^A, \cdots, \omega_s^A)$；$u = 1, 2, \cdots, s$；$\sum_{u=1}^{s} \omega_u^A = 1$。

集合 $B = \{b_v\}_{1 \times t} = \{b_1, b_2, \cdots, b_t\}$；$v = 1, 2, \cdots, t$ 用于表示养老院主体 s_j 对养老需求者主体 d_i 评价契合度的属性集。其中，b_v 表示集合 B 中的第 v 个评价属性。$\omega^B = \{\omega_v^B\}_{1 \times t} = (\omega_1^B, \omega_2^B, \cdots, \omega_t^B)$；$v = 1, 2, \cdots, t$；$\sum_{v=1}^{t} \omega_v^B = 1$ 是集合 B 的属性权重集。

基于以上描述，设 $E^A = \{e_{iju}^a\}_{m \times n \times s}$ 为主体 S 给定主体 D 的属性评价矩阵，其中 e_{iju}^a 表示养老需求者群体 d_i 在评价属性 a_u 下对养老院主体 s_j 所做出的评价。同样，设 $E^B = \{e_{ijv}^b\}_{m \times n \times t}$ 为主体 D 给定主体 S 的属性评价矩阵，其中 e_{ijv}^b 表示养老院主体 s_j 对于养老需求者群体 d_i 在契合度评价属性 b_v 下的评价。在本研究中，假设主体 d_i 最多可以选择 ξ_i 个主体在主体 S 中进行匹配，且 ξ_i 为一个正整数，在考虑满意度和公平性的情况下，主体 s_j 只能选择 D 中的一个主体进行匹配。

本研究解决的问题是考虑双方匹配的满意度和公平性，建立一个最优的双边匹配模型，以实现主体双方都满意的匹配结果。

7.2.2 DEMATEL 方法

本小节讨论基于在线评论语言环境确定属性权重的 DEMA-TEL 方法。由于该方法考虑了在线评论信息中属性指标之间的相互关系，因此通过该方法获得的属性权重将更符合实际，从而使匹配决策结果更可靠（王伟明等，2023）。在确定属性指标之间的相互关系时，首先通过 KH Coder 软件的独特编码功能从养老院的在线评论数据中提取属性概念。然后绘制属性之间共现关系的网络图，如图 7 - 1 所示。

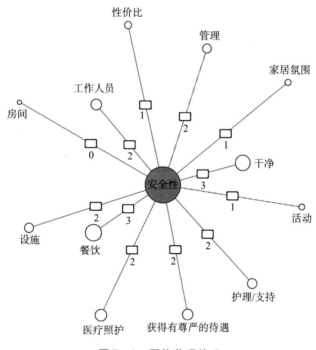

图 7 - 1 网络共现关系

然后，基于在线评论数据分别计算每个属性与其他属性之间的余弦共线系数作为中心指标。用该值作为属性之间相互关系的影响指标。方法步骤如下：

步骤1：构建属性间的直接影响矩阵。

基于对养老院在线评论数据的网络共线关系分析，得到各种属性之间的余弦共线系数，从而构建属性指标之间的直接影响矩阵 $I = \{i_{uf}\}_{s \times s}$；$u = 1, 2, \cdots, s, f = 1, 2, \cdots, s$。其中，$i_{uf}$ 表示属性指标 a_u 对属性指标 a_f 的影响程度，同时，

$$I = \{i_{uf}\}_{s \times s} = \begin{bmatrix} x_{11} & \cdots & \overrightarrow{x_{1s}} \\ \vdots & \ddots & \vdots \\ \overleftarrow{x_1} & \cdots & x_{ss} \end{bmatrix}_{s \times s}, \ i_{uf} = \overrightarrow{x_{uf}} \ (u < f), \ i_{uf} = \overleftarrow{x_{uf}} \ (u > f)$$

(7.6)

$i_{uf} = $ " – " $(u = f)$（" – "表示无影响）。$\overrightarrow{x_{uf}}$ 和 $\overleftarrow{x_{uf}}$ 的值是网络共线关系余弦系数值。

步骤2：计算标准化直接影响矩阵。

对矩阵 I 进行标准化，得到矩阵 $Y = [y_{uf}]_{s \times s}$，其中，

$$y_{uf} = i_{uf} - \frac{1}{s} \sum_{f=1}^{s} i_{uf} \bigg/ \sqrt{\left(i_{uf} - \frac{1}{s} \sum_{f=1}^{s} i_{uf} \right)^2 \bigg/ s - 1},$$

$$u = 1, 2, \cdots, s; f = 1, 2, \cdots, s \qquad (7.7)$$

步骤3：构建综合影响矩阵。

基于标准化直觉影响矩阵 Y，综合影响矩阵 T 计算如下；

$$T = [t_{uf}]_{s \times s} = \lim_{n \to \infty} (Y + Y^2 + \cdots + Y^s) = \sum_{s=1}^{\infty} Y^s = Y(E - Y)^{-1}$$

(7.8)

其中，E 是单位矩阵，t_{uf} 表示 a_u 对 a_f 施加的全部直接和间接影响，当 $n\to\infty$ 时，满足 $Y^n=0$。

步骤4：计算属性间的影响关系指标。

基于综合影响矩阵 T，属性 a_u 的影响度计算式为：$r_u = \sum_{u=1}^{s} t_{uf}$。属性 a_f 的被影响度计算式为：$c_f = \sum_{f=1}^{s} t_{uf}$；令 $u=f=k$ 且 u，f，$k=1$，2，$\cdots$，s，则属性 a_k 的中心度为 $m_k = r_k + c_k$（该指标表征该评价属性在整个评价体系中的相对重要程度）；属性 a_k 的原因度为 $n_k = r_k - c_k$（该指标表征该属性与其他属性之间的因果逻辑关系强度）。若 $n_k > 0$，说明属性 a_k 是原因属性，很容易影响其他属性；若 $n_k < 0$，说明属性 a_k 是一个结果属性，容易受到其他属性的影响。属性 a_k 的重要度计算式为：$gk = \sqrt{(m_k)^2 + (n_k)^2}$。

步骤5：确定各属性的权重值。

$$\omega_k = \sqrt{(m_k)^2 + (n_k)^2} \Big/ \sum_{k=1}^{n} \sqrt{(m_k)^2 + (n_k)^2} \qquad (7.9)$$

其中，ω_k 为属性 a_k 的权重值。

本研究将根据此方法，聚类养老需求者群体，构建出不同养老需求者群体下对于养老院的评价属性权重集合。

7.2.3　双边匹配决策模型

双边匹配决策问题是指通过主体双方相互评估信息来最大限度地提高两个主体之间的满意度，从而实现高质量匹配的过程（Korkmaz et al.，2008）。在线评论为双边匹配决策问题提供了新的视角，有助于克服决策环境中信息的模糊性和不确定性，提高决策解决方案的可信度，适合作为决策参考意见的数据来源。如何将在线评论转化为满意度是我们进一步研究的内容。

从养老院在线评论网站收集有关养老院的在线评论数据，然后将目标案例养老院下的评论文本拆分为包含属性元素的短句，并进行自然语言情感分析。构建过程如下：

步骤 1：获取评价属性下的情感得分。

设 $R = \{r_{jk}^c\}_{n \times s}$，$j = 1, 2, \cdots, n$；$k = 1, 2, \cdots, s$；$c = 1, 2, \cdots, q$ 为一组在线评论文本中与养老院评价属性相关的短句集合。c 表示集合中的短句数量，r_{jk}^c 表示养老院 s_j 下与评价属性 a_k 相关的第 c 条短句。对评论文本短句进行情感分析之后，获得养老院 s_j 在属性 a_k 下的第 c 条短句的情感得分数组 $G = \{ (g_{jk}^{c,pos}, g_{jk}^{c,neu}, g_{jk}^{c,neg}) \}_{n \times s}$。然后得到养老院 s_j 在属性 a_k 下的综合情感得分数组 $E = \{ (e_{jk}^{pos}, e_{jk}^{neu}, e_{jk}^{neg}) \}_{n \times s}$，计算式如下：

$$e_{jk}^{pos} = \frac{\sum_{c=1}^{q} g_{jk}^{c,pos}}{q} \tag{7.10}$$

$$e_{jk}^{neu} = \frac{\sum_{c=1}^{q} g_{jk}^{c,neu}}{q} \tag{7.11}$$

$$e_{jk}^{neg} = \frac{\sum_{c=1}^{q} g_{jk}^{c,neg}}{q} \tag{7.12}$$

其中，e_{jk}^{pos}，e_{jk}^{neu}，和 e_{jk}^{neg} 分别表示养老院主体集合 s_j 在属性 a_k 下的综合积极情感得分、综合中性情感得分和综合消极情感得分。

步骤 2：获取聚类组属性评价的情感得分。

对从在线评论文本中拆分的短句进行聚类分析，从而确定每个短句的需求聚类类别，并获得每个养老需求群体中在不同评价属性下关于各养老院方案的综合情感得分。关于养老需求聚类组属性评价短句可以定义为：$CL = \{cl_{ijk}^{\mu}\}_{(m \times n) \times s}$，$i = 1, 2, \cdots, m$；$j = 1, 2, \cdots, n$；$k = 1, 2, \cdots, s$；$\mu = 1, 2, \cdots, h$；其中 μ 是聚类组短句的数量，cl_{ijk}^{μ} 代表养老需求聚类后的养老需求群体 d_i 对于养老院 s_j 在属性 a_k 下的第 μ 条短句。对评论文本短句进行情感分析之后，获得养老需求群体 d_i 对于养老院 s_j 在属性 a_k 下的第 μ 条短句评论情感得分数组 $CLE = \{(cle_{ijk}^{\mu,pos}, cle_{ijk}^{\mu,neu}, cle_{ijk}^{\mu,neg})\}_{(m \times n) \times s}$。然后得到养老需求群体 d_i 对于养老院 s_j 在属性 a_k 下的综合情感得分数组 $E^A = \{(\zeta_{ijk}^{pos}, \zeta_{ijk}^{neu}, \zeta_{ijk}^{neg})\}_{(m \times n) \times s}$，计算式如下：

$$\zeta_{ijk}^{pos} = \frac{\sum_{\mu=1}^{h} cle_{ijk}^{\mu,pos}}{h} \tag{7.13}$$

$$\zeta_{ijk}^{neu} = \frac{\sum_{\mu=1}^{h} cle_{ijk}^{\mu,neu}}{h} \tag{7.14}$$

$$\zeta_{ijk}^{neg} = \frac{\sum_{\mu=1}^{h} cle_{ijk}^{\mu,neg}}{h} \tag{7.15}$$

其中，ζ_{ijk}^{pos}，ζ_{ijk}^{neu} 和 ζ_{ijk}^{neg} 分别表示养老需求群体 d_i 对于养老院 s_j 在属性 a_k 下的综合积极情感得分、综合中性情感得分和综合消极情感得分。

步骤3：获取主体的满意度矩阵。

在本研究提出的养老院和养老需求者群体的双边匹配决策模型中，使用基于属性评估的综合情感得分作为养老院需求者的满意度，由此构建了一个满意度矩阵。首先，使用 $LTS = \{s_{-1}:$ 消极评价，$s_0:$ 中性评价，$s_1:$ 积极评价$\}$ 作为一个语言术语集，$L(p) = \{L^{(\kappa)}(p^{(\kappa)}) \mid \kappa = 1, 2, \cdots, \#L(p)\} = \{L^{(neg)}(\zeta^{neg}), L^{(neu)}(\zeta^{neu}), L^{(pos)}(\zeta^{pos}) \mid \#L(p) = 3, \zeta^{neg} + \zeta^{neu} + \zeta^{pos} = 1\}$ 作为一个概率语言术语集。

定义 7.2.1 设 $L_{ij}(p) = \{L_{ij}^k(p_{ij}^k) \mid k = 1, 2, \cdots, \#L_\iota(p)\} = \{L_{ij}^{\iota(neg)}(\zeta_{ij}^{\iota(neg)}), L_{ij}^{\iota(neu)}(\zeta_{ij}^{\iota(neu)}), L_{ij}^{\iota(pos)}(\zeta_{ij}^{\iota(pos)}) \mid \iota = 1, 2, \cdots, s\}$ 为养老需求群体 d_i 对于养老院 s_j 在属性 a_ι 下的 s 个情感概率语言术语集（EPLTSs）。

定义 7.2.2 情感概率语言加权平均（EPLWA）算子计算式为：

$$L_{ij}(p) = EPLWA(L_{ij}^1(p), L_{ij}^2(p), \cdots, L_{ij}^s(p))$$
$$= \omega_1 L_{ij}^1(p) \oplus \omega_2 L_{ij}^2(p) \oplus \cdots \oplus \omega_s L_{ij}^s(p)$$
$$= \omega_1 \{L_{ij}^{1(neg)}(\zeta_{ij}^{1(neg)}), L_{ij}^{1(neu)}(\zeta_{ij}^{1(neu)}), L_{ij}^{1(pos)}(\zeta_{ij}^{1(pos)})\}$$
$$\oplus \omega_2 \{L_{ij}^{2(neg)}(\zeta_{ij}^{2(neg)}), L_{ij}^{2(neu)}(\zeta_{ij}^{2(neu)}), L_{ij}^{2(pos)}(\zeta_{ij}^{2(pos)})\} \oplus \cdots$$
$$\oplus \omega_s \{L_{ij}^{s(neg)}(\zeta_{ij}^{s(neg)}), L_{ij}^{s(neu)}(\zeta_{ij}^{s(neu)}), L_{ij}^{s(pos)}(\zeta_{ij}^{s(pos)})\}$$

$$= \left\{ \begin{array}{l} g^{-1}\left(1 - \left(\frac{1-\eta_1^{(neg)}}{1+\eta_1^{(neg)}}\right)^{\omega_1}\right)\zeta_{ij}^{1(neg)}, \quad g^{-1}\left(1 - \left(\frac{1-\eta_1^{(neu)}}{1+\eta_1^{(neu)}}\right)^{\omega_1}\right)\zeta_{ij}^{1(neu)}, \\ g^{-1}\left(1 - \left(\frac{1-\eta_1^{(pos)}}{1+\eta_1^{(pos)}}\right)^{\omega_1}\right)\zeta_{ij}^{1(pos)} \end{array} \right\}$$

$$\oplus \left\{ \begin{array}{l} g^{-1}\left(1 - \left(\frac{1-\eta_2^{(neg)}}{1+\eta_2^{(neg)}}\right)^{\omega_2}\right)\zeta_{ij}^{2(neg)}, \quad g^{-1}\left(1 - \left(\frac{1-\eta_2^{(neu)}}{1+\eta_2^{(neu)}}\right)^{\omega_2}\right)\zeta_{ij}^{2(neu)}, \\ g^{-1}\left(1 - \left(\frac{1-\eta_2^{(pos)}}{1+\eta_2^{(pos)}}\right)^{\omega_2}\right)\zeta_{ij}^{2(pos)} \end{array} \right\}$$

$$\oplus \cdots \oplus$$

$$\left\{ \begin{array}{l} g^{-1}\left(1-\left(\dfrac{1-\boldsymbol{\eta}_s^{(neg)}}{1+\boldsymbol{\eta}_s^{(neg)}}\right)^{\omega_s}\right)\zeta_{ij}^{s(neg)}, \quad g^{-1}\left(1-\left(\dfrac{1-\boldsymbol{\eta}_s^{(neu)}}{1+\boldsymbol{\eta}_s^{(neu)}}\right)^{\omega_s}\right)\zeta_{ij}^{s(neu)}, \\[4mm] g^{-1}\left(1-\left(\dfrac{1-\boldsymbol{\eta}_s^{(pos)}}{1+\boldsymbol{\eta}_s^{(pos)}}\right)^{\omega_s}\right)\zeta_{ij}^{s(pos)} \end{array} \right\}$$

$$= g^{-1}\left(1-\left(\dfrac{1-\boldsymbol{\eta}_1^{(neg)}}{1+\boldsymbol{\eta}_1^{(neg)}}\right)^{\omega_1}\right)\zeta_{ij}^{neg}, \quad g^{-1}\left(1-\left(\dfrac{1-\boldsymbol{\eta}_1^{(neu)}}{1+\boldsymbol{\eta}_1^{(neu)}}\right)^{\omega_1}\right)\zeta_{ij}^{neu},$$

$$g^{-1}\left(1-\left(\dfrac{1-\boldsymbol{\eta}_1^{(pos)}}{1+\boldsymbol{\eta}_1^{(pos)}}\right)^{\omega_1}\right)\zeta_{ij}^{pos} \tag{7.16}$$

其中，$\omega = (\omega_1, \omega_2, \cdots, \omega_s)^T$ 为评价属性集 $A = \{a_1, a_2, \cdots, a_s\}$ 的权重向量集合，并且 $\eta \in g(L(p))$。

基于情感概率语言加权平均（EPLWA）算子，可以得到养老需求群体 d_i 对于养老院 s_j 的综合情感得分 $LP = \{L_{ij}(p)\}_{m \times n} = \{L^{(neg)}(\zeta_{ij}^{neg}), L^{(neu)}(\zeta_{ij}^{neu}), L^{(pos)}(\zeta_{ij}^{pos})\}_{m \times n}$。然后，计算满意度如下：

$$\phi(L(p)) = \phi(L^{(neg)}(\zeta^{neg}), L^{(neu)}(\zeta^{neu}), L^{(pos)}(\zeta^{pos}))$$

$$= \left(\dfrac{r^{(neg)}+\#L(p)}{2\times\#L(p)}\right)^{\theta}\times\zeta^{neg} + \left(\dfrac{r^{(neg)}+\#L(p)}{2\times\#L(p)}\right)^{\theta}\times\zeta^{neu}$$

$$+ \left(\dfrac{r^{(pos)}+\#L(p)}{2\times\#L(p)}\right)^{\theta}\times\zeta^{pos} \tag{7.17}$$

其中，$\theta = 0.88$，由此构建出养老需求者对养老院的综合满意度矩阵 $\Phi = \{\phi_{ij}\}_{s \times t}$。

步骤4：对综合满意度矩阵进行标准化得到双边匹配决策主体矩阵 $N\Phi = \{n\phi_{ij}\}_{s \times t}$。计算式如下：

$$n\phi_{ij} = \dfrac{\phi_{ij} - \min_j(\phi_{ij})}{\max_j(\phi_{ij}) - \min_j(\phi_{ij})} \tag{7.18}$$

然后，构建主体满意度矩阵：

步骤1：参考 Jaccard 系数（范婷睿等，2023）探讨养老院护理类型偏好的一致性。设 $CT_j = \{ct_j\} = \{ct_j^1, ct_j^2, \cdots, ct_j^o\}$，$r = 1, 2, \cdots, o$ 为养老院 s_j 所提供的护理类别。养老院 s_j 对于第 r 种护理类别提供服务的偏好程度为：

$$Jaccard_j^r = \frac{FRE_j^r}{FRE_j + FRE_r - FRE_j^r}, \quad j = 1, 2, \cdots, n; \quad r = 1, 2, \cdots, o$$

$$(7.19)$$

其中，$Jaccard_j^r$ 表示养老院 s_j 在护理类别 ct_r 下的护理类别偏好；FRE_j^r 表示养老院 s_j 的历史服务提供次数中包含护理类别 ct_r 的服务次数；FRE_j 为养老院 s_j 的历史服务提供次数；FRE_r 为护理类别 ct_r 在案例服务集合中的服务提供次数。

养老院 s_j 对于养老需求群体 d_i 的护理类别偏好契合度计算式如下：

$$fit_{ji} = \frac{\sum_r^I Jaccard_j^r}{|I|},$$

$$i = 1, 2, \cdots, m; \quad j = 1, 2, \cdots, n; \quad r = 1, 2, \cdots, o$$

$$(7.20)$$

其中，$|I|$ 表示养老需求群体 d_i 的护理类别标签总数，I 表示养老需求群体 d_i 的护理类别标签集合。

步骤2：本研究挖掘了养老院评估偏好之间的一致性。根据在线评论网站上显示的关于各种养老院的自我介绍，评估基于这些信息提供的评价维度，使用余弦相似度计算各类养老需求群体的文本评论与养老院自我评价概述文本之间的相似度。

养老院自我评价概述（overview）文本集合：$O = \{o_j\}_{1 \times t}$，$j = 1, 2, \cdots, t$；养老院在线评论的聚类集合：$CL = \{cl_{ij}^{\mu}\}_{s \times t}$，$i = 1, 2, \cdots, s$；$j = 1, 2, \cdots, t$；$\mu = 1, 2, \cdots, h$；其中，$\mu$ 代表聚类后的评论文本数量，cl_{ij}^{μ} 表示养老需求者群体 d_i 在养老院 s_j 下的第 μ 条评论文本。护理评价偏好契合度计算公式为：

$$sim_{ji} = \frac{\sum_{\mu=1}^{h} \frac{cl_{ij}^{\mu} \times o_j}{\|cl_{ij}^{\mu}\| \times \|o_j\|}}{h} \tag{7.21}$$

步骤 3：进行标准化。得到养老院主体满意度矩阵 $\Psi = \{\psi_{ji}\}_{t \times s}$。计算式如下：

$$fit_{ji}' = \frac{fit_{ji} - \min_i(fit_{ji})}{\max_i(fit_{ji}) - \min_i(fit_{ji})} \tag{7.22}$$

$$sim_{ji}' = \frac{sim_{ji} - \min_i(sim_{ji})}{\max_i(sim_{ji}) - \min_i(sim_{ji})} \tag{7.23}$$

$$\psi_{ji} = \frac{1}{2}(fit_{ji}') + \frac{1}{2}(sim_{ji}') \tag{7.24}$$

步骤 4：对养老院主体满意度矩阵进行标准化得到双边匹配决策主体矩阵 $N\Psi = \{n\psi_{ji}\}_{t \times s}$。计算式如下：

$$n\psi_{ji} = \frac{\psi_{ji} - \min_i(\psi_{ji})}{\max_i(\psi_{ji}) - \min_i(\psi_{ji})} \tag{7.25}$$

考虑双边匹配的满意度和公平性（Zhang et al., 2024a），以双边主体的满意度最大化和双边主体的满意度偏差最小化为目标函数，建立多目标优化模型：

$$\text{Max}Z_1 = \sum_{i=1}^{s} \sum_{j=1}^{t} \phi_{ij} \times x_{ij}$$

$$\text{Max}Z_2 = \sum_{i=1}^{s} \sum_{j=1}^{t} \psi_{ij} \times x_{ij}$$

$$\mathrm{Min}Z_3 = \sum_{i=1}^{s} \sum_{j=1}^{t} |\phi_{ij} - \psi_{ij}| \times x_{ij}$$

$$\mathrm{s.t} \sum_{j=1}^{t} x_{ij} \leqslant 1, j \in (1, 2, \cdots, t)$$

$$\sum_{i=1}^{s} x_{ij} \leqslant 1, i \in (1, 2, \cdots, s)$$

$$x_{ij} + \sum_{\phi_{ik} > \phi_{ij}} x_{ik} + \sum_{\psi_{lj} > \psi_{ij}} x_{ij} \geqslant 1$$

$$x_{ij} \in \{0, 1\} \tag{7.26}$$

在上述模型中，引入了 $0-1$ 变量 x_{ij}，$x_{ij}=1$，表示养老需求者 i 与养老院 j 在匹配方案中相匹配；当 $x_{ij}=0$ 表示养老需求者 i 与养老院 j 在匹配方案中不匹配。Z_1 和 Z_2 分别表示养老需求者主体与养老院主体的总体满意度。该模型中还加入了稳定匹配约束条件，其中，$\sum_{\phi_{ik} > \phi_{ij}} x_{ik} = 1$ 表示一定存在养老需求者 i 与养老院 k 相匹配，并且其满意偏好优先于养老院 j。$\sum_{\phi_{ik} > \phi_{ij}} x_{ik} = 0$ 在所有满意偏好优先于养老院 j 的养老院主体中，不存在与养老需求者 i 相匹配的养老院 k。$\sum_{\phi_{ik} > \phi_{ij}} x_{ik}$ 与 $\sum_{\psi_{lj} > \psi_{ij}} x_{ij}$ 中至少有一个为 1，即存在养老需求者 i 能够与满意偏好优于养老院 j 的养老院 k 相匹配；或者养老院 j 与满意偏好优于养老需求者 i 的养老需求者 l 相匹配。由此可以保证养老需求者 i 与养老院 j 不构成阻塞匹配。

随后，设定 ω_1、ω_2、ω_3 分别为目标函数 Z_1、Z_2、Z_3 的权重，且 $\omega \geqslant 0$，$\omega_1 + \omega_2 + \omega_3 = 1$。由此，将多目标匹配优化模型转为单目标匹配优化模型，如下：

$$\mathrm{min}Z = (\omega_1 |Z_1 - Z_1^*| + \omega_2 |Z_2 - Z_2^*| + \omega_3 |Z_3 - Z_3^*|)^{\frac{1}{\pi}}$$

$$\text{s. t.} \quad \sum_{j=1}^{t} x_{ij} \leqslant 1 , j \in (1, 2, \cdots, t)$$

$$\sum_{i=1}^{s} x_{ij} \leqslant 1 , i \in (1, 2, \cdots, s)$$

$$x_{ij} + \sum_{\phi_{ik} > \phi_{ij}} x_{ik} + \sum_{\psi_{lj} > \psi_{ij}} x_{ij} \geqslant 1$$

$$x_{ij} \in \{0, 1\} \tag{7.27}$$

其中，Z_1^* 和 Z_2^* 分别代表多目标函数中 Z_1 和 Z_2 的最优值。且当 $\pi = 1$ 时，目标函数 Z 中的距离是曼哈顿距离；当 $\pi = 2$ 时，目标函数 Z 中的距离是欧几里得距离。依据优化模型求解可得到最优的双边匹配方案。

7.3 算 例 分 析

本研究主要针对养老需求者群体与养老院的双边匹配决策问题，采用数据软件从英国养老院在线评论网站（https://www.carehome.co.uk/）选取了五家不同的养老院，搜集不同养老院的在线评论。设定方案集为 $S = \{s_1, s_2, s_3, s_4, s_5\}$。

本算例使用 KH coder 软件对评论文本短句进行数据预处理，使用 Jaccard 指数计算常用词语之间的共现关系，并将结果可视化成网络图，分析养老人群需求。同时，结合文献，参考其对于养老服务需求的整理归纳，划分养老需求者类别。

在 KH Coder 软件中设置本算例获取的评论文本数据，在主题数目从 200 个到 20 个之间，以 50 为区间递减变化，绘制主题词汇网络共现图，如图 7 - 2 所示。

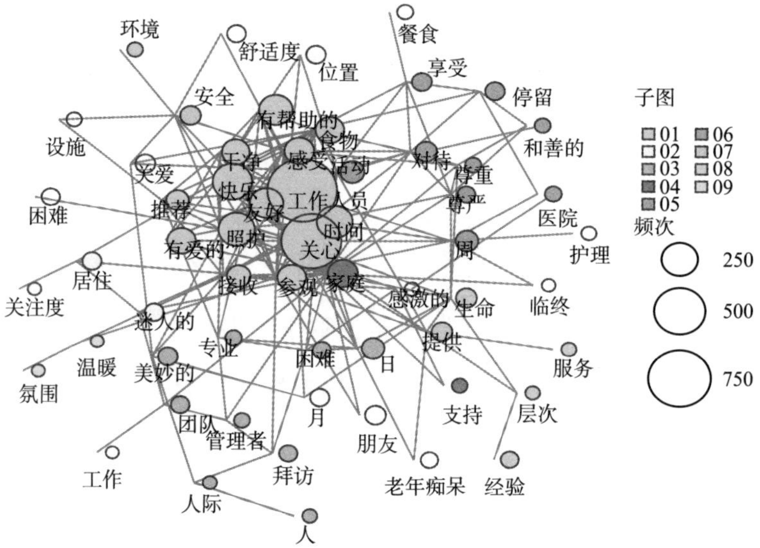

图 7 - 2　主题词汇数为 200 的网络共现图

图 7 - 2 展示了一个设定主题词数为 200 的共现网络图，该网络描述了频繁使用的单词（出现 250 次或更多次）之间的相关性。该图由表示每个单词的节点和表示每个单词之间共生关系的边组成。节点大小与单词的频率成正比；同样，边的粗细与单词之间的杰卡德系数成正比，不存在边不代表节点之间没有相关性。此外，单词之间的共现关系由边的粗细表示，不受每个节点之间的距离的影响。

本算例分别生成了主题数为 200、150、100、50、30、20 的网络共现图示，观察其主题分类的结果变化。这些网络的最终结果表明，关于养老院的在线评论文本中包含着固定数量的与养老院需求相关的类别，并且它们在一定程度上是相互关联的。

　　参考钟朝阳等（2023）关于养老院养老服务需求聚类整合的研究结果和吉纳维夫等（Genevieve et al.，2023）关于社区养老服务需求评估需求分类的实例（如表 7 - 1 所示），再结合本算例完成的 KH Coder 软件的主题聚类分类分析结果，本算例对养老院需求人群进行了分类，结果见表 7 - 1。

表 7 - 1　　　　　　　　　　养老院需求人群分类

	钟朝阳等，2023		吉纳维夫等，2023	本项目
医养结合需求	医疗卫生服务需求		（1）社区照护服务需求	基本生活需求
	日常生活护理需求			
人文关怀需求	心理与精神需求		（2）医疗照护需求	心理需求
	尊严与价值需求			
	安宁疗护需求（临终关怀）		（3）社会关注需求	社会关系需求
物理环境与社会环境需求	居住环境需求		（4）教育和信息需求	健康医疗需求
	社会关系维持需求			

　　根据以上分析，设定本研究案例的养老需求聚类群体集合为：

$$D = \begin{cases} d_1：基本生活需求, \\ d_2：心理需求, \\ d_3：社会关系需求, \\ d_4：健康医疗需求 \end{cases}$$

　　考虑网站现有评价属性和根据 LDA 主题提取模型的主题属性，设立本研究案例的属性集合为：

$$A = \begin{cases} a_1: \text{设施}, \ a_2: \text{照护}, \ a_3: \text{卫生环境}, \ a_4: \text{服务态度}, \\ a_5: \text{餐饮水平}, \ a_6: \text{工作人员}, \ a_7: \text{娱乐活动}, \\ a_8: \text{管理水平}, \ a_9: \text{安全性}, \ a_{10}: \text{居住房间}, \\ a_{11}: \text{性价比}, \ a_{12}: \text{家庭氛围}, \ a_{13}: \text{医疗照护} \end{cases}$$

根据 DEMATEL 方法计算出评价属性权重集为：

$\omega_1^A = \{0.142, \ 0.115, \ 0.143, \ 0.062, \ 0.036, \ 0.046, \ 0.074,$
$0.053, \ 0.042, \ 0.06, \ 0.062, \ 0.064, \ 0.101\}$

$\omega_2^A = \{0.084, \ 0.107, \ 0.059, \ 0.154, \ 0.066, \ 0.074, \ 0.052,$
$0.068, \ 0.044, \ 0.058, \ 0.049, \ 0.095, \ 0.089\}$

$\omega_3^A = \{0.042, \ 0.085, \ 0.062, \ 0.099, \ 0.075, \ 0.079, \ 0.104,$
$0.107, \ 0.064, \ 0.092, \ 0.083, \ 0.067, \ 0.04\}$

$\omega_4^A = \{0.045, \ 0.04, \ 0.042, \ 0.078, \ 0.07, \ 0.057, \ 0.079,$
$0.081, \ 0.114, \ 0.036, \ 0.104, \ 0.141, \ 0.113\}$

设养老院对养老需求者的评价契合度属性集为：

$B = \{b_1: \text{护理类型与偏好的契合度}, \ b_2: \text{护理评价的偏好一致性}\}$

其权重集设为：$\omega^B = (0.5, \ 0.5)$。

依据第 7.2.3 小节双边主体满意度矩阵的构建方法，得到双边主体满意度矩阵分别为：

$$N\Phi = \begin{cases} 0.357741179 & 0.850177194 & 1 & 0.214177 \\ 1 & 0.494140725 & 0 & 0 \\ 0.611085891 & 0.156767725 & 0.477361334 & 0.570886 \\ 0 & 1 & 0.170800999 & 1 \\ 0.501449303 & 0 & 0.230512854 & 0.155142 \end{cases};$$

$$N\Psi =$$

$$
\left\{
\begin{array}{ccccc}
1 & 1 & 1 & 0.855673 & 1 \\
0.088541311 & 0 & 0 & 0.67747 & 0 \\
0.67669546 & 0.427830543 & 0.270113343 & 0 & 0.498642284 \\
0 & 0.484951667 & 0.239332713 & 1 & 0.613316969
\end{array}
\right\}
$$

再依据双边匹配决策模型进行求解，得出匹配结果为：

$$Z_1^* = 0.1727311$$

$$Z_2^* = 0.2123707$$

$$
(x_{ij})_{4\times5} =
\begin{bmatrix}
0 & 1 & 0 & 0 & 0 \\
0 & 0 & 0 & 0 & 1 \\
1 & 0 & 1 & 0 & 0 \\
0 & 0 & 0 & 1 & 0
\end{bmatrix}
$$

故本算例最优结果为 d_1 与 s_2 相匹配，d_2 与 s_5 相匹配，d_3 与 s_1 或 s_3 相匹配，d_4 与 s_4 相匹配。

7.4　本章小结

本章使用自然语言处理（natural language processing，NLP）技术对在线评论数据进行文本挖掘，识别其主题、属性概念、属性间共现关系，对文本进行情感识别分析等，再将在线评论文本挖掘的数据结果作为多属性双边决策重要的信息来源进行双边匹配决策模型构建，对养老需求者与养老服务机构的多属性双边匹配决策理论进行研究，建立多目标匹配决策模型进行求解，最终获得考虑需求差异条件下使养老需求者与养老服务机构双方满意度最大化的匹配方案。

第8章

结论与展望

本章将对全书的主要工作进行总结，并进一步讨论未来关于不确定语言环境下的共识决策理论和方法的研究方向。

8.1 研 究 结 论

为了在群决策环境下运用灵活、有效的表达方式表征决策者的评价信息，并保证群体通过科学合理的方法达成共识，从而提高群决策结果的可靠性，本书基于不确定语言信息，针对不同的决策情境，构建了几种有效的群体共识决策方法。本书取得的研究成果可概况为以下几点。

第一，提出了犹豫积性语言偏好关系的一致性检验算法、非一致性修正算法及基于可接受一致性偏好关系的排序算法。具体包括：①定义了犹豫积性语言偏好关系、完全一致犹豫积性语言偏好关系及可接受一致性犹豫积性语言偏好关系的概念；利用特征向量法计算犹豫积性偏好关系的一致性指标，并给出了一致性检验的规则。②建立相应的非一致性修正算法。将二分法引入非一致性修正过程来确定关键参数的取值，在提高非一致性修正的准确性的同时尽可能保留更多的初始评估信息。③基于可接受一致性的犹豫积性语言偏好关系，建立了相应的排序算法。④本研究针对非一致性算法中的未知参数进行了仿真实验，讨论了修正参数的取值对偏好关系一致性的影响，并合理地给出了不同阶数的犹豫积性语言偏好关系对应的修正参数的取值建议。⑤将所提出的方法应用在地震避难所选址问题中的算例分析，并通过与已有方法得到的决策结果进行对比分析，较为全面地验证了该方法的有效性。

第二，建立了一个信任度引导的反馈式犹豫模糊语言共识模型。具体包括：①定义了群体满意度指标来度量群体共识水平，综合考虑了决策者的偏好关系的个体一致性和与群体综合评价信息的相似度。②构建了一个优化模型以快速准确地识别未达成共识的决策信息，在一定程度上提高了共识决策的效率。③在优化模型的支持下，进一步将信任度的概念引入反馈机制，基于决策者的评价信息构建信任度矩阵，根据所信任决策者的决策信息生成个性化建议，增加决策者调整其初始评价信息的意愿，在尽可能少地修改偏好信息的基础上，提高决策结果的整体可接受程度。④在构建该共识决策模型的基础上，对信任度引导的反馈机制中的控制参数的取值进行了分析，讨论了满意度函数中的调节参数的取值对犹豫模糊语言偏好关系的满意度的影响。⑤将所提出的模型应用到医疗应急预案选择问题的算例分析中，并通过仿真实验和与其他模型的对比分析证明了该模型的合理性。

　　第三，提出了一种基于后悔理论的共识决策方法。具体包括：①将犹豫模糊语言术语集的相关系数引入后悔理论，建立了备选方案的效用函数；改进了相关系数的计算公式，使得计算过程不需要再向较短的犹豫模糊语言元素中添加虚拟语言元素，从而保留了更多的初始决策信息。②以犹豫模糊语言决策矩阵的正负理想解为参照点，将后悔函数定义为每个备选方案与正理想解的效用值之差，将欣喜函数定义为每个备选方案与负理想解的效用值之差。③定义了群体非共识度作为共识检验的指标，并建立了充分尊重决策者意愿的交互式反馈机制。这种机制使决策者可以根据反馈机制生成的建议值，在可接受的范围内调整自己的决策信息，并允许群体存在无法达成共识的情况。④设计了仿真实验讨论分析了风险规避指标的取值对方案效用值的影响，以及后悔规避指标的取值对后悔—欣喜值的影响。⑤将所提出的方法应用到医疗投资项目选择问题的算例分析中，为该实际决策问题提供了一定的理论指导和决策支持，并通过仿真实验和与其他方法的对比分析证明了该模型的有效性。

　　第四，提出了一种基于"个体—群体"视角的多属性群体共识决策方法。具体包括：①考虑到决策者在面对复杂繁多的评价指标时存在个体差异性，允许决策者在决策过程中建立各自的指标体系来评价备选方案。②面对属性完全未知的情况，基于决策者的评价信息，建立犹豫模糊语言环境下的 HFL – SRF 法获取属性权重。③借助 ELECTRE Ⅲ法在处理属性冲突的多属性决策问题方面的优势，直观地得到每一个专家对备选方案的偏好排序。④构建了基于肯德尔距离的共识模型，通过计算方案排序的最小改变成本获得群体共识排序。⑤将所提出的方法应用到基于医患共识的治疗方案选择问题的算例分析中，针对所提出的方法进行了一些分析和讨论，证明了该方法强大的适用性和有效性。

第五，构建了基于概率语言偏好关系的共识测度和反馈机制。具体包括：①基于决策者之间概率语言偏好矩阵之间的距离定义概率语言偏好关系的相似度，进而提出了衡量群体共识水平的测算方法。②在反馈机制中建立识别规则和建议规则引导决策者调整偏好信息，同时考虑到群体中的决策者的心理因素，在迭代过程中尊重决策者意愿确定调整参数给出调整建议。③通过仿真实验探究反馈机制中各项参数对共识效率的影响，给实际决策问题提供参考价值。④将构建的决策模型应用于乡村旅游开发模式的决策问题中，在四个备选方案中选择最优方案，从而验证所提模型的可行性。通过与犹豫模糊语言的群决策方法及现有概率语言环境下的决策方法对比，分析不同方法的最终结果和迭代效率，验证了模型的可靠性和优越性。

第六，构建了一个养老院服务评价指标体系，并引入一种新的基于在线评论的多属性决策模型来对养老院进行排序。具体包括：①提出了一种新的评价方法——基于混合矩阵的 IRPA 方法，该方法可以将大量在线评论客观地转化为 IT2FNs，以减少在线评论中语言的歧义和不确定性。②本研究基于 LDA 主题建模技术，补充了养老院的评价指标体系，使养老院经营者能够全面了解养老者的关注点，提高养老服务绩效。③本研究为 IT2FNs 的转换机制提供了语言量表，可以将评论更加准确地转换为 IT2FNs，以避免在线评论文本的复杂性和模糊性。④通过整合在线评论、

IT2FNs 理论和 IRPA 方法，本研究为养老院的评估和决策提供了一个完整的解决方案。

第七，提出了在线评论驱动的多属性双边匹配决策方法。具体包括：①利用在线评论聚类不同需求类型消费者，并挖掘评论信息中评价属性间的相互影响关系，构建基于在线评论的 DE-MATEL 属性权重确定方法，为不同需求类型消费者生成个性化属性权重。②利用概率语言术语集将在线评论中的属性情感分析结果量化为可供计算的概率分布，并结合在线评论分析服务供应方的服务能力契合度，构造双边匹配过程中的双方主体满意度矩阵。③综合考虑方案满意度和公平性，构造多目标匹配优化模型，并运用线性加权法将其转化为单目标规划模型，计算得出双边匹配方案。④将此方法应用到养老机构选择的案例研究中，并通过线性权重变化验证方案结果的满意度和公平性，还通过属性因素因果分析探究不同需求类型养老者对评价属性的关注程度，拓展了双边匹配问题的应用研究领域。

8.2 研究展望

本书的研究仍存在一些不足之处，主要归纳如下：

第一，在犹豫积性语言偏好关系的一致性研究方面，由于研究时间尚短，目前还未形成一套完整的理论体系。本书初步研究了犹豫积性语言偏好关系的积性一致性及其检验和修正算法，对于其加性一致性和次序一致性等方面的研究还未涉及。基于犹豫积性语言偏好关系的群体共识决策方法和多属性群体共识决策等方面的研究也还未涉及。

第二，本书初步探讨和研究了基于概率语言偏好关系的大规模群决策共识模型及应用，但是由于本书研究时间较短，不仅对大规模群决策中决策者行为的研究还不够充分，而且对概率语言理论、共识方法及实际应用方面的探讨还不够。

第三，本书针对不同决策情境，提出了几种共识决策方法，部分模型的构建思路仍基于传统的共识达成过程。在未来的研究工作中，需要借助数学工具和计算机技术，对不同的决策问题进行建模，通过深入的讨论和分析，建立更加契合实际决策问题的方法和模型，提高方法的实用性。

第四，本书将所构建的方法应用到地震避难所选址、医疗应急预案选择、医疗投资项目选择、治疗方案选择等算例分析中，以模拟方法在现实决策中的应用。尽管如此，今后研究中还需要对实质性应用问题进行进一步的讨论和研究，以验证方法的有效性。

基于以上分析，在本书所构建的不确定语言信息环境下，基于不同决策情境的群体共识决策研究及应用的基础上，未来还可重点对以下方面展开深入研究：

第一，进一步研究犹豫积性语言偏好关系的一致性。犹豫积性语言偏好关系是刻画决策者有限认知的重要工具，因此应该深入研究犹豫积性语言偏好关系的加性、次序和区间一致性及其检验方法和非一致性修正算法、优先权导出算法和排序方法等，形成一套完整的理论体系。然后，在犹豫积性语言环境下，构建相应的共识决策方法。

第二，由于群决策问题涉及决策者数量众多，容易出现决策者拒绝合作导致决策问题难以达成共识的情况。当个体的非合作行为逐渐演变成子群体的非合作行为，如若将这些拒绝合作的决策者排除在决策过程之外，最终决策问题将偏向群决策，那么大规模群决策自身集众人之长的优势将不复存在。因此，及时识别并有效处理个体或子群体的非合作行为对大规模群决策达成共识过程至关重要，在下一步的研究中，应该重视群体中非合作行为的研究。

第三，提出新的群体共识指标。目前，共识模型中大多是基于决策者的评价信息的相似度来计算群体共识水平，思路较为单一。而群体共识指标的设立对于度量决策群体是否达成可接受的共识至关重要，甚至直接影响决策结果的合理性。因此，今后的研究工作可以依托不同的数学理论，从多个角度去定义群体共识指标，建立相应的共识决策模型。

第四，研究基于不确定语言信息的多属性群决策方法和动态决策机制。结合证据推理、贝叶斯网络、时间序列分析等方法，建立考虑决策信息复杂不确定性和各因素之间关系的多层多指标的评价指标体系，针对决策问题的多阶段性，构建属性权重导出模型，进而构建多属性群决策模型。

第五，研究面向异质语言信息的共识决策方法。由于差异化的文化背景、心理素质、生活经历等，不同决策者对同一决策问题可能会给出不同结构形式的语言偏好或者评价信息，这些偏好或评价信息可以以自然语言、不确定语言、犹豫模糊语言、概率语言、多粒度语言、二元语义等多种类型的语言决策矩阵、语言判断矩阵来表征，甚至可以以满意或反对等文本形式的信息来表征。因此，研究不同类型的语言信息的集结方法有利于充分利用决策者给出的原始评价信息，减少信息丢失。

第六，研究适用于大规模群决策的共识模型。随着社会发展，现实决策问题的复杂程度不断增加，涉及的信息面更加广泛，需要集中群体的优势和众人的智慧才能做出最佳决策，研究大规模群决策问题已经成为群决策研究领域的重要课题。此外，进入21世纪以来，随着大数据时代的来临，信息技术为大规模群决策带来了进一步的发展。人们意识到根据群体内成员某些相似特征利用聚类或分类方法将大规模群体分为若干子群体再进行信息处理和共识模型的构建是解决大规模群决策问题的有效途径。目前，关于大规模群决策的研究总体上缺乏系统的理论指导体系，还处于起步和探索阶段。因此，在今后的研究中，应该重视与大规模群决策相关的聚类或分类问题的研究，并在此基础上构建适用于大规模群决策的共识模型。

第七，当使用情感分析技术时，如果评论文本描述客观事物时情感分析无法确定某类文本的情感倾向，但这句话在正常表达时具有一定的积极意义，同时不同个人的语言表达习惯、不同地区的语言和文化差异等可能会导致情感分析信息的缺失。在未来的研究中，应使用更先进的语言处理技术进行数据处理。为了保证计算的正确性，本书提出的决策方法在标准化之前统一了决策矩阵的数值类型。然而，数值类型转换执行得越晚，丢失的信息就越少。因此，可以改进该方法的数值型转换方法，以降低信息丢失的程度。

参考文献

［1］毕功兵，黄正伟，刘作仪 . 中国决策理论与方法研究的资助与进展分析［J］. 管理学报，2014，11（3）：337.

［2］戴跃强，徐泽水，李琰，等 . 语言信息评估新标度及其应用［J］. 中国管理科学，2008，16（2）：145 - 149.

［3］邓智彬，乐琦 . 基于 TOPSIS 的犹豫模糊元偏好下的双边匹配决策方法［J］. 运筹与管理，2023，32（10）：57 - 62.

［4］范婷睿，刘盾，叶晓庆 . 考虑需求优先性的在线医患双边匹配方法［J］. 计算机科学，2023，50（10）：28 - 36.

［5］龚艳冰，徐铂轩，刘高峰 . 云模型综合相似度及其语言型多属性决策应用［J］. 系统科学与数学，2024，44（11）：3371 - 3387.

［6］缑迅杰，徐鑫茹，徐泽水 . 基于动态社会网络的能源转型路径评估多属性群决策建模研究［J］. 中国管理科学，2024：1 - 16.

［7］郭欢，肖新平，J. Forrest，等 . 基于二元语义一致性的混合多属性灰关联决策［J］. 控制与决策，2014，29（5）：880 - 884.

［8］洪文兴，杞坚玮，王玮玮，等 . 基于公共特征空间的自

适应情感分类［J］．天津大学学报（自然科学与工程技术版），2019，52（6）：631 – 637．

［9］纪雪，高琦，李先飞，等．考虑产品属性层次性的评论挖掘及需求获取方法［J］．计算机集成制造系统，2020，26（3）：747 – 759．

［10］姜磊，陈星宇，朱竑．中国城市养老院的空间分布特征及其分异成因［J］．地理学报，2021，76（8）：1951 – 1964．

［11］李慧．基于非平衡语言扩展 TOPSIS 的医生推荐方法［J］．模糊系统与数学，2023，37（4）：81 – 91．

［12］李鹏，王可，徐志伟．基于偏好 – 赞成结构与前景理论的双边匹配决策方法［J］．中国管理科学，2024：1 – 15．

［13］李相荣，李汶广，王影，等．我国基层卫生人才现状及发展对策分析［J］．中国药物经济学，2019，14（1）：98 – 101．

［14］李欣苗，张朋柱，李靖．群体决策中多种研讨信息关系的自动识别方法［J］．管理科学学报，2012，15（9）：10 – 19．

［15］李杨，徐泽水，王新鑫．基于在线评论的情感分析方法及应用［J］．控制与决策，2023，38（2）：304 – 317．

［16］刘云章，戴晓晖，赵金萍，等．试论"医患共识"的内容与障碍［J］．中国医学伦理学，2018，31（1）：6 – 9．

［17］彭娟娟，谭灏，隆清琦，等．基于改进 TODIM 与图片模糊偏好信息的多属性双边匹配决策方法［J］．系统科学与数学，2024，44（8）：2384 – 2411．

[18] 宋书文，管理心理学词典 [M]．兰州：甘肃人民出版社，1989：170．

[19] 苏粟，王建祥，王磊，等．基于动态哈夫模型及双边匹配的电动汽车充电引导策略 [J]．电力系统自动化，2024，48（7）：181 – 189．

[20] 王伟明，徐海燕，朱建军，等．基于 CWPHM 算子和 C – DEMATEL 的语言型多属性决策方法 [J]．中国管理科学，2023：1 – 13．

[21] 吴健，王增文，张文雅．基于概率犹豫模糊双边匹配的退役士兵自主就业引导策略研究 [J]．中国管理科学，2024：1 – 16．

[22] 徐泽水，任珮嘉．犹豫模糊偏好决策研究进展与前景 [J]．系统工程理论与实践，2020，40（8）：2193 – 2202．

[23] 杨爱萍．浅析"看病难，看病贵"问题 [J]．医学信息，2015（13）．

[24] 尤天慧，陶玲玲，袁媛．基于在线评论的顾客满意度评估方法 [J]．运筹与管理，2023，32（12）：144 – 150．

[25] 张炳江．前景理论在老年公寓投资决策上的应用 [C]//第十四届中国不确定系统年会第十八届中国青年信息与管理学者大会．中国陕西渭南，2016：5．

[26] 张国方，寇姣姣，陈令华．网络评论文本驱动的汽车设计规划方法 [J]．机械设计，2021，38（2）：139 – 144．

[27] 张娜，方志耕，朱建军，等．基于等信息量转换的区间二元语义多属性群决策方法 [J]．控制与决策，2015，30

（3）：403 - 409.

［28］张语轩，耿秀丽，潘飞．基于多源数据的智慧养老服务供需匹配研究 ［J］．上海理工大学学报，2024，46（2）：214 - 224.

［29］赵道致，罗碟．面向双边用户满意的产能分享平台配置策略研究 ［J］．工业工程与管理，2024，29（2）：90 - 100.

［30］赵新河．医患关系的多重属性与化解医患矛盾的法律进路 ［J］．河南司法警官职业学院学报，2020，18（72）：67 - 72.

［31］周湘贞，李帅，隋栋．基于深度学习和注意力机制的微博情感分析 ［J］．南京师大学报（自然科学版），2023，46（2）：115 - 121.

［32］祝清麟，梁斌，徐睿峰．结合金融领域情感词典和注意力机制的细粒度情感分析 ［J］．中文信息学报，2022，36（8）：109 - 117.

［33］AASE I.，REE E.，JOHANNESSEN T.，et al. Talking about quality：How "quality" is conceptualized in nursing homes and homecare ［J］. BMC Health Services Research，2021，21：1 - 12.

［34］AHANI A.，NILASHI M.，YADEGARIDEHKORDI E.，et al. Revealing customers' satisfaction and preferences through online review analysis：The case of Canary Islands hotels ［J］. Journal of Retailing and Consumer Services，2019，51：331 - 343.

［35］ALESKEROV F. and KARPOV A.，A new single transferable vote method and its axiomatic justification ［J］. Social Choice and Welfare，2013，40：771 - 786.

［36］ ALONSO S. , PÉREZ I. J. , CABRERIZO F. J. and HER-RERA – VIEDMA E. , A linguistic consensus model for Web 2. 0 communities ［J］. Applied Soft Computing, 2013, 13：149 – 157.

［37］ ALSHAMSI A. M. , EL – KASSABI H. , SERHANI M. A. , et al. A multi-criteria decision-making (MCDM) approach for data-driven distance learning recommendations ［J］. Education and Information Technologies, 2023, 28 (8)：10421 – 10458.

［38］ AZIZ H. , ELKIND E. , FALISZEWSKI P. , LACKNER M. and SKOWRON P. , The Condorcet principle for multiwinner elections：From shortlisting to proportionality ARXIV ［J］. ARXIV, 2017, 22.

［39］ BANI – DOUMI M. , SERRANO – GUERRERO J. , CHICLANA F. , et al. A picture fuzzy set multi criteria decision-making approach to customize hospital recommendations based on patient feedback ［J］. Applied Soft Computing, 2024, 153：111331.

［40］ BAURIN A. , HINDRIKS J. , Intergenerational consequences of gradual pension reforms ［J］. European Journal of Political Economy, 2023, 78：102336.

［41］ BELL D. E. , Regret in decision-making under uncertainty ［J］. Operations Research, 1982, 30 (5)：961 – 981.

［42］ BUENROSTRO L. , DHILLON A. and VIDA P. , Scoring rule voting games and dominance solvability ［J］. Social Choice and Welfare, 2013, 40：329 – 352.

［43］ BURDEN R. L. and FAIRES J. D. , Numerical analysis

[M]. Prindle Weber Schmidt, 1985.

[44] CAO D. , LEUNG L. C. and LAW J. S. , Modifying inconsistent comparison matrix in analytic hierarchy process: A heuristic approach [J]. Decision Support Systems, 2008, 44 (4): 944 – 953.

[45] CARNEY M. T. , KWIATEK S. , BURNS E. A. , Transforming health care: A large health organizations' journey to become an age-friendly health system (AFHS) and beyond [J]. Journal of the American Geriatrics Society, 2023, 72 (2): 579 – 588.

[46] CHEN H. , ZHANG Y. , WANG L. , A study on the quality evaluation index system of smart home care for older adults in the community—based on Delphi and AHP [J]. BMC Public Health, 2023, 23.

[47] CHEN S. M. , HONG J. A. , Fuzzy multiple attributes group decision-making based on ranking interval type – 2 fuzzy sets and the TOPSIS method [J]. IEEE Transactions on Systems, Man, and Cybernetics: Systems, 2014, 44 (12): 1665 – 1673.

[48] CHEN S. M. , LEE L. W. , Fuzzy multiple attributes group decision-making based on the ranking values and the arithmetic operations of interval type – 2 fuzzy sets [J]. Expert Systems with Applications, 2010, 37 (1): 824 – 833.

[49] CHIAO K. P. , The multi-criteria group decision making methodology using type 2 fuzzy linguistic judgments [J]. Applied Soft Computing, 2016, 49: 189 – 211.

[50] DAHOOIE J. H. , RAAFAT R. , QORBANI A. R. , et

al. An intuitionistic fuzzy data-driven product ranking model using sentiment analysis and multi-criteria decision-making [J]. Technological Forecasting and Social Change, 2021, 173: 121158.

[51] DARKO A. P., LIANG D., XU Z., et al. A novel multi-attribute decision-making for ranking mobile payment services using online consumer reviews [J]. Expert Systems with Applications, 2023, 213: 119262.

[52] ECHENIQUE F., What matchings can be stable? The testable implications of matching theory [J]. Mathematics of operations Research, 2008, 33 (3): 757 - 768.

[53] ESHKEVARI M., REZAEE M. J., SABERI M., et al. An end-to-end ranking system based on customers reviews: Integrating semantic mining and MCDM techniques [J]. Expert Systems with Applications, 2022, 209: 118294.

[54] FAN Z. P. and LIU Y., A method for group decision-making based on multi-granularity uncertain linguistic information [J]. Expert Systems with Applications, 2010, 37 (5): 4000 - 4008.

[55] FIGUEIRA J., ROY B., Determining the weights of criteria in the ELECTRE type methods with a revised Simos' procedure [J]. European Journal of Operational Research, 2002, 139: 317 - 326.

[56] FORGIONNE G. A. and KOHLI R., HMSS: A management support system for concurrent hospital decision making [J]. Decision Support System, 1996, 16 (3): 209 - 229.

［57］GALE D. , The two-sided matching problem. Origin, development and current issues ［J］. International Game Theory Review, 2001, 3 (2/3): 237 – 252.

［58］GANDARILLAS M. Á. , GOSWAMI N. , Merging current health care trends: Innovative perspective in aging care ［J］. Clinical Interventions in Aging, 2018, 13: 2083 – 2095.

［59］GARCIA – LAPRESTA J. L. , LLAMAZARES B. and MARTINEZ – PANERO M. , A social choice analysis of the Borda rule in a general linguistic framework ［J］. International Journal of Computational Intelligence Systems, 2010, 3: 501 – 513.

［60］GHADIKOLAEI A. S. , MADHOUSHI M. and DIVSALAR M. , Extension of the VIKOR method for group decision making with extended hesitant fuzzy linguistic information ［J］. Neural Computing & Applications, 2018, 30 (12): 3589 – 3602.

［61］GONGORA – SALAZAR P. , ROCKS S. , FAHR P. , et al. The use of multicriteria decision analysis to support decision making in healthcare: An updated systematic literature review ［J］. Value in Health, 2023, 26 (5): 780 – 790.

［62］GOU X. , XU Z. , LIAO H. , Multiple criteria decision making based on Bonferroni means with hesitant fuzzy linguistic information ［J］. Soft Computing, 2017, 21: 6515 – 6529.

［63］HASAN M. , RAHMAN A. , KARIM M. R. , et al. Normalized approach to find optimal number of topics in Latent Dirichlet Allocation (LDA) ［C］//Proceedings of International Conference on Trends in Computational and Cognitive Engineering: Proceedings of TCCE 2020. Springer, 2021: 341 - 354.

[64] HERRERA F., HERRERA - VIEDMA E. and MARTINEZ L., A fuzzy linguistic methodology to deal with unbalanced linguistic term sets [J]. IEEE Transactions on Fuzzy Systems, 2008, 16 (2): 354 - 370

[65] HERRERA F. and MARTINEZ L., A 2 - tuple fuzzy linguistic representation model for computing with words [J]. IEEE Transactions on Fuzzy Systems, 2000, 8 (6): 746 - 752.

[66] HONAVAR S. G., Patient-physician relationship-communication is the key [J]. Indian Journal of Ophthalmology, 2018, 66: 1527 - 1528.

[67] HONG Z. G., LI Y., FAN Z. H. and WANG Y., Calculation on high-ranked R. I. of analytic hierarchy process [J]. Computer Engineering and Application, 2002, 38: 45 - 47.

[68] HSU C. L., YU L. C., CHANG K. C., Exploring the effects of online customer reviews, regulatory focus, and product type on purchase intention: Perceived justice as a moderator [J]. Computers in Human Behavior, 2017, 69: 335 - 346.

[69] HUANG F., YUAN C., BI Y., et al. Multi-granular document-level sentiment topic analysis for online reviews [J]. Applied Intelligence, 2022: 1 - 11.

[70] HU J., ZHANG X., YANG Y., et al. New doctors ranking system based on VIKOR method [J]. International Transactions in

Operational Research, 2018, 27 (2): 1236 – 1261.

[71] HU J. , ZHANG Y. , CHEN X. , et al. Multi-criteria decision making method based on possibility degree of interval type – 2 fuzzy number [J]. Knowledge – Based Systems, 2013, 43: 21 – 29.

[72] HU J. , ZHANG Y. , WANG L. , et al. An evaluation index system of basic elderly care services based on the perspective of accessibility [J]. International Journal of Environmental Research and Public Health, 2022, 19 (7): 4256.

[73] HU Y. , LI S. , LIU H. , et al. Study on the measurement of coupling and coordinated development level between China's internet and elderly care services and its influencing factors [J]. BMC Public Health, 2024, 24 (1): 920.

[74] HU Y. D. and LU J. K. , Consistency of the judgement matrix [J]. Math Research. Application, 1992, 12: 112 – 116.

[75] IRVINE A. D. , Mathematics without numbers-hellmang [J]. History and Philosophy of Logic, 1994, 15: 136 – 137.

[76] JARNER S. F. , JALLBJØRN S. , ANDERSEN T. M. , Pension system design: Roles and interdependencies of tax-financed and funded pensions [J]. Scandinavian Actuarial Journal, 2024, 1 – 35.

[77] JIANG Z. H. , A new consistency regulating method of judgment matrix in AHP [J]. Journal of Nanjing University Mathematical Biquarterly, 2013, 30 (2) 224 – 237.

[78] JI F. , CAO Q. , LI H. , et al. An online reviews-driven large-scale group decision making approach for evaluating user satisfac-

tion of sharing accommodation [J]. Expert Systems with Applications, 2023, 213: 118875.

[79] KASSIRER J. P., Adding insult to injury-usurping patients prerogatives [J]. New England Journal of Medicine, 1983, 308: 898 – 901.

[80] KE J., WANG Y., FAN M., et al. Discovering e-commerce user groups from online comments: An emotional correlation analysis-based clustering method [J]. Computers and Electrical Engineering, 2024, 113: 109035.

[81] KHAN A., ABOSULIMAN S. S., ABDULLAH S., et al. A decision support model for hotel recommendation based on the online consumer reviews using logarithmic spherical hesitant fuzzy information [J]. Entropy, 2021, 23 (4): 432.

[82] KILCI F., KARA B. Y. and BOZKAYA B., Locating temporary shelter areas after an earthquake: A case for Turkey [J]. European Journal of Operational Research, 2015, 243 (1): 323 – 332.

[83] KIM J. S., SOHN B. A. and WHANG B. G., A tolerance approach for unbalanced economic development policy-making in a fuzzy environment [J]. Information Sciences, 2002, 148 (1 – 4): 71 – 86.

[84] KORKMAZ I., GÖKÇEN H., ÇETINYOKUŞ T., An analytic hierarchy process and two-sided matching based decision support system for military personnel assignment [J]. Information Sci-

ences, 2008, 178 (14): 2915 - 2927.

[85] KWAK S. Y. , SHIN M. , LEE M. , et al. Integrating the reviewers' and readers' perceptions of negative online reviews for customer decision-making: A mixed-method approach [J]. International Journal of Contemporary Hospitality Management, 2023, 35 (12): 4191 - 4216.

[86] LEE A. H. , KANG H. Y. , A multi-criteria decision-making model for evaluating senior daycare center locations [J]. International Journal of Environmental Research and Public Health, 2019, 16 (24): 5031.

[87] LEE C. K. H. , TSE Y. K. , Improving peer-to-peer accommodation service based on text analytics [J]. Industrial Management & Data Systems, 2021, 121 (2): 209 - 227.

[88] LEE J. W. and KIM S. H. , Using analytic network process and goal programming for interdependent information system project selection [J]. Computers & Operations Research, 2000, 27 (4): 367 - 382.

[89] LEE L. W. , CHEN S. M. , A new method for fuzzy multiple attributes group decision-making based on the arithmetic operations of interval type - 2 fuzzy sets [C]//2008 International conference on machine learning and cybernetics. : IEEE, 2008: 3084 - 3089.

[90] LEE S. , KIM W. , Sentiment labeling for extending initial labeled data to improve semi-supervised sentiment classification [J]. Electronic Commerce Research and Applications, 2017, 26: 35 - 49.

［91］LIANG S. , DENG X. Y. , YANG L. and JIANG W. , An improvement to generalized regret-based decision-making method considering unreasonable alternatives ［J］. International Journal of Intelligent Systems, 2018, 33 (12): 2295 – 2313.

［92］LIANG W. and WANG Y. M. , Interval-valued hesitant fuzzy stochastic decision-making method based on regret theory ［J］. International Journal of Fuzzy Systems, 2020, 22 (4): 1091 – 1103.

［93］LIAO H. C. , GOU X. J. , XU Z. S. , ZENG X. J. and HERRERA F. , Hesitancy degree-based correlation measures for hesitant fuzzy linguistic term sets and their applications in multiple criteria decision making ［J］. Information Sciences, 2020, 508: 275 – 292.

［94］LIAO H. C. and XU Z. S. , Approaches to manage hesitant fuzzy linguistic information based on the cosine distance and similarity measures for HFLTSs and their application in qualitative decision making ［J］. Expert Systems with Applications, 2015, 42 (12): 5328 – 5336.

［95］LINDNER – RABL S. , WAGNER V. , MATIJEVIC A. , et al. Clinical Interventions to Improve Nutritional Care in Older Adults and Patients in Primary Healthcare – A Scoping Review of Current Practices of Health Care Practitioners ［J］. Clinical Interventions in Aging, 2022, 1 – 13.

［96］LI R. , LI Y. Q. , RUAN W. Q. , et al. Sentiment mining of online reviews of peer-to-peer accommodations: Customer emotional heterogeneity and its influencing factors ［J］. Tourism Management, 2023, 96: 104704.

［97］ LITVAK B. G. , Distances and consensus rankings ［J］. Cybernetics, 1983, 19: 71 – 81.

［98］ LIU N. N. , HE Y. and XU Z. S. , A new approach to deal with consistency and consensus issues for hesitant fuzzy linguistic preference relations ［J］. Applied Soft Computing, 2019, 76: 400 – 415.

［99］ LIU P. , TENG F. , Probabilistic linguistic TODIM method for selecting products through online product reviews ［J］. Information Sciences, 2019, 485: 441 – 455.

［100］ LIU Q. , RUAN X. J. and SHI P. , Selection of emergency shelter sites for seismic disasters in mountainous regions: Lessons from the 2008 Wenchuan Ms 8. 0 Earthquake, China ［J］. Asian Earth Science, 2011, 40 (4): 926 – 934.

［101］ LIU Y. , LIANG C. , CHICLANA F. and WU J. , A trust induced recommendation mechanism for reaching consensus in group decision making ［J］. Knowledge – Based Systems, 2017, 119: 221 – 231.

［102］ LIU Z. , LIU P. and XIA L. , Multiple attribute group decision-making method based on generalized interval-valued hesitant uncertain linguistic power aggregation operators and linguistic-scale functions ［J］. International Journal of Fuzzy Systems, 2018, 20 (6): 1995 – 2015.

[103] LOU Y. , XU L. , CARLSSON M. , et al. Quality of life of older people in nursing homes in China-evaluation and application of the Chinese version of the life satisfaction questionnaire [J]. BMC Geriatrics, 2022, 22 (1): 328.

[104] LUO Y. , ZHANG X. , QIN Y. , et al. Tourism attraction selection with sentiment analysis of online reviews based on probabilistic linguistic term sets and the IDOCRIW – COCOSO model [J]. International Journal of Fuzzy Systems, 2021, 23, 295 – 308.

[105] MENDEL J. M. , JOHN R. B. , Type – 2 fuzzy sets made simple [J]. IEEE Transactions on Fuzzy Systems, 2002, 10 (2): 117 – 127.

[106] MOHARRER M. , TAHAYORI H. , LIVI L. , SADEGHIAN A. and RIZZI A. , Interval type – 2 fuzzy sets to model linguistic label perception in online services satisfaction [J]. Soft Computing, 2015, 19 (1): 237 – 250.

[107] NAPPI M. M. L. and SOUZA J. C. , Disaster management: hierarchical structuring criteria for selection and location of temporary shelters [J]. Natural Hazards, 2015, 75 (3): 2421 – 2436.

[108] NATHAN H. , HYDER O. , MAYO S. C. , HIROSE K. , WOLFGANG C. L. , CHOTI M. A. and PAWLIK T. M. , Surgical therapy for early hepatocellular carcinoma in the modern era a 10 – year seer-medicare analysis [J]. Annals of Surgery, 2013, 258: 1022 – 1027.

［109］NUNKOO R. , TEEROOVENGADUM V. , RINGLE C. M. , et al. Service quality and customer satisfaction: The moderating effects of hotel star rating ［J］. International Journal of Hospitality Management, 2020, 91: 102414.

［110］OSMANI A. , MOHASEFI J. B. , GHAREHCHOPOGH F. S. , Enriched latent Dirichlet allocation for sentiment analysis ［J］. Expert Systems, 2020, 37 (4): e12527.

［111］ÖZÇIL A. , AYTAÇ – ADALI E. , A Novel MCDM Method: The Integrative Reference Point Approach ［DB/OL］. 2023, Available at SSRN 4385955.

［112］PANG Q. , WANG H. , XU Z. S. , Probabilistic linguistic term sets in multi-attribute group decision making ［J］. Information Science, 2016, 369: 128 – 143.

［113］PEREZ I. J. , CABRERIZO F. J. , ALONSO S. and HERRERA – VIEDMA E. , A new consensus model for group decision making problems with non-homogeneous experts ［J］. IEEE Transactions on Systems Man Cybernetics – Systems, 2014, 44 (4): 494 – 498.

［114］POON E. G. , Clinical decision support: a tool of the hospital trade ［J］. Journal of Hospital Medicine, 2015, 10 (1): 60 – 61.

［115］QU G. H. , LI T. J. , ZHAO X. , QU W. H. , AN Q. Y. and YAN J. , Dual hesitant fuzzy stochastic multiple attribute decision making method based on regret theory and group satisfaction degree [J]. Journal of Intelligent & Fuzzy Systems, 2018, 35 (6): 6479 – 6488.

[116] RAMANATHAN R. and GANESH L. S., Group preference aggregation methods employed in AHP: An evaluation and an intrinsic process for deriving members' weightages [J]. European Journal of Operational Research, 2007, 79 (2) 249 – 265.

[117] REN P., Life quality in care homes: Chinese and Danish older adults' perspectives [J]. Current Psychology, 2023, 42 (20): 16587 – 16601.

[118] RICCÒI., ANLEU – HERNÁNDEZ C. M., DE STEFANI A., Implementing a senior community care model: An Italian top-down cohousing project and nursing home [J]. Social Inclusion, 2024, 12.

[119] RODRIGUEZ R. M., MARTINEZ L. and HERRERA F., Hesitant fuzzy linguistic term sets for decision making [J]. IEEE Transactions on Fuzzy Systems, 2012, 20 (1): 109 – 119.

[120] ROMADHONI B., AKHMAD A., NALDAH N., et al. Purchasing Decisions Effect of Social Media Marketing, Electronic Word of Mouth (EWOM), Purchase Intention [J]. Journal of Accounting and Finance Management, 2023, 4 (1): 74 – 86.

[121] ROY B., ELECTRE Ⅲ: An algorithm based on a fuzzy representation of preferences in the presence of multiple criteria [J]. Cahiers du Centre d'Etudes de Recherche Operationelle, 1978, 20: 3 – 24.

[122] SAATY T. L. , A scaling method for priorities in hierarchical structures [J]. Journal of Mathematical Psychology, 1977, 15 (3): 234 – 281.

[123] SAATY T. L. , Decision making with the analytic hierarchy process [J]. International Journal of Services Science, 2008, 1 (1): 83 – 98.

[124] SAATY T. L. , The analytic hierarchy process: Planning, priority setting, resource allocation [M]. McGraw – Hill, New York, 1980.

[125] SAMUEL O. W. , ASOGBON G. M. , SANGAIAH A. K. , FANG P. and LI G. L. , An integrated decision support system based on ANN and Fuzzy AHP for heart failure risk prediction [J]. Expert Systems with Applications, 2017, 68: 163 – 172.

[126] SENGUPTA D. , PYNE A. , MAULIK U. and BANDYOPADHYAY S. , Reformulated kemeny optimal aggregation with application in consensus ranking of microrna targets [J]. IEEE – ACM Transactions on Computational Biology and Bioinformatics, 2013, 10: 742 – 751.

[127] SHI W. , WANG H. , HE S. , EO – Senti – Miner: An opinion-aware system based on emotion ontology for sentiment analysis of Chinese online reviews [J]. Journal of Experimental & Theoretical Artificial Intelligence, 2015, 27 (4): 423 – 448.

[128] SHU Z. , CARRASCO R. A. , SÁNCHEZ – MONTAÑÉS M. , et al. A Multi – Criteria Decision Support Model for Restaurant

Selection Based on Users' Demand Level: The Case of Dianping. com [J]. Information Processing & Management, 2024, 61 (3): 103650.

[129] SIMON H. A. , Administrative behavior: A study of decision-making processes in administrative organization [M]. Macmillan Company, New York, 1947.

[130] SUDIRJO F. , RATNAWATI R. , HADIYATI R. , et al. The influence of online customer reviews and E – service quality on buying decisions in electronic commerce [J]. Journal of Management and Creative Business, 2023, 1 (2): 156 – 181.

[131] SUO W. L. , FENG B. and FAN Z. P. , Extension of the DEMATEL method in an uncertain linguistic environment [J]. Soft Computing, 2012, 16 (3): 471 – 483.

[132] TVERSKY A. and KAHNEMAN D. , Advances in prospect theory cumulative representation of uncertainty [J]. Journal of Risk and Uncertainty, 1992, 5 (4): 297 – 323.

[133] VINKS A. A. , PECK R. W. , NEELY M. and MOULD D. R. , Development and implementation of electronic health record-integrated model-informed clinical decision support tools for the precision dosing of drugs [J]. Clinical Pharmacology & Therapeutics, 2020, 107 (1): 129 – 135.

[134] VO T. , An integrated fuzzy neural network with topic-aware auto-encoding for sentiment analysis [J]. Soft Computing, 2022, 26 (2): 677 – 693.

[135] WANG C. N. , PAN C. F. , NGUYEN H. P. , et al. Integra-

ting fuzzy AHP and TOPSIS methods to evaluate operation efficiency of daycare centers [J]. Mathematics, 2023, 11 (8): 1793.

[136] WANG H. D., PAN X. H., YAN J., YAO J. L. and HE S. F., A projection-based regret theory method for multi-attribute decision making under interval type – 2 fuzzy sets environment [J]. Information Sciences, 2020, 512: 108 – 122.

[137] WANG W., LIU X., QIN Y., Multi-attribute group decision making models under interval type – 2 fuzzy environment [J]. Knowledge – Based Systems, 2012, 30: 121 – 128.

[138] WANG Y., ZHANG Q., HUANG L., et al. Factors related to satisfaction with community-based home aging services in Shandong, China [J]. Frontiers in Public Health, 2024, 12: 1298669.

[139] WATTENBERG B., Shelter after earthquakes [J]. Science, 1995, 267 (5198): 602 – 603.

[140] WESTBROOK J. I. and BAYSARI M. T., Nudging hospitals towards evidence-based decision support for medication management [J]. Medical Journal of Australia, 2019, 210 (6): S22 – S24.

[141] WU Q., WANG F., ZHOU L. G. and CHEN H. Y., Method of multiple attribute group decision making based on 2 – dimension interval type – 2 fuzzy aggregation operators with multi-granularity linguistic information [J]. International Journal of Fuzzy Systems, 2017, 19 (6): 1880 – 1903.

[142] WU Z. B., XU J. P., JIANG X. L. and ZHONG L.,

Two MAGDM models based on hesitant fuzzy linguistic term sets with possibility distributions: VIKOR and TOPSIS [J]. Information Sciences, 2019, 473: 101 – 120.

[143] XIA Q. , HUANG Q. , LI J. , et al. Evaluating the quality of home care in community health service centres: A machine learning approach [J]. Journal of Advanced Nursing, 2024.

[144] XU J. , YIN X. , CHEN D. , AN J. and NIE G. , Multi-criteria location model of earthquake evacuation shelters to aid in urban planning [J]. International Journal of Disaster Risk Reduction, 2016, 20: 51 – 62.

[145] XU X. H. , ZHONG X. Y. , CHEN X. H. and ZHOU Y. J. , A dynamical consensus method based on exit-delegation mechanism for large group emergency decision making [J]. Knowledge – Based Systems, 2015, 86: 237 – 249.

[146] XU Y. J. and WANG H. M. , Power geometric operators for group decision making under multiplicative linguistic preference relations [J]. International Journal of Uncertainty Fuzziness and Knowledge – Based Systems, 2012, 20 (1): 139 – 159.

[147] XU Z. S. , Deviation measures of linguistic preference relations in group decision making [J]. Omega – International Journal of Management Science, 2005, 33 (3): 249 – 254.

[148] XU Z. S. , EOWA and EOWG operators for aggregating linguistic labels based on linguistic preference relations [J]. International Journal of Uncertainty Fuzziness and Knowledge – Based Sys-

tems, 2008, 12 (6): 791 – 810.

[149] YAGER R. R. , On ordered weighted averaging aggregation operators in multicriteria decision making [J]. IEEE Transactions on Systems, Man and Cybernetics, 1988, 18: 183 – 190.

[150] YAGER R. R. and FILEV D. P. , Induced ordered weighted averaging operators [J]. IEEE Transactions on Systems, Man and Cybernetics, 1999, 29: 141 – 150.

[151] YALCIN A. S. , KILIC H. S. , DELEN D. , The use of multi-criteria decision-making methods in business analytics: A comprehensive literature review – ScienceDirect [J]. Technological Forecasting and Social Change, 2022, 174: 121193.

[152] YANG L. , XU M. , XING L. , Exploring the core factors of online purchase decisions by building an E – Commerce network evolution model [J]. Journal of Retailing and Consumer Services, 2022, 64: 102784.

[153] YANG Y. , JIE M. Q. , CHEN Z. S. , Dynamic three-way multi-criteria decision making with basic uncertain linguistic information: A case study in product ranking [J]. Applied Soft Computing, 2024, 152: 111228.

[154] YANG Y. , YANG F. , YI G. , et al. Product online multidimensional ratings aggregation decision-making model based on group division and attribute interaction [J]. Engineering Applications of Artificial Intelligence, 2023, 126: 106835.

[155] YU D. , XIANG B. , Discovering topics and trends in the

field of Artificial Intelligence: Using LDA topic modeling [J]. Expert Systems with Applications, 2023, 225: 120114.

[156] YU G. F., LI D. F., YE Y. F. and QIU J. M., Heterogeneous multi-attribute variable weight decision making method considering regret aversion [J]. Computer Integrated Manufacturing Systems, 2017, 23 (1): 154 – 161.

[157] YU S. M., WANG J., WANG J. Q., et al. A multi-criteria decision-making model for hotel selection with linguistic distribution assessments [J]. Applied Soft Computing, 2018, 67: 741 – 755.

[158] ZADEH L. A., Concept of a linguistic variable and its application to approximate reasoning [J]. Information Sciences, 1975, 8 (3): 199 – 249.

[159] ZADEH L. A., Fuzzy sets [J]. Information and control, 1965, 8 (3): 338 – 353.

[160] ZHANG C., ZHAO M., CAI M., et al. Multi-stage multi-attribute decision making method based on online reviews for hotel selection considering the aspirations with different development speeds [J]. Computers & Industrial Engineering, 2020, 143, 106421.

[161] ZHANG D., GONG Z., YAN S., et al. Satisfied and fair two-sided matching method considering dual-reference with linguistic preference [J]. Engineering Applications of Artificial Intelligence, 2024, 133: 108600.

[162] ZHANG D., LI Y., WU C., An extended TODIM

method to rank products with online reviews under intuitionistic fuzzy environment [J]. Journal of the Operational Research Society, 2020, 71 (2): 322 –334.

[163] ZHANG J., LI M., LU J., Asymmetric normalized probabilistic linguistic term set based on prospect theory and its application to multi-attribute decision-making [J]. Soft Computing, 2023, 27 (15): 10427 –10445.

[164] ZHANG L. N., WANG X. F., A novel probabilistic linguistic two-sided matching decision-making method based on peer effect [J]. International Journal of Fuzzy Systems, 2024, 26 (3): 718 –734.

[165] ZHANG S. T., ZHU J. J., LIU X. D. and CHEN Y., Regret theory method-based group decision-making with multidimensional preference and incomplete weight information [J]. Information Fusion, 2016, 31: 1 –13.

[166] ZHANG W., KONG S. X., ZHU Y. C., et al. Sentiment classification and computing for online reviews by a hybrid SVM and LSA based approach [J]. Cluster Computing, 2019, 22: 12619 –12632.

[167] ZHANG Y. X., XU Z. S., WANG H., LIAO H. C., Consistency-based risk assessment with probabilistic linguistic preference relation [J]. Applied Soft Computing, 2016, 49: 817 –833.

[168] ZHANG Z., GUO J., ZHANG H., et al. Product selection based on sentiment analysis of online reviews: An intuitionistic fuzzy TODIM method [J]. Complex & Intelligent Systems, 2022, 8

（4）：3349 – 3362.

［169］ ZHANG Z. , KOU X. , PALOMARES I. , et al. Stable two-sided matching decision making with incomplete fuzzy preference relations：A disappointment theory-based approach ［J］. Applied Soft Computing，2019，84：105730.

［170］ ZHONG L. , YAO L. , An ELECTRE I – based multi-criteria group decision making method with interval type – 2 fuzzy numbers and its application to supplier selection ［J］. Applied Soft Computing，2017，57：556 – 576.

［171］ ZHONG Z. , LIANG Q. L. and WANG L. M. , Biologically-inspired energy efficient distributed acoustic sensor networks ［J］. AD HOC & Sensor Wireless Networks，2011，13（1 – 2）：1 – 12.

［172］ ZHOU H. , WANG J. Q. and ZHANG H. Y. , Grey stochastic multi-criteria decision-making based on regret theory and TOPSIS ［J］. International Journal of Machine Learning and Cybernetics，2017，8（2）：651 – 664.

［173］ ZHU B. and XU Z. S. , Consistency measures for hesitant fuzzy linguistic preference relations ［J］. IEEE Transactions on Fuzzy Systems，2014，22（1）：35 – 45.

［174］ ZHU W. , WANG Y. , TANG J. , et al. Sleep quality as a mediator between family function and life satisfaction among Chinese older adults in nursing home ［J］. BMC Geriatrics，2024，24（1）：379.